U0528258

修订版

冯友兰文集

【第八卷】

中国哲学史新编（第一册）

长春出版社
国家一级出版社
全国百佳图书出版单位

图书在版编目（CIP）数据

中国哲学史新编. 第一册 / 冯友兰著；邵汉明编
. —修订本. —长春：长春出版社，2017.1
（冯友兰文集；第八卷）
ISBN 978-7-5445-4654-6

Ⅰ.①中… Ⅱ.①冯… ②邵… Ⅲ.①哲学史—中国
Ⅳ.①B2

中国版本图书馆CIP数据核字（2016）第276735号

冯友兰文集

著　　者：	冯友兰
编　　者：	邵汉明
责任编辑：	张中良　李春龙
封面设计：	王国擎

出版发行：	长春出版社	总编室电话：0431—88563443
地　　址：	吉林省长春市建设街1377号	发行部电话：0431—88561180
邮　　编：	130061	
网　　址：	www.cccbs.net	
制　　版：	吉林省久慧文化有限公司	
印　　刷：	吉广控股有限公司	
经　　销：	新华书店	

开　　本：	787毫米×1092毫米　1/16
字　　数：	3960千字
印　　张：	209
版　　次：	2017年1月第1版
印　　次：	2017年1月第1次印刷
印　　数：	3 000册
定　　价：	（全十二卷）598.00元

版权所有　盗版必究

如有印装质量问题，请与印厂联系调换　　　　印厂电话：0431—81067999

1951年11月,印度德里大学授予冯友兰"荣誉文学博士"学位。图为印度总统兼德里大学校长普拉沙德向冯友兰颁发证书。

1951年11月,冯友兰访问印度时与尼赫鲁总理互赠礼品。

目 录

自　序 ··· 001
全书绪论 ··· 003
　第一节　本来的历史和写的历史 ··· 003
　第二节　逻辑和历史的统一 ·· 004
　第三节　写的历史和史料 ·· 007
　第四节　什么是哲学 ·· 008
　第五节　理论思维和形象思维 ··· 013
　第六节　哲学与世界观 ··· 020
　第七节　哲学中的主要派别 ·· 022
　第八节　哲学和哲学史 ··· 025
　第九节　研究中国哲学史的特殊任务 ·· 026
　第十节　阶级观点和民族观点 ··· 029
　第十一节　中国哲学史的分期 ··· 033

中国哲学史新编（第一册）

绪　论 ··· 037
第一章　商、周奴隶社会的兴盛与衰微——
　　　　商代和西周时期（公元前16世纪至前8世纪）
　　　　宗教天道观的变化和古代唯物主义思想的萌芽 ··············· 044
　第一节　商代奴隶和劳动人民的生产斗争，科学知识和技术工艺的进步 ····· 044
　第二节　商代的阶级对立及奴隶主阶级专政的精神工具——宗教 ····· 045
　第三节　商末阶级斗争及商周民族斗争的激化 ····························· 046
　第四节　周公旦巩固奴隶制的措施 ·· 047
　第五节　周公旦对于奴隶主的天命论的补充 ································ 050

第六节　古代素朴唯物主义和自发的辩证法思想的萌芽 ·············· 053
第七节　西周奴隶制的衰落及宗教神权的动摇 ·················· 057

第二章　春秋战国时期的社会大转变——由奴隶制向封建制的过渡 ·········· 059
第一节　大转变时期社会生产力的提高 ······················ 059
第二节　大转变时期新的生产关系的出现 ····················· 061
第三节　大转变时期——奴隶反对奴隶主的斗争和奴隶身份的解放 ······· 062
第四节　大转变时期新兴地主阶级与没落奴隶主贵族夺权与反夺权的
　　　　斗争 ·· 064
第五节　春秋时期意识形态方面的斗争——无神论和唯物
　　　　主义思想的初步发展，"法"与"礼"的斗争 ················ 065
第六节　战国时期知识分子的活跃和思想战线上的"百家争鸣" ········· 069

第三章　齐、晋两国的改革及齐桓、晋文的霸业 ··················· 073
第一节　齐、晋两国在春秋时期的地位 ······················ 073
第二节　齐桓公与管仲 ································· 074
第三节　管仲在齐国"相地衰征"的历史意义 ··················· 076
第四节　管仲对于分封制的改革 ··························· 077
第五节　管仲"尊贤育才"的政策 ·························· 078
第六节　管仲对于旧制度改革的不彻底性 ····················· 079
第七节　管仲"富国强兵"的政策 ·························· 079
第八节　管仲对诸侯国的关系的政策 ························ 081
第九节　晏婴的折中、调和论 ···························· 082
第十节　晋国第一次封建化的改革——"郭偃之法" ················ 085
第十一节　晋国的第二次变革——赵盾和"夷之蒐" ··············· 088

第四章　前期儒家思想的形成——孔丘对于古代精神生活的反思 ·········· 090
第一节　孔丘的阶级立场及其对于周制的态度 ··················· 090
第二节　孔丘对于古代道德生活的反思——关于"仁"的理论 ·········· 094
第三节　孔丘对于古代道德生活的反思——关于"礼"的理论 ·········· 098
第四节　孔丘对于古代道德生活的反思——论完全的人格 ············ 104
第五节　孔丘对于古代宗教生活的反思 ······················· 109
第六节　孔丘对于古代文艺生活的反思 ······················· 112
第七节　孔丘对于古代学术生活的反思 ······················· 116
第八节　孔丘对于他自己的精神境界的反思 ···················· 118

第五章 邓析与子产的斗争,名家的起源 ········· 123
第一节 子产在郑国推行的改良路线 ········· 123
第二节 邓析反对子产的改良路线的斗争 ········· 126
第三节 关于伪《邓析子》 ········· 128

第六章 春秋末期军事思想和经济思想中的唯物主义和辩证法 ········· 130
第一节 春秋时期军事上的"礼"与"非礼" ········· 130
第二节 孙武和《吴孙子》 ········· 131
第三节 朴素唯物主义思想在孙武军事思想中的表现 ········· 132
第四节 辩证法思想在孙武军事思想中的表现 ········· 133
第五节 辩证法思想和唯物主义思想在范蠡的政治策略中的表现 ········· 135
第六节 辩证法思想和唯物主义思想在计然的经济政策中的表现 ········· 137
第七节 辩证法思想和唯物主义思想在商人思想中的表现 ········· 139

第七章 墨翟和前期墨家的哲学思想 ········· 141
第一节 大转变时期独立手工业的兴起 ········· 141
第二节 《墨子》其书和墨翟其人 ········· 142
第三节 墨翟对于劳动和劳动成果的重视 ········· 143
第四节 墨翟对于奴隶主贵族的生活方式的批判 ········· 144
第五节 墨翟关于"尚贤""尚同"的思想 ········· 146
第六节 功利主义的道德观和经验主义的真理论 ········· 148
第七节 "兼爱""非攻"的阶级调和论 ········· 152
第八节 主张"天志""明鬼"的宗教思想 ········· 155
第九节 前期墨家向后期墨家的转化 ········· 157

第八章 晋法家思想的发展 ········· 159
第一节 晋法家和齐法家 ········· 159
第二节 魏国进一步的改革——李悝"尽地力之教"和《法经》 ········· 160
第三节 韩国进一步的改革——申不害的"术" ········· 163
第四节 赵国进一步的改革——赵武灵王"易胡服" ········· 165

第九章 道家的发生与发展和前期道家 ········· 168
第一节 所谓"逸民" ········· 168
第二节 杨朱的"为我"思想 ········· 171
第三节 《庄子·天下》篇论道家发展的阶段 ········· 174
第四节 《老子》《庄子》中的全生保真的思想 ········· 175

自　序

在解放以后，我时常想：在世界上，中国是文明古国之一。其他古国，现在大部分都衰微了，中国还继续存在，不但继续存在，而且还进入了社会主义社会。中国是古而又新的国家。《诗经》上有句诗说："周虽旧邦，其命维新。"旧邦新命，是现代中国的特点。我要把这个特点发扬起来。我所希望的，就是用马克思主义的立场、观点和方法重写一部《中国哲学史》。

这种企图，说起来很容易，实际上做起来就困难多了，马克思主义的立场、观点和方法，是要在长期生活、工作和斗争中锻炼出来的。专靠读几本书是不能懂得的，更不用说掌握和应用了。解放以后，提倡向苏联学习。我也向苏联的"学术权威"学习，看他们是怎样研究西方哲学史的。学到的方法是，寻找一些马克思主义的词句，作为条条框框，生搬硬套。就这样对对付付，总算是写了一部分《中国哲学史新编》（以下简称《新编》），出版到第二册，"文化大革命"就开始了，我的工作也停了。

到了70年代初期，我又开始工作。在这个时候，不学习苏联了。对于中国哲学史的有些问题，特别是人物评价问题，我就按照"评法批儒"的种种说法。我的工作又走入歧途。

经过这两次折腾，我得到了一些教训，增长了一些知识，也可以说是在生活、工作、斗争中学了一点马克思主义的立场、观点和方法。路是要自己走的；道理是要自己认识的。学术上的结论是要靠自己的研究得来的。一个学术工作者所写的应该就是他所想的，不是从什么地方抄来的，不是依傍什么样本摹画来的。在一个考试中间，一个学生可以照抄另外一个学生的卷子。从表面上看，两本卷子完全一样。可是稍有经验的老师，一眼就能看出来，哪一本卷子是自己写的，哪一本是抄别人的。

现在，我重理旧业，还想实现我原来的计划。对于中国哲学和中国文化，我还自以为有点理解，有点体会。值此旧邦新命之际，我应该把我的一点理解和体会写出来，以加入新长征的行列，跟上新长征的进程。我觉得我有这个责任。这也算是"老骥伏枥，志在千里"吧。

吸取了过去的经验教训，我决定在继续写《新编》的时候，只写我自己在现有的马克思主义水平上所能见到的东西，直接写我自己在现有的马克思主义水平上对于中国哲学和文化的理解和体会，不依傍别人。当然也有与别人相同的地方，但我是根据我自己所见到的，不是依傍，更不是抄写。用马克思主义的立场、观点和方法，并不等于依傍马克思主义，更不是抄写马克思主义。我的业务水平还不高，理论水平更低。我对于中国哲学和文化的理解和体会，可能是很肤浅的，甚至是错误的。但一个人如果要做一点事，他只能在他现有的水平上做起。

哲学史有各种的写法。有的专讲狭义的哲学，有的着重讲哲学家的身世及其所处的政治社会环境，有的着重讲哲学家的性格。"各有千秋"，不必尽求一致。我生在旧邦新命之际，体会到一个哲学家的政治社会环境对于他的哲学思想的发展、变化有很大的影响。我本人就是一个例子，因此在《新编》里边，除了说明一个哲学家的哲学体系外，也讲了一些他所处的政治社会环境。这样做可能失于芜杂。但如果做得比较好，这部《新编》也可能成为一部以哲学史为中心而又对于中国文化有所阐述的历史。如果真是那样，那倒是我求之不得的。

无论什么话，说起来都很容易，但实行起来就困难多了。以上所说的是我的一种思想，也可以说是我的一种理想。从理想到现实，还有一个很大的鸿沟，还有一段很长的路程，还需要很大的努力，才能越过，才能走完。在这个路程中，希望中国哲学史工作者和爱好者给予指教和帮助。

冯友兰
1980 年 8 月

全书绪论

第一节 本来的历史和写的历史

历史这个名词有两个意义。就其第一个意义说，历史是人类社会在过去所发生的事情的总名；例如我们说，"历史的车轮"，"历史的经验"，"历史的潮流"。这里所说的历史都是就历史的这个意义说的。就这个意义所说的历史，是本来的历史，是客观的历史。它好像一条被冻结的长河。这条长河本是动的，它曾是波涛汹涌，奔流不息，可是现在它不动了，静静地躺在那里，好像时间对于它不发生什么影响。它和时间没有什么关系，时间对于它真是不发生什么影响。中国社会，经过春秋战国时期的大动乱、大改组，秦汉统一了全中国，建立了中央集权的专制主义的统一政权。这是历史的事实。这个事实永远是事实，到了现在没有变，以后永远也不会变。这不是说，中国社会不变，只是说，这个历史事实不会变。它已经与时间脱离了关系。中国社会是经常在变的，但是那些变一成为历史，它们就不变了，也不可能变了。

任何事物都有它的过去，就是说，都有它的历史。地球有地球的历史，月亮有月亮的历史，太阳有太阳的历史。但是一般所谓历史，是指人类社会的历史。历史家所研究的，是人类社会的历史。地球的历史是地质学家所研究的，太阳的历史是天文学家所研究的，那都属于自然科学的范围，不属于社会科学的范围。

历史家研究人类社会过去发生的事情，把他所研究的结果写出来，以他的研究为根据，把过去的本来的历史描绘出来，把已经过去的东西重新提到人们的眼前，这就是写的历史。这是历史这个名词的第二个意义。严格地说，过去了的东西是不能还原的。看着像是还原的，只是一个影子。历史家所写的历史，是本来的历史的一个摹本。向来说好的历史书是"信史"。"信史"这个"史"就是指写的历史。本来的历史无所谓信不信，写的历史则有信不信之分。信不信就看其所写的是不是与本来的历史相符合。写的历史与本来的历史并不是一回事。其间的关系是原本和摹本的关系，是原形和影子的关系。本来的历史是客观存在，写的历史是主观的认识。一切的学问都是人类主观对于客观的认识。主观的认识总不能和其所认识的客观对象完全符合。所以认识，一般地说，充其量也只是相对真理。写的历史同本来的历史也不能完全符合。所以自然科学永远要进步，自然科学家永远有工作可做。写的历史也永远要重写，历史家也永远有工作可做。

历史研究中的主观唯心主义，表现在不承认有本来的历史的客观存在，认为历史好像一个百依百顺的女孩子，可以任人随意打扮。这是完全错误的。正如哲学中的主观唯心主义不承认有客观世界的存在，认为真理可以随意瞎说。为了纠正历史研究中的主观唯心主义，必须强调指出本来的历史的客观存在。

第二节　逻辑和历史的统一

写历史的目的是摹绘本来的历史。它不要摹绘本来历史的细节。摹绘细节是不可能的，也是不必要的，历史的研究主要是要发现本来历史的过程中的关键性的问题、重要的环节及其发展的规律。这些东西都是本来历史中所固有的。写的历史不过是加以指出和说明。

恩格斯曾经用否定之否定这个辩证法的规律说明西方哲学史的全部发展，他说："古希腊罗马哲学是原始的自发的唯物主义。作为这样的唯物主义，它不能彻底了解思维对物质的关系。但是，弄清这个问题的那种必要性，引出了关于可以和肉体分开的灵魂的学说，然后引出了灵魂不死的论断，最后引出了一神教。这样，旧唯物主义被唯心主义否定了。但在哲学的进一步发展中，唯心主义也站不住脚了。它被现代唯物主义所否定。现代唯物主义，否定的否定，不是单纯地恢复旧唯物主义，而是把两千年来的哲学和自然科学发展的全部思想内容以及这两千年的历史本身的全部思想内容加到旧唯物主义的永久性基础上。"（《反杜林论》，《马克思恩格斯选集》第3卷，第178页）①

列宁也用圆圈形象式的原则说明西方近代哲学的发展。"近代霍尔巴赫—黑格尔（经过贝克莱、休谟、康德）。黑格尔—费尔巴哈—马克思。"（《谈谈辩证法问题》，《列宁全集》第38卷，第411页）在这个程序中，霍尔巴赫是唯物主义原来的肯定；经过贝克莱、休谟、康德，到黑格尔，他的体系是唯物主义原来

---

① 为保持原貌，本书所引马克思、恩格斯、列宁、毛泽东的著作均仍为旧版。

肯定的否定。黑格尔经过费尔巴哈到马克思；这是否定的否定。列宁在谈这个圆圈原则的时候，在括弧里面加了一句话说："是否一定要以人物的年代先后为顺序呢？不！"（同上）可是列宁在下边所列的古代、文艺复兴时代和近代，这三个时代的哲学发展程序，跟人物的年代先后顺序，正是相符合的。这里所说的逻辑就是辩证逻辑，也就是事物发展的客观规律。事物的发展，照逻辑说，是通过矛盾对立面的斗争和统一，否定之否定的规律而进行的。事物在历史上的实际发展，也正是这样的。列宁按照哲学发展的规律，指出西方哲学发展的螺旋式的曲折的路线。他这样指出的时候，不是照着人物的先后为顺序的，所以他说："不！"但是他还是提到了西方哲学史中的人物的名字，而这些人物的年代先后的顺序，也正是跟哲学发展的逻辑相符合的。这就是逻辑程序和历史程序的统一。

马克思也谈到这样的情况，他说："叙述方法必须与研究方法不同。研究必须充分地占有材料，分析它的各种发展形式，探寻这些形式的内在联系。只有这项工作完成以后，现实的运动才能适当地叙述出来。这点一旦做到、材料的生命一旦观念地反映出来，呈现在我们面前的就好像是一个先验的结构了。"（《资本论》，《马克思恩格斯全集》第23卷，第23页）这里所说的现实运动以及材料的发展形式，就是历史的东西。可是"材料的生命一旦观念地反映出来"，这就好像是"先验地"处理一个结构；这个结构就是逻辑的东西。它是跟历史的东西一致的，这就是逻辑和历史的统一。

恩格斯在谈到马克思的《资本论》的时候，也是这样说的。他说："马克思只是在作出自己的历史的和经济的证明之后才继续说：资本主义生产方式和占有方式，从而资本主义的私有制，是对个人的那种以自己劳动为基础的私有制的第一个否定。对资本主义生产的否定，是它自己由于自然过程的必然性而造成的。这是否定的否定，等等（如上面所已经引证过的）。因此当马克思把这一过程称为否定的否定时，他并没有想到要以此来证明这一过程是历史地必然的。相反地，在他历史地证明了这一过程部分已经真正实现，部分往后还一定要实现以后，他才指明这样的一个过程而且是按一定的辩证法的规律发生的。全部就是如此。"（《反杜林论》，《马克思恩格斯选集》第3卷，第174页）这里所说的历史过程的必然性和一定的辩证法的规律，是逻辑的东西。历史实际的过程是历史的东西。这两种东西是一致的。

逻辑和历史的统一，是矛盾的统一。历史中的逻辑的东西，是历史发展规律的必然性的表现；这个表现是跟历史的偶然性分不开的，它们的统一在于历史的必然性只能在偶然性的堆积中表现出来；一般必须在个别中表现出来。个别不存在，一般也不存在。没有历史中偶然性的东西，也就没有历史中的必然性的东西。

历史学跟其他社会科学不同。其他社会科学的任务在于，从个别中抽出一般，从偶然性的东西中抽出必然性的东西。上面提到马克思所说的话："材料的生命一经观念地反映出来，看起来我们就好像是先验地处理一个结构了。"这里所说的结构，就是科学的理论结构，其目的是把历史发展的过程，观念地反映出来。譬如说，历史唯物主义的任务也是讲历史发展的过程，但是它所讲的不是某一个民族、某一个社会的发展过程，而是一般的历史的发展过程。它当然也必须以个别民族、个别社会的历史发展过程作为材料。但是，也正是像马克思所说的，"材料的生命一经观念地反映出来"，它就成为一个科学的理论结构；这就是历史唯物主义。

恩格斯也说到，在研究经济学史的时候，有逻辑的研究方法和历史的研究方法。他指出，在当时的情况下，要写政治经济学史，唯一可用的是逻辑的研究方法，他接着说："但是，实际上这种方式无非是历史的研究方式，不过摆脱了历史的形式以及起扰乱作用的偶然性而已。历史从哪里开始，思想进程也应当从哪里开始，而思想进程的进一步发展不过是历史过程在抽象的、理论上前后一贯的形式上的反映；这种反映是经过修正的，然而是按照现实的历史过程本身的规律修正的，这时，每一个要素可以在它完全成熟而具有典范形式的发展点上加以考察。"（《卡尔·马克思〈政治经济学批判〉》，《马克思恩格斯选集》第2卷，第122页）这就是说，政治经济学所注意的，是经济发展在某个阶段上的典范形式或典型。它所注意的，是一般的具有必然性的要素。它的研究虽然也从个别的具有偶然性的事物开始，但是，在它已经抓住这些事物的典型的时候，它就摆脱了这些偶然性的东西，也就是说，把实际的历史修正过了。

在这一方面，历史学和其他社会科学正是相反。它的任务就是如实地摹绘某一个民族或某一个社会发展的具体过程。这些过程中充满了偶然性的东西。写的历史不摆脱这些偶然性的东西，而正是要对它们的发展的过程加以摹绘。它当然不只停留在这些摹绘上，而还要对于这些过程加以分析以发现历史发展的规律。但是，它不是要离开个别的偶然性的事情而专讲一般性的必然的规律，而是要在摹绘这些事情中表现其中的规律。它不是把这些规律"观念地表现出来"以成为一个理论的结构。如果那样，它就不是一部历史著作而是一部历史唯物主义的著作了。

因为一般必然存在于个别之中，必然性必然表现于偶然性之中，历史学对于个别和偶然性的事情的摹绘和分析，就可使人们看出来，历史发展的规律是以生动活泼的形式表现出来的。它是有生命的，有血有肉的东西。历史学就是要把这个生命活生生地表现出来。

这些原则适用于一般历史学。哲学史也是历史学的一种；这些原则对它也是同样适用的。相对地说哲学史还有它自己的一般规律，那就是唯物主义和唯心主义，辩证法和形而上学这些对立面的斗争和转化，以至于唯物主义和辩证法的不断胜利。但是，在不同民族的哲学史中，在同一民族的哲学史不同阶段中，这个斗争和转化各具有不同的内容和形式。这就是说，哲学史的这个一般规律，在具体的历史中，有极其丰富的内容，也有变化多端的形式。必须通过这些内容和形式，这个一般规律才可以充分地表现出来。必须对于这些丰富的内容和变化多端的形式有充分地认识，才可以更好地了解这个规律的意义，更好地认识马克思主义哲学史的方法和原则的正确性。

第三节 写的历史和史料

本来的历史是一去不复返了，但是还留下一些痕迹。这些痕迹包括一些当时的文字、器物和较早的记载。统名之曰历史资料，简称为"史料"。任何一门学问，研究任何一个问题，都必须先作调查研究的工作。研究历史必须从收集史料开始，继之以审查史料、分析史料，然后把所得结论写出来。这就是写的历史。

我们对于本来历史的知识，是以充分的史料为根据。在建筑工程方面，任何大的建筑，都必须把它的基础建立在原始的岩石上。在历史学方面，原始的岩石就是原始的史料。历史学中的论断都必须以原始史料为根据。

只有根据充分的史料，才可以认识历史的发展的曲折复杂的过程。历史唯物主义的理论和原则，永远是我们的方法和指南，但不是一个预先提出来的结论，只等待我们用历史的事实加以说明；也不是一个预先布置好了的框子，只等待我们把历史的事实填放进去。它一方面是资料的统帅，一方面又有待于资料把它形成。上边提到恩格斯所说的马克思《资本论》的方法也说明这一点。马克思不是预先把否定之否定的规律作为一个框子，而是在研究历史事实发展的过程中，在说明了各种经济现象以后，否定之否定的规律自然而然地显现出来。这就更可以说明这个规律的普遍性。

研究哲学史可以凭借的最好资料，当然是以前的哲学家们的著作。这是最好的资料，因为它是第一手的资料，是从以前哲学家们的笔下直接出来的。他们所写的，当然就是他们的思想了，但是要真正懂得他们的写作，也并不是容易的事。这要经过两道关。第一道是文字关。这一关，在研究古代哲学的时候，特别难过，因为古代哲学家们所用的文字是古文，要懂得古文必须做一番考证、训诂的工作。不过在一般情况下，这一番工作往往已经被这一方面的专家们做了。研究哲学史的人可以利用他们的工作的成果。但是懂得了文字，还不等于懂得这些文字所表达的义理。比如一本讲物理学的外文书，用中文翻译过来。没有学过物理学的中国人，可以懂得其文字，可是还是看不懂，每个字都认得，但是还是不懂这本书讲的是什么。这个不懂不是文字上的不懂，而是义理上的不懂。所以过了文字关，还要过义理关。所谓义理关，就是要对于以前的哲学家们的著作所说的义理，有一定的了解和体会。所谓了解就是能够抓住某一家的哲学体系的逻辑结构。所谓体会，就是能够在一定程度上经验到他们的哲学所能达到的精神境界，就是能够用自己的体验和他们的哲学思想相印证。这样才可以算是懂得了某一家的哲学。研究哲学史的人对于某一家的研究，能达到这种程度，才可以算是掌握了某一家的资料，才可以把某一家的哲学内容，有血有肉地、活生生地写出来。

元好问的《论诗绝句》中，有一首说："眼处心生句自神，暗中摸索总非真。画图临出秦川景，亲到长安有几人？"（《遗山文集》卷十一）意思就是说，好诗要写出过来人的真实感受。真正的诗人必须有真实的感受。自身没有真实的感受，而勉强要写，只有暗中摸索，终不会是真的。比如要画一幅秦川的风景，有些画家是临摹前人的画而画出来的，有些人是亲身到了长安有所感受，凭着他的感受画出来的。当然前者的画是不会好的，只有后者的画才能是好的。

研究哲学史的人，对于前人的著作，如果只过了文字关，对于文字所表达的义理没有一定的了解和体会，讲起来就是"暗中摸索总非真"。

这些话都是从研究哲学史这方面说的。研究哲学史并不等于研究哲学。从哲学这方面说，如果认为从古人的著作中可以得到哲学的真理，那也等于认为从临摹前人的画中可以画出好画。哲学的真理，只有从人类的精神生活中直接观察、体会出来。

第四节　什么是哲学

研究哲学史必须先弄清楚什么是哲学。

哲学是人类精神的反思。所谓反思就是人类精神反过来以自己为对象而思之。人类的精神生活的主要部分是认识，所以也可以说，哲学是对于认识的认识。对于认识的认识，就是认识反过来以自己为对象而认识之，这就是认识的反思。

有人认为，哲学就是认识论。这是看见了事情的一部分。认识的反思是认识反过来以己之见为对象而认识之。认识论也有这种情况。但哲学并不等于认识论，不就是认识论。

认识论讲的是认识的一般形式，其中包括有认识的能力、认识的对象、认识的程序、主观与客观的对立等问题，但不包括认识的内容。讲认识论的人也有偶尔谈到认识的内容的。像巴克莱①那样的主观唯心论的认识论就认为，一个桌子如果不被感觉，它就不存在。在这个辩论中，桌子就是认识的内容；但这里提到桌子，仅只是举以为例，以为说明。他要说明的是"存在就是被觉知"。他举别的例也可以，不举例也可以。

认识的内容叫知识。知识这个词，有时也兼指认识的形式。例如认识论也叫知识论，但是它主要的是指认识的内容。例如物理学是一种知识，不能说是一种认识。如果说它也是一种认识，那指的就不是物理学中的原理公式等，而指的是认识这些原理公式的能力和方法。那就是认识论而不是物理学。

认识论是不问认识的内容的，而对于人类精神生活的反思则必包括这些认识的内容。例如，科学研究是人类精神生活的一部分，如果对于这部分精神生活作反思，那就必须包括科学研究在不同科学中的内容以及一门科学在不同时期的内容。

列宁说："哲学史，简略地说，就是整个认识的历史，全部知识领域的历史。希腊哲学已指示了所有这些环节：各门科学的历史，儿童智力发展的历史，动物智力发展的历史，语言的历史，心理学，感觉器官的生理学。认识论和辩证法应该从这些领域中建立起来。"（《拉萨尔·爱非斯的晦涩哲人赫拉克利特的哲学一书摘要》，《列宁全集》第38卷中文译本，第399页，参看英文译本第38卷，第352—353页，有些字句是我参照英译本改译的。）

列宁在这里说：哲学史是"一般认识的历史"，又说"是全部知识领域的历史"。这两句话好像重复，又好像分歧，其实不然。第一句话是就认识的一般形式说的；第二句话是就认识的全部内容说的。第一句话说的是认识；第二句话说的是知识。认识和知识是不同的，所以这两句话并不重复。照上边所讲的，人类精神的反思，本来是包括认识的形式和认识的内容，包括认识和知识，所以这两句话也不分歧。列宁的两句话是从两个方面说明了哲学史是什么，也就说明了哲

---

① "巴克莱"，今通译为"贝克莱"。——编者注

学是什么。

所谓知识的全部领域，包括什么呢？列宁说：看看希腊哲学吧！希腊哲学已指示出来了这些环节，那就是引文中所列举的那些知识。然后列宁总结说："认识论和辩证法应该从这些领域中建立起来。"怎么样从这些领域中建立起来呢？那就是从对于这些领域的反思中建立起来。认识论和辩证法不是超乎这些科学之上的太上科学，也不是从这些知识中拼凑出来的科学大纲，而是对于这些知识的反思所得出来的结论。这个反思就是人类精神的反思，就是哲学。

黑格尔的《精神现象学》，无论从形式或内容说，都是一部完整的哲学著作。他讲的确切就是精神的反思，不过他颠倒了自然和人类精神的关系，以至成为头脚倒置的唯心主义哲学。唯心主义本来都是头脚颠倒的，但因为《精神现象学》的形式明显，旗帜鲜明，所以这种颠倒就更加突出了。这个突出，只说明它是唯心主义，并不说明它不是哲学。作为一个哲学体系说，《精神现象学》讲了人类精神发展的全部过程。人类精神经过了艰苦的斗争，曲折的道路，最后达到了自觉。好像玄奘往西天去取经，在路上经过了许多艰险，战胜了许多妖魔，终于到了雷音寺，见了如来佛。可是如来佛就是他自己，见了如来佛就是认识了他自己。所谓精神的自觉，也就是精神认识了它自己。如果黑格尔把他所说的精神确定为人类的精神，《精神现象学》不失为一部人类精神发展史。但他把他所说的精神说成是宇宙的精神，把自然界说成是宇宙精神的"异化"，那就头脚倒置了。这种倒置是可以再颠倒过来的，马克思就做了这样的工作。

黑格尔的《逻辑学》是《精神现象学》的更抽象的缩本。列宁论黑格尔所讲的《逻辑》说："逻辑不是关于思维的外在形式的学说，而是关于'一切物质的、自然的和精神的事物'的发展规律的学说，即关于世界的全部具体内容及对它的认识的发展规律的学说。换句话说，逻辑是对世界的认识的历史的总计、总和、结论。"（《黑格尔〈逻辑学〉一书摘要》，《列宁全集》中译本第38卷，第89—90页，英文译本，第92—93页）

这段话的最后一句，英译本作"是对于世界的知识的历史的全部结论"。"对于世界的知识的历史的全部结论"就是人类精神的反思的全部结论，这不是认识论，因为认识论不讲认识的内容。

康德的三个"批判"联合起来也是一部完整的哲学著作，它也是一个完整的人类精神的反思。"批判"这个词表明反思的意思。现在很有些人把批判当作否定，批判一个什么东西就是否定它，打倒它。这不是"批判"的原来的意思。这个词的原来的意思是思考、分析、审查。如康德的《纯粹理性批判》就是对于"纯理性"的思考、分析、审查，就是"纯理性"对于自己的反思。康德的哲学和黑格尔的哲学，其内容是不同的，康德的哲学是主观唯心主义；黑格尔的哲学是客观唯心主义，但都是对于人类精神生活的反思，不过反思的方法也有不同。黑格尔的方法是从历史的角度讲人类精神的发展所走过的路程，所经历的阶段。康德是从问题的角度，就人类精神生活中所有的重要问题加以分析和发挥。有三个重要问题，一个是关于"真"的问题，这是他的《纯粹理性批判》中所讨论的。一个是关于"善"的问题，这是他的《实践理性批判》一书中所讨论的。一个是关于"美"的问题，这是他的《判断能力的批判》一书中所讨论的。关于"真""善""美"这三个方面的批判，就是对于人类全部精神生活的反思。

在中国哲学史中《周易》这部书可以说是一部"精神现象学"。不过这一部"精神现象学"不是一个人作的，而是经过许多年代，通过许多人的发挥才完成的。历代为《周易》作传、注的人，都是对于这部"精神现象学"有贡献的。不过，在战国时期出现的《易传》中，这部"精神现象学"之为精神现象学的面貌，就已经确定了。《周易·系辞》说："范围天地之化而不过，曲成万物而不遗，通乎昼夜之道而知。故神无方而易无体。"这就是说，《周易》这部书，包括了宇宙间的各方面的事物，了解贯通于其间的道理（"通乎昼夜之道而知"），又能用各种的公式把这种道理表示出来，可以应用于自然、社会和个人的人事而不陷于死的条条框框（"神无方而易无体"）。

王充的《论衡》也是一套人类精神的反思。"论衡"两个字有康德所谓"批判"的意思。他自己说："惟人性命，长短有期。人亦虫物，生死一时。年历但讫，孰使留之？犹入黄泉，消为土灰。上自黄唐，下臻秦汉而来，折衷以圣道，析理于通材。如衡之平，如鉴之开。幼、老、生、死、古、今，罔不详该。命以不延，吁叹悲哉！"（《论衡·自纪》）这是《论衡》的最后一段话。这一段话概括地说明了《论衡》的内容是一套精神的反思。最后四个字说明了精神于反思后的感叹。

不一定长篇大论才可以成为精神现象学。短篇小说也是可以的。例如周惇颐①的《太极图说》和《通书》，不过几千字，也可以成为一部"精神现象学"。他的这些著作也名为《易通》，他也讲到了自然、社会和人事各方面，是一部简明的《周易》，也就是一部简明的"精神现象学"。

哲学史中的大哲学体系都是一套人类精神的反思。它们不必用"精神现象学"这个名字，也不必有"精神现象学"这种形式，但都是一个包括自然、社

---

① 北宋哲学家周敦颐，一作"周惇颐"，冯友兰写作"周惇颐"，详见《中国哲学史新编》第五册第五十一章第二节。——编者注

会、人事各方面的广泛的体系，所以在内容上都是一套完整的"精神现象学"。柏拉图的《对话》是一部"精神现象学"，董仲舒的《春秋繁露》是一部"精神现象学"，朱熹对于四书、五经的注解，也是一部"精神现象学"。

近代的唯物主义哲学，整个的马克思主义体系，也都是人类精神的反思，所以也都是"精神现象学"。费尔巴哈的《基督教的本质》，是人类精神对于人类宗教生活的反思。马克思的《关于费尔巴哈的提纲》是人类精神对于认识及政治生活的反思。恩格斯的《自然辩证法》是人类精神对于自然科学研究的反思，都是"精神现象学"中应有之义。

每个时代的大哲学家的哲学，都是以当时的包括科学在内的、各方面的知识为根据而建立起来的。这个建立并不是驾于那些知识之上的太上科学，亦不是从那些知识之中拼凑出来的"科学大纲"，而是人类精神对于那些知识的反思。恩格斯的《自然辩证法》是以他当时的自然科学为根据的，但它并不是"太上科学"，也不是"科学大纲"，它是对于当时科学的反思，从反思中得出辩证法。"太上科学"是没有的，也是不可能有的。"科学大纲"是可能有的，但是没用的。

哲学与科学是不同的。在历史中，有许多大思想家的思想中，有一部分是科学，有一部分是哲学，这两部分的精神面貌完全不同。例如康德的星云说是讲天体的起源，这是他的科学思想。他的《纯粹理性批判》讲主观和客观的关系。他的《实践理性批判》的目的，是证明他所说的"上帝存在""意志自由"和"灵魂不死"。这是他的哲学思想。这两部分是各自独立不相混淆的。又例如朱熹看到有些山的岩石中有些蚌壳之类的东西，他由此得出结论说，这个地方原来是海的一部分。这是讲地质的。这是他的科学思想。他所讲的太极、阴阳、理气等理论，是他的哲学思想，而二者也是各自分别、不相混淆的。如果看出来这些各自分别、不相混淆的特点，就可以看出来哲学和科学的不同。

其所以不同，固然是由于关于星云和海陆的学说，只涉及到事物的一部分，而没有涉及到事物的全体。这固然是一个理由，但不是其主要理由。其主要的理由是，这些学说都是对于自然界的研究，而不是人类精神的反思。对于自然的研究也是人类精神生活的一部分。但这不是人类精神的反思。它所得到的结果是科学；人类精神的反思所得到的结果才是哲学。上边已经说过，康德的那三个"批判"是人类精神的反思，这是他的哲学。朱熹的理气说也是从分析人类的认识中得来的，这也是"批判"，这才是他的哲学。

人类精神的反思是人类精神生活达到很高的阶段的产物。对于认识的认识，即认识的反思，是人类认识达到很高阶段的产物。能够反思是人所以高于其他动物的一个特征。其他动物都是有感觉的，都有感性认识，但大概不能把感性认识升高为理性认识。它们的认识大概不能有这样的飞跃。它们大概不能有概念，因此不能思，至于反思，那就更不能了。

黑格尔在《逻辑学》中说："本能的活动分散在无限多样的材料中。"相反地，"智力的和意识的活动"把"动因的内容""从它和主体的直接统一中"分出来，使之"成为它"（主体）"面前的对象"，"在这面网上，到处有牢固的纽结，这些纽结是它的""生活和意识以之作为依据和指导的据点"……

列宁解释说："如何理解这一点呢？在人面前是自然现象之网。本能的人，即野蛮人没有把自己同自然界区分开来，自觉的人就区分开来了。范畴是区分过程中的一些小阶段，即认识世界的过程中的一些小阶段，是帮助我们认识和掌握自然现象之网的网上纽结。"（《黑格尔〈逻辑学〉一书摘要》，《列宁全集》第38卷，第90页）人类和自然是对立的统一。但是在开始的时候，人类还不知道他和自然是对立的。他没有把他自己同自然界区分开来。所以他和自然界的统一是直接的统一，原始的统一。在这个阶段，人类精神还没有自觉。人类不知道他自己和自然之间的对立，并不等于没有对立。经过长时期的对立和斗争，人类逐渐把他自己同自然界分别开来。人类精神开始自觉了。自觉的开始就是认识世界。认识世界是人类精神生活中的一个重要部分。认识这种"认识"，是人类精神更进一步的自觉。

人类的精神生活是极其广泛的。人类精神的反思必然要牵涉到各方面的问题，对于广泛的问题作广泛的讨论。概括地说，有三个方面：自然，社会，个人的人事。人类精神的反思包括三方面以及其间互相关系的问题。这些都是人类精神的反思的对象，也就是哲学的对象。

第五节　理论思维和形象思维

哲学的对象是极其广泛的，因此它所用的概念必然极其抽象，这就决定它的方法是理论思维。

哲学所讨论的问题牵涉到整个的宇宙。而宇宙这个概念，就是一个极其广泛的概念。它是一个包括一切的总名。我们可以问，地球之外还有什么东西，太阳系之外还有什么东西，但不能问，宇宙之外还有什么东西。因为宇宙是无限的，只要有什么东西，它们都在宇宙之内，不在宇宙之外。它真是像中国古代名家所说的"至大无外，谓之大一"。我们也不能问，在宇宙之前还有什么东西，在宇宙之后还有什么东西，因为只要有什么东西，它就是宇宙的内容，不会在宇宙之前，也不会在宇宙之后。宇宙在空间上是无限的，在时间上是无始无终的。这就是无限。在空间上说，它是无限大，大而至于无外，在时间上说，它是无限长，长而至于无始无终。

物质也是一个极其抽象的概念。在19世纪末期，自然科学中流行着一句话："物质正在消失。"因为唯物主义把世界统一于物质，唯心主义哲学家就说，物质消失了，唯物主义的根据也就没有了，认为自然科学的发展有利于唯心主义。对于唯心主义者的这种说法，列宁批判说："当物理学家说物质正在消失的时候，他们是想说，自然科学从来都是把它对物理世界的一切研究归结为物质、电、以太这三个终极的概念。而现在却只剩下后两个概念了，因为物质已经能够归结为电，原子已经能够解释为类似于无限小的太阳系的东西，在其中，负电子以一定的（正如我们所看到过的，极大的）速度环绕着正电子转动。因此，物理世界可以归结为两三种元素（因为，正如物理学家贝拉所说的，正电子和负电子构成'两种在本质上不同的物质'，而不是几十种元素）。因此，自然科学正导向'物质的统一'——这就是把很多人弄糊涂了的那些话（物质消失了，电代替了物质，等等）的实在内容。'物质正在消失'这句话的意思是说：迄今我们认识物质所达到的那个界限正在消失，我们的知识正在深化；那些从前以为是绝对的、不变的、原本的物质特性（不可入性、惯性、质量等等）正在消失，现在它们显现出是相对的、仅为物质的某些状态所特有的。因为物质的唯一'特性'就是：它是客观实在，它存在于我们的意识之外。哲学唯物主义是同承认这个特性分不开的。"（《唯物主义和经验批判主义》，《列宁选集》第2卷，第266页）列宁分析了物质这个概念指出，物理学所说的物质同哲学所说的物质并不是一回事。物理学所说的物质，是自然界中的一种结构。哲学所说的物质，是独立于人的意识之外的客观实在。这个客观实在，可以有不同的结构，例如物质、电、原子等等，但是无论什么结构，它们都是独立于人们意识之外的客观实在。物理学家说物质消失了，不过是说原来称为物质的那种结构可以归结为电原子，不是说，独立于人们的意识的客观实在消失了。

列宁的这段分析，有助于说明哲学和物理学的不同。物理学所讲的物质是客观实在的一种结构，是确有所指的。哲学所讲的物质是一个更抽象、更广泛的概念，不是确有所指。电子、原子等都可包入其中。哲学与其他科学的不同也是如此。

理论思维中有些问题，是不带感性成分的。希腊哲学家芝诺论证运动是不可能的。列宁在《黑格尔〈哲学史讲演录〉一书摘要》中，说："芝诺从没想到要否认作为'感觉确实性'的运动,问题仅仅在于运动的'真实性'。"在下一页,黑格尔叙述了第欧肯尼(西诺普的昔尼克派)如何用步行来反驳运动这个轶事,并写道:"但这个轶事还有下面这样一段:'但这个学生满足于这种反驳时,第欧肯尼就用手杖打这个学生,其理由是先生既提出了理由来辩驳,学生也应当提出理由来反驳。因此,不应该满足于感觉的确实性,而必须去理解'。"列宁并且批注说:"问题不在于有没有运动,而在于如何在概念的逻辑中表达它。"(《列宁全集》第38卷,第281页)

在实际的经验中,证明运动不是不可能的,这是很容易的,只要一举手,一举足就行了。但这并没有解决芝诺所提出的问题。他的问题主要的不是实际中有没有运动,而是如何理解运动,如何在概念的逻辑中表达它。这种思维就是理论思维。它是主要用概念的逻辑的思维。

在中国哲学史中,公孙龙立了一个论点:"白马非马。"如果有一个人牵来一匹白马,以证明它是马,那当然不解决问题。

近来一提到抽象,人们就有反感,认为抽象的意思就是模糊不清,虚妄不实,叫人不可捉摸。人们喜欢用概括这个词,不喜欢用抽象这个词。其实概括和抽象是一回事。概括的范围越大,其内容就越少。这就是形式逻辑中所讲的,一个名词的外延和内涵的关系。外延越大,内涵越小。外延越大,就是这个名词所概括的范围越大。它概括的范围越大,就得从它所代表的概念中多抽出一些东西,所以它的内涵就越小。例如,上边列宁所说的,物理学所讲的物质,比哲学所说的物质,外延比较小,就是说,它概括的范围比较小,哲学所说的物质外延比较大,就是说,它所概括的范围大。因为范围大,所以就需要从其所代表的概念中抽出一些东西,例如不可入性、惯性、质量等等。抽来抽去,仅止剩下了独立于人们意识之外的那个客观实在性。这就是抽之无可再抽了。

抽象是人类精神生活中所必不可少的东西。任何理论都不可能离开抽象。离开抽象,不但不可能有什么理论,连话也不能说了。

人的认识必须由感性认识上升到理性认识。那就是说,必须从感觉上升到概念。人在感觉上今天看见一棵树,明天看见一棵树,久而久之,把看到的树的特点,概括起来得到一个概念,"树"。这个"树"不是所感觉的树之外的另一棵树,而是"树"的概念,这个概念是人把他们所感觉到的个别的树的不同的性质都抽出去以后而得到的一切树的共同点。也可以说是从一切个别的树所有的性质抽出来的共同点。这个共同点就是树的概念的内容。当人们看见一棵树而说"这是树",这就是应用树那个概念。这样对于树就不仅有感性认识,而且有理性认识。就人的认识的发展说,这是一个飞跃。唯心主义哲学家,例如柏拉图认为，人有了概念以后，他的精神生活就更加丰富了。这种丰富不是一种量的增加，而是一种质的不同。人有了概念以后，仿佛是进入另外一个世界，至少可以说是仿佛又开辟了一个园地，又进入一个宫殿。柏拉图作了一个比喻，说，这好像一个人从一个黑暗的洞穴中出来，看见太阳的光辉。这当然是一种唯心主义的夸张，但这种夸张也不是毫无根据的。它所夸张的，是人的认识发展过程中的一个环节。

上面已经说过，人类精神对于认识的反思，不仅注意到认识的一般形式，而且注意到认识的内容，不仅注意认识，而且注意知识。如果把这样的反思称为逻辑，黑格尔说："这样的逻辑便提供〈这种丰富性〉（关于世界的表象的丰富性）的本质，提供精神的和世界的内在本性。"（《黑格尔〈逻辑学〉一书摘要》，《列宁全集》第38卷，第97页）"不只是抽象的普遍，而且是自身包含着特殊东西的丰富性的普遍。"这一段的最后的一句话，列宁称为"绝妙的公式"，说的是："特殊的和个别的东西的全部丰富性！"并且说："好极了！"（同上书，第98页）

这里所说的普遍，也就是共相或概念。自身包含着特殊东西的丰富性的普遍就是黑格尔所说的"具体的共相"。用形式逻辑的话说，具体的共相就是代表一个共相或概念的名词的内涵和外延的统一。这个名词的内涵就是这个名词所代表的共相或概念。这个名词的外延就是这个名词所能适用的那一类的东西的全体，两者统一起来就成为具体的共相。所以其具体的内容的内容，是极其丰富的，不但包括那一类的东西的全部个体，也包括这类东西的本质。一类东西的本质就是这一类东西的共同性质。例如宇宙，作为一个具体的共相，不仅是一切东西所共同有的性质，而且就是一切的东西。物质作为一个具体的共相，不仅是一切客观存在的东西所共同有的性质，而且就是一切客观存在的东西。

这样的逻辑的丰富的内容，不是一下子就能显示出来的。黑格尔说："因此，逻辑的东西也只有当它成为科学的经验的结果时才能得到对自己的真正评价。这时对于精神来说，它才是一般真理。这种真理不是作为个别知识来跟其他的对象和实在性并列在一起，而是构成这其他一切内容的本质。""逻辑的体系是阴影的王国"，这个王国摆脱了"一切感性的具体性"。"不是抽象的、僵死的、不动的，而是具体的。"（同上书，第98页）逻辑这个王国也就是哲学这个王国。它摆脱了一切感性的具体性。但又不是抽象的、僵死的、不动的，而是具体的。列宁在这里评论说："典型的特色！辩证法的精神和实质！"（同上书，第99页）

这个道理只有"过来人"才能充分了解。人类精神的反思，只有人类精神生活中的过来人，经过了其中的曲折与斗争，成功与失败，深知其中甘苦的过来人，才能充分地了解。黑格尔说："逻辑像文法的地方就在于：文法对初学的人说来是一回事，对于通晓语言（或几种语言）和语言本质的人说来是另一回事。《逻辑》对于刚开始研究逻辑以及一般地刚开始研究各种科学的人说来是一回事，而对于研究了各种科学又回过来研究逻辑的人说来则是另一回事。"（同上书，第97页）列宁在这里评论说："微妙而深刻。"

黑格尔又说："正像同一句格言，从年轻人（即使他对这句格言理解得完全正确）的口中说出来时，总是没有那种在饱经风霜的成年人的智慧中所具有的意义和广袤性，后者能够表达出这句格言所包含的内容的全部力量。"（同上书，第98页）列宁在这里评论说："很好的譬喻。"（唯物主义的）（同上）

哲学是一种理论思维，用抽象概念比较多。抽象则易流于空虚，概念则易流于僵化。空虚和僵化是与丰富多彩、变化无端的客观存在不相符合的。黑格尔最反对"抽象的共相"。他讲"具体的共相"。"具体的共相"不容易理解，既然是共相，它就不是具体的，也不可能是具体的，怎么会有具体的共相呢？其实，世界本来就是这样的。事物本来就是如此的。共相即一般；具体即特殊。一般寓于特殊之中。特殊不能离开其中所寓之一般而存在；一般也不能离开其所寓之特殊而存在。讲一般要顾及其所寓之特殊；讲特殊要顾及其中所寓的一般。讲一般而又顾及其所寓之特殊，这个一般就是"具体的共相"。

例如哲学所说的物质，如果作为一个抽象的共相，就只有"客观存在"这个意义，其内容就极其空虚贫乏。但如果作为一具体共相，那就是包罗万象、变化多端的客观世界，其内容是极其丰富生动的。

与理论思维相对的是形象思维。在日常生活中，人们所常用的思维都是形象思维，所以对于形象思维比较容易了解。但对于理论思维的了解就比较困难了。一说到"红"的概念或共相，就觉得有一个什么红的东西，完全是红的，没有一点杂色，认为所谓红的概念就是如此，以为这就是理论思维。其实这不是理论思维，而是形象思维。"红"的概念或共相，并不是什么红的东西。就这个意义说，它并不红。一说到运动的概念或共相，人们就觉得它好像是个什么东西，运转得非常之快。其实，"运动"的概念或共相并不是什么东西，它不能动。如果能了解"红的"概念或共相并不红，"动"的概念或共相并不动，"变"的概念或共相并不变，这才算是懂得概念和事物，共相和特殊的分别。

既认识了这个分别，又要超过这个分别。上面所讲的黑格尔所说的"具体的共相"就超过了这个分别。艺术作品也是要超过这个分别。艺术作品所写的是一个典型。一个典型就是一个概念或共相。但是，它所表现的共相或概念，必须个别化、特殊化，叫人看起来是有血有肉的，活生生的。它所用的方法是形象思维，例如《红楼梦》中所写的林黛玉和薛宝钗，都是美人的典型。可是她两个又各有各的精神面貌。两个人都是个别，都是特殊，都是美人的典型。这样就成功地塑造了美人的典型。

一个人的一生是一个"有限"。这个"有限"的全部过程，是和"无限"打交道的过程，哲学是对于这个过程的反思。最高的文艺作品，也是对于这个过程的反思。屈原的《离骚》说："长太息以掩涕兮，哀民生之多艰。"这个"民生"，具体地说，是指当时人民的生活，抽象地说，也可以是指人生。为了解决这个问题，他上下周游，以求解决的方法，这就是由"有限"入"无限"。可是，游来游去，最后发现，他还是在郢都。就是说，他还是在"有限"之内。

陈子昂《登幽州台》诗说："前不见古人，后不见来者，念天地之悠悠，独怆然而涕下。"这是居"有限"而望"无限"（"悠悠"）有感于"有限"之不可逾越，所以"独怆然而涕下"。这也是对于人生的反思。不过诗人反思是用形象思维表现出来的。《离骚》用"美人香草比喻君子，飘风云蜺比喻小人"。比喻就是形象思维。中国哲学说，君子是阳，小人是阴。因为，每一事物都是一分为二，其中有对于这个事物起积极作用的，就是它的阳；有对于这个事物起消极作用的，就是它的阴。小人对于社会起消极作用，所以是它的阴。君子起积极作用，所以是它的阳。这是理论思维。屈原的《离骚》用形象思维表现出对于人生的反思，引起千百世读者的共鸣。所以说它"与日月齐光可也"（《史记·屈原传》）。陈子昂的诗，也有类似的作用。

有些诗人有一些传世的警句，令人百读不厌。其所以能够传世，因为这些警句于有意无意之间透露了人类精神的反思的一些消息，也可以说是"泄露"了一些"天机"吧。例如，李商隐有两句诗说："身无彩凤双飞翼，心有灵犀一点通。"旧说，这是二句咏男女爱情的诗，可能诗人在写这两句诗的时候，确实是咏男女爱情，但是，读者在读这两句诗的时候，会联想到这是人类精神的自述。人类精神的活动，即人的精神活动，是受很多限制的。人的精神的存在，依赖于人的肉体。没有肉体，精神就不能存在。精神既依赖于肉体，它就要受肉体的限制。人的生活依赖于社会。没有社会，人就不能有物质的生活，更不用说精神生活了。人的精神生活既依赖于社会，它就要受社会的限制。诸如此类的限制，还有很多，很多。精神好像庄子所说的井底之蛙，只能看见同井口一样大的那么一块天。它不能脱离井的局限，只能"坐井观天"。这就是"身无彩凤双飞翼"。可是它毕竟还是看见那么大的一块天。这就是"心有灵犀一点通"。虽然只有"一点"，那一点也是可贵的。

恩格斯说："人的内部无限的认识能力和此种认识能力不仅在外部被局限的

而且认识上也被局限的个别人们身上的实际存在二者之间的矛盾，是在人类世代的无穷的——至少对于我们，实际上是无穷的——连续系列之中，是在无穷的前进运动之中解决的。"（恩格斯：《反杜林论》第一编第十二节《量与质》，《马克思恩格斯选集》第3卷，第160—161页）

　　认识的前进运动是无穷的。绝对真理是无数相对真理的长河的总名。可是，相对真理的数目是无限的，那个长河是有头无尾的，所以绝对真理是永远不能实现的。

　　恩格斯所说的是人类精神对于认识的反思，也就是认识的反思，他用理论思维的话把这段反思说出来。李商隐的那两句诗（照我所理解的），是以"比"的方式，用形象思维的话，把这段反思说出来。从表面上看，用形象思维说的，比用理论思维说的，有一点恍惚、隐晦。但读者如果懂得了它的意思，就会觉得很深刻、简明，并且还感染了诗人的那种惋惜、哀怨的情感。

　　李商隐还有两句诗说："春蚕到死丝方尽，蜡炬成灰泪始干。"旧说，这两句诗也是咏男女爱情的，可能真是如此吧！但是，读者在读这两句诗的时候，会联想到，一切有作为的人，对于他的事业，都是这样的"鞠躬尽瘁，死而后已"。他并不是受别人的命令，也不是别有什么企图，只是出于他的本性，自然而然，不得不然。好像春蚕的本性就是吐丝，只要它还没有死，它总是要吐丝。蜡烛是人做的，人做它就是为照明。只要它还没有着完，它就要燃烧。曹操的诗说："老骥伏枥，志在千里。烈士暮年，壮心不已。"那匹马既然是个"骥"，它自然虽老而仍"志在千里"。那个人既然是个"烈士"，他自然虽暮年而仍然"壮心不已"。杜甫说，他写诗"语不惊人死不休"。他既然是个诗人，他自然要拼命地作好诗。这是出于自然，也是出于必然。李商隐的这两句诗，于有意无意之间，是为这些人写照。这也就是人类精神于反思的时候，为这些拼命从事于精神生活的人所作的结论，所发的赞叹。

　　我不是说李商隐在写这几句诗的时候，就有这些意思。文艺的作用，就在于它可能给读者多种多样的启发，有多种多样的意思，而这些意思，可能是作者原来压根儿没有想到的。这就叫"诗无达诂"。其所以能够如此，因为文艺所要表示的也是一种共相，不过用的是形象思维的方式写出的。

　　李商隐还有两句诗说："永忆江湖归白发，欲回天地入扁舟。"意思是说，他总是想着在年老的时候，退休隐居于江湖之上，到了那个时候，他就可以带着整个的世界进入到一只小船之中。这是这两句诗的本来的意思，并不是我的发挥。李商隐是这样说的，我就这样解释。可注意的是，他要带着整个的世界进入一只小船之中。这可能吗？这是可能的。他所说的整个世界就是他的整个的精神境界，其中包括了他对于人类精神生活的了解和体会。这种了解和体会，就是人类精神的反思。李商隐用形象思维把这个意思表达出来。

第六节　哲学与世界观

　　哲学的思维是理论思维。科学的思维也是理论思维，但是，哲学是人类精神对于科学研究这种精神活动的反思，所以是理论思维的最高发展，或者说最高形式。恩格斯说："经验，自然科学积累了如此庞大数量的实证的知识材料，以致在每一个研究领域中系统地和依据材料的内在联系把这些材料加以整理的必要，就简直成为无可避免的，建立各个知识领域互相间的正确联系，也同样成为无可避免的。因此，自然科学便走进了理论的领域，而在这里经验的方法就不中用了，在这里只有理论思维才能有所帮助。但理论思维仅仅是一种天赋的能力。这种能力必须加以发展和锻炼，而为了进行这种锻炼，除了学习以往的哲学，直到现在还没有别的手段。"（《反杜林论旧序》，《马克思恩格斯选集》第3卷，第465页）又说："一个民族想要站在科学的最高峰，就一刻不能没有理论思维。"（同上书，第467页）

　　一个民族的文化，是一个民族精神活动的结晶。一个民族的哲学是一个民族的精神对于它的精神活动的反思，从这个意义说，一个民族的哲学是一个民族的文化的最高成就，也是它的理论思维的最高发展。

　　学习哲学，应该是一种活动，就比如学习物理学是一种活动。学习物理学的活动是观察、试验等等。学习哲学的活动，是对于人的精神活动作反思，在这种反思中发展锻炼人的理论思维的能力。

　　在这种反思中，人可以对于自然、社会和个人的行事有一种理解。有一种理解就有一种看法。有一种看法就有一种态度。理解、看法和态度，总而言之，就是他本人的世界观。人都是照着他的世界观生活的。如果他有一个明确的世界观而又对之深信不疑，他的精神世界就丰富了，他的行动就勇敢了。他就可以"心安理得"地生活下去。虽有困难，他也可以克服。虽有危险，他也无所畏惧。这种精神境界，绝不是单凭记几个教条，背几句格言所能得到的。那几句格言的意思可能很正确，背的人对于它们的了解也可能是不错。但是对于背的人来说，还只是几句空话，并不能使背的人的精神境界发生什么变化。

　　学哲学并不是记教条，背格言。它要求学的人对于人的精神活动有所反思。在反思中得到一些体会，增加一些理解，懂得一些道理。这就能使他的精神境界有所丰富，有所提高。

总起来说，哲学的作用有两方面，一是锻炼、发展人的理论思维的能力，一是丰富、提高人的精神境界。这可以用哲学史中的例子来说明。

上面已经讲过，黑格尔有一部著作称谓《精神现象学》。他的哲学体系，也就是可以称为"精神现象学"，后来他又称他的体系为"逻辑学"。比黑格尔早一点的荷兰哲学家斯宾诺莎也有一个哲学体系，他的主要著作是用几何学的方法作严格的推论。他叫这部著作为"伦理学"。这两部古典的哲学著作的名称可以说明哲学的两方面的作用。黑格尔着重理论思维，所以他的重要著作称为"逻辑学"。斯宾诺莎注重精神境界，所以把他的重要著作称为"伦理学"。

这两方面实际上是一回事。人对于他的精神活动的反思，就自动地丰富、提高了他的精神境界。我说"自动地"，意思是说，哲学和精神境界之间，没有手段和目的的关系的问题。不是以哲学为手段，达到提高、丰富精神境界的目的。在哲学的反思之中，人的精神境界同时就丰富、提高了，反思既然是"思"，不管说出来或不说出来，就在那里运用理论思维了。理论思维同时就发展、锻炼了。这些都是一回事。黑格尔的"逻辑学"和斯宾诺莎的"伦理学"，也说明这点。

用中国的一句老话说，哲学可以给人一个"安身立命之地"。就是说，哲学可以给人一种精神境界，人可以在其中"心安理得"地生活下去。他的生活可以是按部就班的和平，也可以是枪林弹雨的战斗。无论是在和风细雨之下，或是在惊涛骇浪之中，他都可以安然自若地生活下去。这就是他的"安身立命之地"。这个"地"就是人的精神境界。说是哲学给的，实际上是人自己寻找的，自己创造的。只有自己创造的，才是自己能够享受的。中国哲学说：哲学是供人受用的、享受的。学哲学如果得不到一种受用和享受，任凭千言万语，也只是空话，也只是白说。

总起来说，哲学的内容是人类精神的反思。它的方法是理论思维。它的作用是锻炼、发展人的理论思维，丰富、发展人的精神境界。一般说来，就是如此。但是哲学史中的哲学家们，因为受到认识上的、阶级的、民族的、各种各样的局限，所以有各种各样不同的观点。他们提出了各种不同的世界观，为人类各种不同的行动提供了理论的根据。这就形成了哲学史上的百家争鸣和思想斗争的局面。

百家争鸣和思想斗争，并不是普通所谓打笔墨官司，而是关系到世界观的大事，关系到"安身立命之地"的大事，也可以说是关系到灵魂的大事。人的灵魂就是他的世界观。

第七节　哲学中的主要派别

　　这里所说的是哲学中的主要派别，不是哲学史中的主要派别，虽然前者总是依靠后者而得到表现。这两者也是逻辑和历史的统一。

　　宇宙是一个统一体。这个统一体，可以在许多方面一分为二，成为两个对立面。人所遇到的宇宙中的对立，首先是主观和客观（中国哲学称为内外）的对立。人是自然的产物，但有了他以后，他又是自然的对立面。在他的面前，首先是自然和他的对立。这就是主观和客观的对立。他自己的思想、感情和意志，这是主观，自然是客观。自然虽然为他的生活准备了一些条件，如阳光雨露之类，但他也必须与自然作斗争，改造自然，才能维持他的生活，改善他的生活。中国的古书说，原始社会的人"凿井而饮，耕田而食"。这个"凿"字"耕"字所说的就是对于自然的斗争和改造。斗争和改造必须有工具。人不但改造自然原有的东西，并且创造自然原来没有的东西，使之成为工具。这就是当时的科学和技术。

　　但同自然比较起来，人还是渺小的。原始社会的时候，这种情况尤其显著。在原始社会中人对于自然的了解是很少的。对于自然的斗争和改造的力量也是很小的。人对于自然的解释，大都是以他自己的主观情况和当时的社会情况为根据。社会上有一个首领，自然界也必有一个首领，这就是"至上神"。社会上的首领之下有些服务的人，分管着社会中各种事务。"至上神"也必定有一些服务的"神"，分管着自然界的一些现象，如"雷公""电母"之类。"至上神"凭着他自己的喜怒，命令这些"神"，对于人实行赏罚。人必须虔诚地侍奉"至上神"，以求得他的保佑。这就是原始的宗教。

　　总的说起来，自从原始社会以来，人对于自然有两种态度，一种是科学的态度，一种是宗教的态度。在哲学的发展中也有两种态度。这两种态度，表现在对于主观和客观的关系这个问题上。

　　主观与客观是两个对立面。这两个对立面，哪一个是主要的？是由哪一对立面决定这个统一体的性质？对于这个问题的回答的不同，就成为哲学两大派：唯物主义和唯心主义。唯物主义认为客观是主要的对立面。唯心主义认为主观是主要的对立面。唯物主义是人类社会科技传统的继续。一个自然科学家，作为一个人，可能信仰某一种宗教。但是作为一个科学家，他却是自觉地或不自觉地承认他所研究的对象是独立于人的主观的客观实在。唯心主义是人类社会的宗教传统的继续，他虽然可以不用"上帝""至上神"等名词，但总是要用一些涵有主观意义的名词解释宇宙。

宇宙中间还有两个广泛的对立面，就是中国哲学中所谓"动""静"。在一般的言语中，"动"指一个东西在空间中的迁移。一件事情在时间中变化叫"变"。例如日月的运行叫"动"，四时的转化叫"变"。马克思主义哲学把"动"这个词的意义扩大了。马克思主义哲学所说的"运动"，包括一般言语中所说的"动"与"变"。日月的运行叫"运动"，四时的变化也叫运动。这是因为马克思主义哲学要突出事物的运行和变化，所以把"动"这个词的意义扩大，使之有一个更概括的意义。

在中国语言中，"动"也是指一个东西在空间中的运行，但是，在中国哲学中，"动"这个词的意义，早就扩大了。它并不仅指一个东西在空间中的运行。例如，《周易》的《系辞》说："夫乾，其静也专，其动也直，是以大生焉。夫坤，其静也翕，其动也辟，是以广生焉。"又说："圣人有以见天下之赜，而拟诸其形容，象其物宜，是故谓之象。圣人有以见天下之动，而观其会通，以行其典礼，系辞焉以断其吉凶。是故谓之爻。"又说："吉凶悔吝，生于动者也。"又说："几者，动之微，吉凶之先见者也。"这些地方所说的"动"，显然不是指一个东西在空间中的运行，而是包括一件事情在时间中的变化。《系辞》显然需要一个有更广泛意义的词，把"动"和"变"都概括起来。这个词就是"动"。

《礼记》中的《乐记》说："人生而静，天之性也。感于物而动，性之欲也。"这个"动"也是有广泛意义的"动"。

动的对立面是静。具有更广泛意义的"动"这个词，其对立的词必然是具有更广泛意义的"静"。

具有更广泛意义的动、静，在后来的道学中成为一对重要的范畴。周惇颐的《太极图说》说："太极动而生阳，动极而静，静而生阴。"动、静和阴、阳连系在一起。这里所谓动、静也是就其广泛的意义说的。

照上面所引的例子看起来，中国的哲学家们所说的动、静，自古以来都是就这两个词的广泛意义说的。这不一定说明它在这个问题上有什么高明，但可以说明在这个问题上哲学需要两个意义广泛的词以概括在这方面的两个对立面。

上边所引《周易·系辞》讲爻、象的那一段，把"天下之赜"和"天下之动"分别开来，下面接着说："言天下之至赜而不可恶也，言天下之至动而不可乱也。"这段把"天下之赜"和"天下之动"分别开来。照它说，《周易》以《象》说明"天下之赜"、以"爻"说明"天下之动"。它明确地说，这是两回事。是两回什么事呢？

"天下之赜"可能说的是客观世界，在其中万象纷纭。《系辞》说：虽然极其纷纭，也不可厌恶它（"不可恶也"）。这说的是主观和客观的对立。客观世界不但万象纷纭，而且千变万化。这就是"天下之动"。《系辞》说：虽然千变万化，但也有个"会通"；就是说，有联系，有规律。虽然变动得很厉害，也不是杂乱无章，（"不可乱也"）这说的是动静的对立。我的这样解释不一定正确。但是主观和客观、动和静，这两对对立是人类生活中最突出的，所以很早就受到哲学家们的注意。关于它们的讨论成为哲学中的主要派别。这大概是可以说的。

就动静这个对立说，在这两个对立面中，究竟哪一个是基本的？一种观点认为动是基本的，静不过是一种暂时的现象，或者简直是人的幻觉。另一种观点认为静是基本的，动不过是一种暂时的现象，或者简直是人的幻觉。第一种观点，接近于辩证法。说它是"接近"，因为它仅只承认动是基本的，而不承认动之中有发展和提高，这还不就是辩证法。虽然不就是辩证法，辩证法必先承认动是基本的。第二种观点，就是形而上学。

我并不是说，中国哲学中所谓动、静的对立就是或者等于辩证法和形而上学的对立。我只是说，在宇宙中，有中国哲学所谓动、静这两种现象，引起哲学家对这两现象的概括。中国哲学所谓动、静就是这种概括。这和辩证法和形而上学的对立虽不是一回事，但是同类的事。

以上说明，在哲学中为什么有唯物主义和唯心主义，辩证法和形而上学这些主要派别及其间的斗争。这个说明主要是从认识论方面说明。这就是这些主要派别和斗争的认识论的根源。以下再说其社会根源。

任何事物都是一个统一体。任何统一体都是一分为二的。哲学中的主要派别就是哲学这个统一体在不同的问题上一分为二。哲学史中的主要派别，就是哲学史这个统一体在不同的问题上一分为二。社会也是一个统一体，也是一分为二的。哲学的一分为二是同社会的一分为二相适应的。

社会的发展的最后动力是生产力的发展。生产关系本来是适应于生产力并为生产力服务的。可是，生产力总是不断发展的。在其发展到一定程度的时候，旧的生产关系就反而成为生产力的束缚了。这时生产力就要冲破旧的生产关系以及为之服务的上层建筑，建立新的生产关系以及为之服务的新的上层建筑。在旧生产关系中占统治地位的阶级，必定不肯自动放弃它的既得利益。它必定死抓着旧的生产关系和旧的上层建筑，不肯放手，即使已丧失了，它也要企图复辟。它的路线必然是束缚生产力的。代表新的生产关系的新兴阶级，必然同这个反动的阶级进行斗争。维护旧的生产关系的阶级是保守的，创造新的生产关系的阶级是进步的。

过去社会的统治阶级都支持唯心主义和形而上学思想，因为它看事情都是从它的主观愿望出发，希望永远保持它的既得利益。在历史中，这两个主义、两种思想和两个阶级就交织起来，成为整个社会的一分为二：进步的势力和保守的势力。

第八节　哲学和哲学史

　　哲学史是哲学发展的历史。它并不等于哲学。在这里，也有本来的哲学史和写的哲学史之分。

　　写的哲学史就是研究本来哲学史的人所写的研究结果，是本来哲学史的摹本。哲学家们对于人类的精神生活作了反思，又把他的反思用理论思维的言语表达出来，成为一个思想体系，这就是他的哲学体系。他是怎么想的、怎么说的、怎么写的，他的体系是怎么建成的，这都是一个哲学史家所首先要研究的。这是需要大量的调查研究工作的。不作这种工作，而只抓住哲学家的只言片语，就断定他是个什么论者，从而批评之，这就是用"戴帽子""抓辫子""打棍子"的办法。用这种办法批判今人，必造成冤、假、错案；用这种方法批判古人，必写出不真实的历史。

　　哲学用理论思维，批评一个哲学家的哲学，也需要用理论思维。上面所说第欧肯尼的轶事，可以作为说明。他用步行来反对芝诺，但他又知道，如果谁满足于这样的反对，谁就应该挨打。这些批判驳不倒他所要驳的哲学家，也不能使读者受到理论思维的锻炼。批评一个哲学家，总要把他当成一个哲学家而评论之。

　　上面说过，马克思主义发现了自然、社会和人的思维的发展的一个总规律，辩证法。这个规律也就是研究自然、社会和人的思维的发展方法。自然科学用这个方法研究自然界中的事物，社会科学用这个方法研究社会中的事物。历史学是社会科学的一种，哲学史是历史学中的一门专史，它是研究哲学这门学问的发展的历史。它用哲学所发现的方法，研究哲学发展的历史，这就像《诗经》所说的："伐柯伐柯，其则不远。"就会觉得更为熟悉，更为亲切。列宁在这一方面给我们作了许多范例。他说："辩证法是活生生的多方面的（方面数目永远增加着的）认识，其中包含着无数的各式各样观察现实，接近现实的成分（包含着每个成分发展成的整个哲学体系），——这就是它比起形而上学的唯物主义所具有的无比丰富的内容，而形而上学的唯物主义的根本缺陷就是不能把辩证法应用于反映论，应用于认识的过程和发展。"（《谈谈辩证法问题》，《列宁全集》第38卷，第411页）

　　列宁在这一段话下面接着讲怎样用辩证法的方法研究哲学史。辩证法是活生生的，人类认识之树也是活生生的。说它们是活生生的，就是说，它们是多方面的、复杂的、变化的，不能用一个或几个条条框框把它们简单化、直线化、片面化、死板或僵化。这些"化"都是形而上学或主观主义的产物。列宁所说的这些"化",都是指唯心主义说的,可是研究哲学史也可以有唯心主义。历史的发展不是直线,人的认识的发展不是直线,人的理论思维的发展也不是直线。哲学史是哲学的发展史。它是无限地近似一圈圆圈,近似于螺旋的曲线。每一个圆圈都是这一发展的一个环节。就其为一个环节说,它就是那个总的发展所不可少的,它是本来的哲学史的组成部分,写的哲学史也必须把它写进去。

哲学史是一种专门史。一个什么事物的史,就是要讲这个事物的发展。发展必有一定规律,不能杂乱无章。发展必有一个线索,有它的来龙去脉。发展必有一定的阶段,有一定的环节。一个事物的发展总不是孤立的,它必然受到它的周围事物的影响或制约,而又反过来也影响或制约其周围的事物。这些也是讲那个事物的写的历史所必须说明的。讲哲学史也是如此。哲学在历史中表现为各种派别。这些派别表示哲学发展的线索、阶段或环节。这些派别和当时的政治、经济是互相影响、互相制约的。这种互相影响,互相制约,是哲学发展的本来历史所固有的内容。写的哲学史都要把它们写出来,特别要说明这些哲学派别在当时所起的作用,是推动历史前进或者是阻碍历史前进。

第九节　研究中国哲学史的特殊任务

中国哲学史是中国哲学的历史。中国哲学,就其内容说,和其他民族的哲学是一样的。如果不是如此,它就不能称为哲学。但就表现形式说,中国哲学和其他民族的哲学,则有所不同。其不同的原因可能很多,其中之一可能是语言、文字方面的问题。中国的语言是单音节的。中国的文字一直到现在是方块字的汉字,其来源是象形文字。这都不利于用字尾的变化表达辞性。例如一个名词,有其抽象的意义,也有其具体的意义。从逻辑方面说,其抽象的意义就是这个名词的内涵,其具体的意义就是这个名词的外延。专门表示内涵的名词称为抽象名词,专门表示外延的名词称为具体名词。这种辞性的不同在西方文字中,可以用字尾的变化表示出来,使人一望而知。但中国文字没有这种方便。例如"马"这个名词,就其内涵说是指一切马所共同有的性质。就其外延说,是指一切的马。有时要明确地专指一切马所共同有的性质,在西方的语言中,可以把马的字尾稍作变化,使之成为一个抽象名词。在现代中国话中,我们可以于"马"字之后加上一个"性"字。一切马共同有的性质,称为"马性"。但是古代没有这个办法。因为没有这个办法,所以在语言中就有困难。战国时期,公孙龙作《白马论》,主张"白马非马"。当时及后来的许多人认为这是诡辩,因为在常识中,一般都说"白马是马"。其实"白马是马"和"白马非马"这两个命题都是真的，并没有冲突。"白马是马"是就马这个名词的外延说的；"白马非马"是就这个名词的内涵说的。"白马是马"的马是就具体的马说的；"白马非马"是就抽象的马说的。它说的是一切马所共同有的性质，是马性。如果在古代就有一种方法，在文字上表明马性同马的不同，《白马论》中的有些辩论本来是可以不必说而自明的。"白马非马"这个命题的意义也是不难理解的。

无论如何，事实是，在以前的中国哲学中，"术语"是比较少的，论证往往是不很详尽的，形式上的体系往往不具备。另外还有很明显的一点，那就是以前的哲学家所用的语言，是古代的语言。必须用现代的中国语言把它翻译过来，才能为现代的人所理解。

在清朝末年，中国人把中国哲学作一门学问来研究之后，也就是中国哲学开始反思的时候，人们开始觉得，中国哲学中的原来的术语很不够用。那时候，西方资产阶级哲学还没有真正进入中国的思想界。人们开始在佛学中找"术语"用。佛学中的相宗是一种"烦琐哲学"，其中名词繁多。当时有一派人就用佛学中的概念、名词解释、评论中国哲学。可是那些名词、概念，有一部分是"相宗"那样的"烦琐哲学"的虚构，是如佛学所说的"龟毛兔角"之类。而且佛学著作翻译过来的文字也还是古文字，所以越说越糊涂。

中国哲学中一个名词往往有许多用法。例如"天"可以指与地相对的"苍苍"者，也可以指"上帝"，也可以指自然。这也是"术语"缺乏的一种表现。一个名词的一个用法就指一个概念，用这个字的人，究竟想说什么概念呢？有些时候，可以从上下文一望而知，有些时候就不容易决定。

现在研究中国古代哲学史比较容易多了。有许多西方哲学中的"术语"可以用以分析、解释、翻译、评论中国古代哲学。但是翻译必须确切，解释必须适当。这也是不易审的。

中国古代哲学喜欢"言简意赅""文约义丰"。周惇颐倒是为他的《太极图》作了一个"说"，但只有一百多字。其他如张载的"心统性情"，程颐的"体用一源，显微无间"，都只提出一个结论。程颐可能认为他的《周易传》就是他的结论的根据，但还不是直接的说明。这些结论显然都是长期的理论思维的结果。哲学史家必须把这种过程讲出来，把结论的前提补足来，但是这种"讲"和"补"当然不能太多。就是说，只能把中国古代哲学家们要说而还没有说的话替他们说出来，而不能把他们还没有要说而在当时实际上不可能有的话说出来。不可太多，也不可太少。太多了就夸张古人的意思，太少了是没有把古人的意思说清楚，讲透彻。怎样才能既不太多也不太少，恰如其分，那就要看这个哲学史工作者对于古人的理解的能力和程度了。

中国古代哲学家们比较少作正式的哲学论著。从古代流传下来的哲学史资料，大多是为别的目的而写的东西，或者是别人所纪录的他们的言语，可以说是东鳞西爪。因此就使人有一种印象，认为中国古代哲学家的思想没有系统。如果是就形式上的系统而言，这种情况是有的，也是相当普遍的。但是形式上的系统不等于实质上的系统。拿一部《论语》来看，其中所记载的都是孔子回答学生们的话。学生们东提一个问题，西提一个问题，其问并没有联系。孔子东答一个问题，西答一个问题，其答也没有联系。孔子并没有和学生们就一个专门问题讨论起来，深入下去。（也许有，不过没有这样记载流传下来。）就形式上看，一部《论语》是没有形式上系统的。但这并不等于孔子的思想没有实质上的系统，如果是那样，他的思想就不成为一个体系，乱七八糟。如果真是那样，他也就不成为一个哲学家了，哲学史也就不必给他地位了。

中国哲学史工作者的一个任务，就是从过去的哲学家们的没有形式上的系统的资料中，找出其实质的系统，找出他的思想体系，用所能看见的一鳞半爪，恢复一条龙出来。在写的哲学史中恢复的这条龙，必须尽可能地接近于本来的哲学史中的那条龙的本来面目，不可多也不可少。

总的说起来，写的中国哲学史，在摹绘本来的中国哲学史的时候，必须首先做到三点：

第一点是：具体地说清楚一个哲学家的哲学体系。哲学中的主要问题是共同的，但每个哲学家，对于这些问题的理解和解决，是不完全相同的。哲学家们各有各自的思路，各有各自的建立体系的过程。所以他们的体系各有自己的特点。一个唯物主义哲学家不尽同于另一个唯物主义哲学家。一个唯心主义哲学家也不尽同于另一个唯心主义哲学家。好像同是一个人而每个人也各有各自的精神面貌。同是一个字，而书法家写出来，各有各自的风格。所以说，要具体地说明一个哲学家的体系，使之成为一个有血有肉的、活生生的体系。不可把哲学家们的活生生的体系分割开来，填入那几个部门之中。这样，就好像把一个活人分割为几块，然后再缝合起来。缝合可以成功，甚至是天衣无缝，但是那个人已经死了，没有生命了。

第二点是：必须具体地说清楚，一个哲学家如果是对于某一问题得了一个结论，他必然是经过一段理论思维。他可能没有把这段过程说出来。但是，没有说出来，并不等于没有这个过程。哲学史家必须尽可能地把这段过程说清楚，使学习哲学史的人可以得到理论思维的锻炼。

第三点是：必须具体地说清楚，哲学家们所提供的世界观，使学习哲学史的人可以得到一些"受用"或教训。

以上三点，其实就是一回事。一点做到了，其余二点就自然有了。简单地说起来，哲学史家对于一个哲学家，必须先真正懂得他想些什么，见些什么，说些什么，他是怎样想的，怎样说的，以及他为什么这样想、这样说，然后才可以对他的哲学思想作出合乎实际的叙述。重要的是具体，因为历史的东西都是具体的东西。这在研究中国哲学史特别困难，如上面所说的。

在上面工作的基础上，哲学史可以寻找哲学史发展的线索和规律，对于哲学家的功过做适当的评论。上面的工作如果做得好，也许哲学史发展的线索和规律自然就出现了，这些哲学家的功过自然就明白了。如果能如此，哲学史的工作，就算是做到家了。

第十节　阶级观点和民族观点

"中国哲学史"讲的是"中国"的哲学的历史，或"中国的"哲学的历史，不是"哲学在中国"。我们可以写一部"中国数学史"。这个史实际上是"数学在中国"或"数学在中国的发展"，因为"数学就是数学"，没有"中国的"数学。但哲学、文学则不同。确实是有"中国的"哲学，"中国的"文学，或总称曰"中国的"文化。

就现在说，"中国"就是中华民族所占有的疆域和所组织的国家。中华民族是历史产物，其形成的过程，经过了数千年的时间，走过了曲折反复的道路。在这个过程中，"中国的"哲学起了一定的积极作用，而且也就是这个发展在思想上的反映，也正是由此它才成为"中国的"哲学。

自从有人类以来，人总是在有组织的社会中生活的。这种组织，从其社会性质说，有原始共产社会、奴隶社会、封建社会等等的不同；从其作为一个组织单位说，可以有部落、部族、民族等等的差异。以现在的世界作为一个例。现在世界中，有资本主义国家，社会主义国家，这是按其社会性质区分的。也有中国、日本等等民族，这是按组织单位区分的。这两者之间的关系，就是一般和特殊的关系。某种社会是一般，某个民族是特殊。一般寓于特殊之中。

在一个民族的内部，有阶级的对立与阶级的斗争，这是阶级斗争。在一个民族的外部，有这个民族同其他的民族的对立与斗争，这是民族斗争。民族斗争，归根到底，也是阶级斗争的另外一种形式。但既是另外一种形式，这另外的一种形式就引起另外的一些情况，另外的一些问题。帝国主义者剥削、压迫其殖民地的民族。这些帝国主义者当然都是资本家。这些资本家不仅只剥削、压迫其殖民地的民族，对其本民族的无产阶级和劳动人民，也是同样地剥削、压迫。但是他们对于其殖民地的民族，是以整个民族为剥削、压迫的对象。例如中国在过去半殖民地的时代，上海黄浦江外滩公园门口立了一个牌子，上面写着："狗与华人不准入内。"这个"华人"，当然是指所有的中国人，而不仅是中国的无产阶级和劳动人民。中国人民经过这个时代，对于这种被鄙视、歧视的经验，记忆犹新。

阶级斗争和民族斗争是纠缠在一起的。历史是这种纠缠在一起的斗争的发展、变化的过程。在这个过程中，阶级斗争占主要的地位，但也有时民族斗争占主要的地位。民族斗争和阶级斗争不是纲、目的关系，而是经、纬的关系。历史的发展、变化的过程，可以说是以阶级斗争为经，以民族斗争为纬。经纬错综成为一块布。阶级斗争和民族斗争错综纠缠，成为一段历史。历史中的事实和人物的作用，在阶级上和民族上，可以是不同的。因此对于它们的评价，也有不同的观点，阶级的观点和民族的观点。

一个民族在一个时期的统治思想，就是其统治阶级的思想。从阶级观点看，这种统治思想是统治阶级所用以维护其阶级统治的工具。这是列宁所说的统治阶级的牧师的职能所用的工具。其目的是麻醉被统治者，削弱他们的反抗的意志，消灭他们的反抗的行动。但从民族观点看，这种思想也可以巩固本民族的组织，统一本民族的思想。本民族的成员也只能以这种思想统一他们的世界观。久而久之，这种统一的世界观就成为这个民族的"民族精神"。

统治思想的本身就有这种作用，如果其中还有主张民族融合的成分，这种作用就更大了。以下以孔子及儒家思想为例，以为说明。

对于孔子个人的评价是受历史分期的决定的。春秋、战国时代是中国社会由奴隶制向封建制转化的过渡时期。孔子对于这个转化的态度，是明确的。他认为这是"天下无道"（《论语·季氏》），这说明他的立场是没落奴隶主阶级的立场。他不隐蔽他的立场，他发了许多议论，说了许多话，但总起来是一句话，"为东周"。同是一句话，看是在什么立场说的，是在什么时候说的，是在什么情况下说的。因立场、时间、地点不同，一句话可以有不同的意义，发生不同的作用。从这个原则理解孔子的言行，只能认为：他在当时基本上是个反对社会前进，阻碍历史发展的思想家。从阶级观点看，不能不作这样的结论。

但从民族观点看，孔子后来成为中国封建社会在思想、文化方面的最高代表，"至圣先师"。他的形象和言论，在中华民族形成的过程中，起了很大的积极作用。这也是不能否认、也不能否定的。

在秦汉统一以前，中国不仅是许多诸侯割据的局面，也是许多民族斗争的局面。其中有些国家是周王分封的，本来是一家。可是除了这些之外，还有"北狄""南蛮""东夷""西戎"。如楚国，孟轲称之为"南蛮鴃舌之人，不闻先王之道"。就是说，楚是还没有开化的野蛮人，秦汉统一，不仅在政治上建立了全中国的专制主义的中央集权的政权，也融合了原来七国的不同民族或部落，形成了一个统一的民族，称为汉族。汉族这个"汉"字，就是汉朝之汉。

同汉朝的政治统一和民族融合相配合，汉初出现了"公羊春秋"。《春秋》是汉朝的最有权威的儒家经典，据说是孔子所作。《春秋公羊传》以《春秋》为旗帜，说《春秋》"大一统"。这个"一统"是政治的统一，也是民族融合。

《春秋》记载吴国灭了几个小国的事，《公羊传》说：照《春秋》的"书法"看起来，《春秋》"不与夷狄之主中国也。曷为不使中国主之？中国亦新夷狄也"。但是《春秋》还是写了吴灭这些国的事，因为"吴少进也"（《公羊传》昭公二十年）。照《公羊传》的这段话看起来，《公羊传》主张中国和"夷狄"的区别不是以种族肤色为标准，而是以"先王之道"（文化）为标准。如果中国不行"先王之道"，那就是"新夷狄"。如果"夷狄"行"先王之道"，那就是"新中国"。"吴少进也"就是说，吴已逐渐成为中国。

董仲舒是公羊家。他以"公羊春秋"为基础，建立了一个包括自然、社会、个人行事在内的广泛的哲学体系，作为当时"一统"的理论根据。东汉末年的公羊家何休，根据董仲舒的"春秋三世"说而加以发挥，把所谓"三世"解释成为一个历史进化过程的三个阶段。第一阶段是"据乱世"，在这个阶段，《春秋》"内其国而外诸夏"。第二阶段是"升平世"，在这个阶段，《春秋》"内诸夏而外夷狄"。第三阶段是"太平世"，在这个阶段，"天下远近小大若一"（《公羊传·解诂》隐公元年"公子益师卒"条下）。当时所谓"天下"就是当时汉朝疆域，在这个范围内，就只有一个统一的民族了。何休的这种思想，也是当时民族融合的反映。

在何休以前，汉朝的思想家就提出"大同"的理想，说："大道之行也，天下为公。"（《礼记·礼运》）古人所谓天下，实际上指的是当时的全中国。所谓"天下为公"就是说，全中国是全中国的人所共有，也就是，为全中国的各民族所共有。下文具体地描绘了全中国的人不分彼此地生活情况，也就是全中国各民族和平共居的生活情况。他没有提"夷狄"跟"中国"之分，因为在这个理想中已经没有这个分别。这种理想的社会，称为"大同"。其内容也就是何休所说的"太平世"。

《礼记·礼运》又说："故圣人耐（能）以天下为一家，以中国为一人者，非意之也。必知其情，辟于其义，明于其利，达于其患，然后能为之。""以天下为一家，以中国为一人"就是"大同"社会的概括。《礼运》指出：这种社会并不是专凭人的主观愿望所能得到的。必须深切了解人的好恶，深刻研究各方面的利害，才能实现这种理想。

在19世纪中叶以后，《礼运》的这一段话，很受推崇。当时先进的中国人，农民起义的革命家洪秀全引它，资产阶级改良派康有为引它，资产阶级革命家孙中山也引它。孙中山先生在各处的题词，常写"天下为公"四个字。他所领导的革命建立了"五族共和"，对于中华民族的形成，有很大的推动的作用。其思想根源可能也是《礼运》的这一段。

汉朝以后，中国又分裂了，又出现了各民族之间的斗争。这种政治上和民族之间的分裂，到唐朝才又结束。唐朝的统一不仅是恢复了专制主义的中央集权的政权，也恢复了民族之间的统一。这个统一的民族，称为唐人。直到现在，中国人在外国的居住区仍称为"唐人街"。

唐朝的一个理论家韩愈又重说："孔子之作《春秋》也，诸侯用夷礼者则夷之，夷之进入中国者则中国之。"（《原道》，《昌黎韩先生集》卷十一）韩愈的意思是警告中国人不要信夷教（佛教），可是也为当时异民族之转化为中国开了大门。

在巩固专制主义的中央集权的政权和融合民族方面，宋朝继续了唐朝的事业，并且补做了唐朝所没有做的事。那就是在上层建筑中出现了一个包括自然、社会和个人行事各方面的广泛哲学体系——道学。道学批判而又融合了佛教，继承而且发展了儒家，是中国封建哲学发展的一个高峰。它的出现和作用，和董仲舒哲学的出现和作用，有许多类似之处。元朝和清朝都是以当时汉族以外的民族入主中原。但在既得全国性政权以后，都以道学为统治思想，认为是孔子的嫡传，儒家的正统。

历朝的皇帝都对孔子封爵。在曲阜的孔庙里，有历朝皇帝追封孔子的碑文。其中有篇元朝的碑文最为简明扼要。碑文说："皇帝圣旨：盖闻先孔子而圣者，非孔子无以明；后孔子而圣者，非孔子无以法。所谓祖述尧、舜，宪章文、武，仪范百王，师表万世也。朕缵承丕绪，敬仰休风。循治古之良规，举追封之盛典，加号大成至圣文宣王，遣使阙里，祀以太牢。呜呼！父子之亲，君臣之义，永维圣教之尊。天地之大，日月之明，奚罄名言之妙。尚资神化，祚我皇元。主者施行。"（参看《加封孔子制》，《元文类》卷十一）

这篇碑文，从阶级观点看，是元朝用儒家为统治思想，以巩固元朝的统治。从民族观点看，也可以认为是蒙古族和汉族融合的象征。蒙古族的统治者不久就退出中原，回到蒙古，这种融合，未能彻底。满族入主中原，康熙皇帝修《性理精义》《朱子全书》等，也有类似的意义。但满族以后和汉族完全融合了。《红楼梦》这部文学著作就是一个完全融合的表现。

中国旧民主主义革命，在其酝酿时期，原是以"排满"为其内容之一。后来推翻清朝以后，宣布汉、满、蒙、回、藏"五族共和"，建立中华民国。民国失败了，但五族联合继续下去。这是在中国历史中出现的第三次民族团结。这个团结联合汉、满、蒙、回、藏五个民族以及其他少数民族，成为一个统一的民族，称为中华民族。

新民主主义革命成功，建立中华人民共和国，仍用"中华"这个光辉的名称。这标志着中华民族的事业更加扩大，中华民族的基础日益巩固。由此中国境内的各民族达到真正的团结。

在东亚，中国原来是最先进入封建社会的国家，在东亚各民族中是先进的。在与各国民族的交往中，中国的封建文化居于优越的地位。中原以外的民族，即使能以武力的优势入主中原，但是既进来以后就为封建文化所同化。这是历史的必然。中国的封建文化是以儒家思想为中心的，它对于民族问题，不以种族为区别夷狄和中国的标准。它注重"夷狄"和"中国"的界限，但认为任何"夷狄"只要接受封建文化，即可以成为"中国"的一部分。这个传统，有利于中华民族的扩大。到了19世纪的中叶，中国所接触的异民族，是已进入资本主义社会的民族。中国的封建社会就落后了。孔子和儒家成为中国进步的阻碍。这是历史的转化。

我们现在团结中华民族，当然用不着孔子和儒家。现在的中华民族是靠马克思列宁主义、毛泽东思想团结在一起的。但这是在原有的中华民族的基础上更进一步的团结。孔子和儒家在中国历史上所起的团结中华民族的作用，是不能否认，也是不应否定的。

第十一节　中国哲学史的分期

在中国历史中，有三次社会大转变时期。在这样的时期中，社会的政治、经济、文化各方面，都起了根本的变革，有了全新的面貌，取得了显著的进步。这些情况，只有在一种社会制度向另一种社会制度转变的时期才能出现。

这三次大转变时期，一次在古代，一次在近代，一次在现代。近代的一次，是封建社会转变向半殖民地、半封建社会。现代的一次，是半殖民地、半封建社会转变向社会主义社会。在这些转变时期，在政治、经济、文化各方面所经过的变化是我们都熟悉的。另一次大转变时期是春秋战国时期。其间所经过的政治、经济、文化各个方面的变化，我们从古代传下来的各种历史资料中，也看到一些。向来的历史家，对于春秋战国时期的大变革，虽然有不同的解释和评价，但是有这种空前的大变革，这是没有人不承认的。这次大转变，究竟是什么性质呢？就是说：中国社会在春秋战国时期的大转变，是由哪一种社会转向哪一种社会呢？从这个大转变的结局看，经过这次大转变，新建立起来的是地主阶级专政的政权。地主阶级的统治的社会是封建社会。这是很明显的。按照社会发展史的规律，地主阶级的政权所取代的政权是奴隶主的政权。封建社会所取代的社会是奴隶社会。从这方面看，春秋战国时期的大转变，按其性质说，是从奴隶社会转向封建社会的大转变。这一点在本书第一册的《绪论》中，还要举出具体的证据，详细评论。

我们不能把中国社会从奴隶社会转向封建社会这次大转变的具体时间向上推，也不能向下移。因为在春秋战国以前或以后，一直到清朝末年，都没有出现过在政治、经济、文化各方面都起根本变化的现象，在文化方面尤其是如此。

以这三个大转变时期为关键，中国历史显然分为四个时代。第一个时代是第一个大转变及其以前的时期，这是古代。第二个时代是从第一个大转变时期以后到第二个大转变时期的前夕，这是中古。第三个时代是从第二个大转变时期以后到新民主主义革命时期，这是近代。第三个大转变时期是社会主义革命和社会主义建设时期，这是现代。在这三个大转变时期中，现代这一次转变最大。以前的转变是以一个剥削阶级替代另一个剥削阶级为其中心内容。现代的转变则是以无产阶级消灭一切剥削阶级为其中心内容。

中国哲学史也相应地分为这四个时代。每一个时代都有它的特殊的精神面貌。阶级斗争和民族斗争贯穿在各个时代之中。这是它们的共性，各时代都有它们的特殊的精神面貌，这是它们的特殊性。共性寓于特殊性之中，离开特殊性也就没有共性了。历史学的任务在于于特殊性中发现共性，以共性解释特殊性。

在这四个时代中，有些时代又分为几个段落，每个段落又各有其特殊性。

依照这些段落，本书分为七册。

古代有两个段落。当时的各家都有其发展的过程。在这个过程中，有前期和后期。其前期本书归入第一册，其后期本书归入第二册。第一册的历史时期是从殷周至春秋末战国初。第二册的历史时期主要是战国。

中古时代有三个段落。第一个段落的历史时期是两汉，本书归入第三册。第二个段落是魏、晋至隋、唐，本书归入第四册。第三个段落是宋、元、明、清，本书归入第五册。

近代和现代，本书归入第六册和第七册。

中国哲学史新编(第一册)

绪　论

　　社会制度的转变，归根到底，是生产方式的转变。社会生产力是不断发展前进的。发展到一定的程度，旧的生产关系不能同它相适应，不能为它服务，反而成为它的前进的阻碍、发展的束缚，这种旧的生产关系就必然要被冲破，新的生产关系必然要取而代之。随之而来的必然是社会的大动乱、大分化、大改组，适应于旧的生产方式的社会制度，为适应于新的生产方式的新的社会制度所代替。这就是社会大转变。

　　春秋战国时期是一个大动乱、大分化、大改组的时代，这是向来历史家都承认的，虽然他们对于这个时代的认识和评价有所不同。认为这个转变的性质是从奴隶制转向封建制，这是正确的。但是必须从史料方面举出这个时期生产方式特别是生产关系的转变的证据，这个问题才算是得到比较扎实的解决。

　　用这个标准看，近来历史学界所常举的一些证据，例如，土地国有或私有、分封制、世袭制、等级制等，都不是决定性的。因为这些证据都不能说明当时生产关系转变的问题。从这些证据，还是看不出在当时社会生产过程中各阶级所占的地位、所得的分配，以及它们相互之间的关系。

　　当时的主要生产资料是土地。土地归哪个阶级所占有，这是所有制的问题。在生产过程中，土地所有者和实际耕种的劳动者是什么关系，这是人与人之间的关系的问题。对于生产的果实，它们是怎样分配的，这是分配的问题。上面所说的那些证据，都没有说明这些问题。土地的国有和私有，好像是说明所有制的问题，但并不说明这个"国"是哪个阶级的国。专凭"国有"不能决定究竟为哪个阶级所有，这就是没有说明问题。至于分封、世袭、等级，并不是奴隶社会专有的特征。在西方，这些倒是封建社会的一些现象。所以还不能说明问题。

　　过去史料的记载，大都是些现象，但是我们必须抓住一些现象，从其中可以看出一些本质。照现存的史料看，春秋时期是有一些现象，可以说明当时生产关系的转变，其中一个现象就是"税"。

　　据《春秋》记载，鲁宣公十五年（公元前594年）"初税亩"。现在一般的解释是，这是奴隶主国家（国君）向奴隶主贵族征税，其历史的意义是承认土地私有。这种解释缺乏史料上的根据，也没有讲出"初税亩"的真正的历史意义。这一记载用了一个"初"字，明确地说明这是以前所没有过的事情。这个事情就是"税"。

在奴隶社会中，奴隶主阶级不仅占有生产资料，而且占有劳动者（奴隶）本身。奴隶完全没有人身自由，劳动的果实全部为奴隶主阶级独占，奴隶主只要像养活牲口一样养活奴隶就行了。因此奴隶主向奴隶也无所谓征税不征税，奴隶向奴隶主也不存在交税不交税的问题。只有在封建社会中，农民已经摆脱了奴隶地位，在向地主租种土地的情况下，才会出现有征税、交租的事。所以要弄清奴隶制生产关系向封建制生产关系的转化，必须重新对"初税亩"的历史意义认真地考察一番。

关于"初税亩"的解释，《左传》与《公羊传》是一致的。《左传》说："初税亩，非礼也。谷出不过籍，以丰财也。"《公羊传》说："初者何？始也。税亩者何？履亩而税也。初税亩何以书？讥。何讥尔？讥始履亩而税也。何讥乎始履亩而税？古者什一而籍……"《左传》与《公羊传》都认为"税亩"是以前所没有的事，是违犯周礼的。它们又都提到所谓"籍"。何谓"籍"？按文意上看，就是周礼所规定的制度。但其具体内容，它们都没有细说，也许它们自己也搞不清楚。《国语》中《周语》里有一段记载，给了我们一点线索。

《国语》记载说："宣王即位，不籍千亩。"韦昭注说："籍，借也。借民力以为之。天子田籍千亩，诸侯百亩……"韦昭的注解，可能只是望文生义，但也给我们一些启发。

在奴隶社会里，同封建社会一样，农业生产是最重要的事。最高统治者每年都要有一次象征性地参加农业生产的活动。举行这种活动的耕地，天子有一千亩那么大，诸侯有一百亩那么大。这个制度在后来的封建社会中也一直存在。北京的先农坛就是封建皇帝举行"亲耕"的地方。北海里面的蚕坛，就是皇后做象征性养蚕的地方。周宣王即位，没有举行这一象征性的活动，这就是很大的非礼。当时有一个卿士虢文公很不以为然，对宣王大讲籍的重要。照他所说的，每年开始种庄稼的时候，周王必须亲自到他的"千亩"里去"耕种"并视察督促一番。如果发现田地耕种得不好，就要问罪。他说："土不备垦，辟在司寇。乃命其旅曰：'徇'。农师一之，农正再之，后稷三之，司空四之，司徒五之，大保六之，大师七之，大史八之，宗伯九之，王则大徇。耨、获亦如之。民用莫不震动，恪恭于农，脩其疆畔，日服其镈，不解于时，财用不乏，民用和同。"意思是说，周王去"籍"时，还带着专管刑罚的官，司寇。司寇下命令叫所有参加的奴隶主贵族们都去视察监督。有的是第一批，有的是第二批，一直到九批。最后王亲自去考察监督。锄地和收获时，也都是这样。所以种地的劳动者都很害怕，只得努力工作。这一记载又说："廪于籍东南，钟而藏之，而时布之于农。"就是说，在籍田东南设有一个大仓库，把收获的粮食收藏在里面，按时分给劳动的人。

在这一段的华丽的词句背后，隐约出现了一座奴隶主的大庄园。这里的劳动者就是奴隶。他们是在奴隶主严密的监视和残酷的刑罚下进行劳动。他们的劳动果实都被奴隶主收去，藏在庄园东南角上的大仓库里。奴隶们只能按一定的时候去领取一点粮食，维持生存。

奴隶的生产完全是在奴隶主的强迫压制之下进行的。奴隶们的生产活动，完全是被动的、消极的。《管子》书中有一段，主张用"与民分货"的办法，使劳动者能分得一部分的劳动果实，这样，不必强迫劳动者就自然发挥他们的积极性，"不使，而父子兄弟不忘其功"（《乘马》）。这是封建地主的思想，同上面所说的奴隶主思想，成为鲜明的对比。

根据以上的分析，我认为"籍"是奴隶制的剥削方式，是周礼。"税"是封建的剥削方式，"非礼也"。《左传》和《公羊传》认为籍也是一种封建剥削方式，《公羊传》更明确说，"籍"是"什一而税"。那更是美化之辞。在奴隶制的社会制度下，不可能有"什一而税"，也无所谓税，因为奴隶的劳动成果完全都被奴隶主收进那个大仓里去了。

秦国于简公七年（公元前408年）实行"初租禾"。又于孝公十四年（公元前348年）实行"初为赋"（《史记·六国年表》）。这和《春秋》所记载的"初税亩"是一类的大事。《六国年表》可能就是司马迁从六国的国史抄下来的。

"初租禾"似乎是按照农作物收成的数目，抽出几成，以为地租。"初为赋"似乎是按土地的数目抽税，其详已无可考。大概秦国于简公时，已实行向耕种的劳动者抽税，以地租的形式进行剥削。在孝公时，商鞅变法，又作进一步的调整。无论如何，"初租禾"和"初为赋"都和"初税亩"有同样的历史意义，都是由奴隶制转变为封建制的里程碑。历史家的记载，都加上一个"初"字，表示其为前所未有的事。

照这些方面看起来，"税亩"这个税字，从表面上看，似乎只是当时统治者的一种财政上的措施，其实是一种剥削形式。"初税亩"表示一种新的剥削形式的出现。这种新的剥削形式又表现出新的生产关系的三个方面：所有制、人与人的关系和分配制度。新的生产关系的出现是春秋战国时期各方面的大转变的物质基础。

这里有两个问题需要解释。有的历史工作者认为西周就已经是封建社会，"籍田以力"是劳役地租，"初税亩"是实物地租。这是沿用《公羊传》的说法。照这个说法，就要认为西周已经是封建社会。如果真是如此，为什么在西周和以前的时候没有出现过社会各方面大转变的现象？这个说法可能导致中国没有奴隶社会那种结论。那是不合乎历史发展规律的。

另外一个问题是，"初税亩"这个税的对象是什么人？现在一般说法，认为征税的对象还是奴隶主贵族。"初税亩"是奴隶主国家向奴隶主征税。这个说法也有问题。

所谓奴隶主国家，具体地说，就是以奴隶主总头子为代表的国家政权机关。比如说，周朝的奴隶主国家，就是周天子所代表的政权机构；鲁国的奴隶主国家就是以鲁国国君为代表的政权机关。按当时分封制度说，周天子能向齐、鲁这些诸侯国征税吗？这是不可能的事。据《国语》记载，周穆王的卿士祭公谋父讲了一段周天子与诸侯国的关系。他说："夫先王之制，邦内甸服，邦外侯服，侯卫宾服，蛮夷要服，戎翟荒服。甸服者祭，侯服者祀，宾服者享，要服者贡，荒服者王。日祭、月祀、时享、岁贡、终王，先王之训也。"（《国语·周语上》）。荀况也有同样的记载，但是他又加了一句总括的话说："夫是之谓视形势而制械用，称远近而等贡献，是王者之至〔制〕也。"（《荀子·正论》）这里所说的甸服、侯服等，都是就距离说的。这里所说的祭、祀、享、贡等，都是就祭祀说的。"祭"是每天都要举行的，"祀"是每月都要举行的，"享"是每季都要举行的。那些诸侯国都按他们距京都的道路远近贡献些东西参加祭祀。近的地方，每天的祭祀都要送东西参加。远的地方，每年要送东西参加。最远的荒服，只是在旧天子去世新天子即位时，才朝见一次。这就叫"称远近而等贡献"。所以周天子同诸侯国的关系主要的就是朝、贡，贡的东西主要是帮助祭祀用的。齐桓公率领诸侯伐楚时，向楚国提出的罪状，也就是："尔贡苞茅不入，王祭不供。"就是说，楚国不向周天子进贡帮助祭祀。就当时的制度说，这是很大的不敬。周天子对于诸侯国所能进行的统治不过如此。他不可能向诸侯国征税。

这一点似乎没有什么可以争论的。比较可以成为争论的问题是，诸侯国的国君是否可以向他下面的贵族们征税。

就分封制度说，周天子把土地分给他的子弟或功臣们为诸侯。受封的诸侯叫做"国"，如齐国、鲁国之类。受封的诸侯又把他的土地的一部分分封给他的子弟和功臣们，这些受封的贵族叫做"家"，如鲁国的季氏三家、晋国的三家之类。这种"家"也是一种政治的组织，一种相对独立的政权。孟轲所说的"百乘之家""千乘之家"，就是指的这种"家"。每个家也有自己的臣，称为家臣。

孔丘的学生们很多成为家臣，如冉求为季氏宰，就是做季氏的家臣。《国语》有"公食贡"（《晋语》四）这种说法。照这个说法，这些贡可能不像是诸侯国向周天子进贡，只具有象征的意义，可能贡些实物，供国君享用。这可能是后来的一种改革（详见第三章第九节），无论如何，照原来的分封制，一国的国君并不是专靠这些"贡"来维持他的存在。一国的国君，除了分封他的子弟和功臣以外，还有他自己留下的一大部分土地，这就叫"公室"。照《左传》的记载，鲁国三家"三分公室"，后来又"四分公室"，所分的就是鲁君所自己保留的那一部分土地。

据《左传》的记载，季氏等三家于公元前562年，以"作三军"为名，瓜分了公室（哀公十一年）。又于公元前537年，以"舍中军"为名重新瓜分。《左传》记载说："初作中军，三分公室而各有其一。季氏尽征之，叔孙氏臣其子弟，孟氏取其半焉。及其舍之也，四分公室，季氏择二，二子各一。皆尽征之，而贡子公。"（昭公五年）这里所说的"征"，可以解释为征税，也可以解释为征发、征调。专就这一个字讲，都可以说。三家是以建立军队为名，瓜分公室，"征"字解释为征发、征调，似乎合适一些。就全段文义看，解释为征税，很难讲通。在襄公十一年那条记载中，有"无征"这个话。"无征"可以理解为仍旧让那些人当奴隶，也可以理解为对那些人免除剥削。这同上下文都不合。若说"臣其子弟"是让那些年轻的劳动者当奴隶，那些父兄怎么样了？"取其半焉"，如果解释为让一半劳动者当奴隶，一半劳动者当封建农民，道理上也很难讲通。我认为，这里所说的"征"，是征发、征调的意思。事实大概是，在"作中军"时候，季氏把他所分到的原公室的劳动力都征调了，叔孙氏只征调其壮劳动力。孟孙氏征调一半。这就是还给鲁君留下一部分劳动力。到了"舍中军"的时候，三家都把分给他们的原公室的劳动力都征发了。鲁君怎样生活呢？于是三家就说："我们进贡，养活你。"这就是"皆尽征之，而贡于公"这句话的意义。

照《论语》所记载的鲁哀公同有若谈话的那一条看，鲁国的国君还是有一部分劳动力供他剥削。其详无可考了。但是从上面所引的那一句话看起来，贡和税是有区别的。照字面看，"贡"是下面向上面送礼，多少可以自由。"税"是上面向下面的征收，有强制性。就分封制度说，下面贵族向上面送礼叫贡。即使上面真能强迫他送一定的数目，实际上是征收，可是名义上也还叫贡。这个字的意义是分封制下，大、小贵族之间的关系的反映。如果"初税亩"是鲁君向下级征税，照分封制的制度说，是不可能的。

按当时的政治情况说，鲁国的国君在春秋中叶以后，已经走了下坡路。他的政权逐渐转移到三家手里。鲁昭公就为季氏所迫，逃到晋国。宋国的大夫乐祈评论说："政在季氏三世矣，鲁君丧政四世矣。"（《左传》昭公二十五年）这个话是在鲁昭公二十五年说的，往上推，鲁宣公已经开始"丧政"了。孔丘也说："禄之去公室五世矣，政逮于大夫四世矣。"（《论语·季氏》）这也说明在宣公的时代，鲁国的政权已经开始下移。在这时，宣公还要规定新制度向季氏这样的贵族征税，这也是不可能的。

也可能是鲁公向自己公室所占有的土地上开始征税，也就是向奴隶们征税。如果是这样，那一部分奴隶也就转变为农奴或佃农了。

总而言之，如果征税的对象是奴隶主贵族，那么"初税亩"的历史意义就小得多了。它不能直接说明当时生产关系的转变，不能作为当时奴隶制向封建制转变的证据。因为无论征税不征税，土地仍然在奴隶主手中，奴隶主还是奴隶主，奴隶还是奴隶。如果认为"初税亩"仅只解决土地国有和私有的问题，而同时又强调说它是奴隶制向封建制转化的证据，这是不合逻辑的。

《国语》记载说，管仲在齐国向桓公建议："相地而衰征，则民不移。"（《齐语》）《管子》说："案田而税。"（《大匡》）桓公实行了这一建议。"案田而税"就是"履亩而税"。"相地而衰征"就是说，按照土地的好坏规定税的等级，土地好的要多征一点税，土地坏的少征一点，这样农业的直接生产者就不会都向土地好的地方迁移了。这说明"案亩而税"的对象是农业直接生产者。他们本来是奴隶，但既成为征税的对象，他们就不是奴隶，而成为农奴或佃农了。土地所有者也由奴隶主转化为封建主了，生产关系也就由奴隶制转向为封建制了。

最近出土的《孙武兵法》中有孙武与吴王的对话。这段对话有些字句的意义不甚清楚，可能是有残缺，或者释文不很正确，但其大概的意思是：吴王问孙武，晋国的六个将军分守晋国的地方，其中哪一个要先亡。孙武给他们排了一个次序。孙武指出，六将军都实行向农业生产者按亩收税，可是他们对亩的算法不同，有的亩大，有的亩小。在税的数目相同的条件下，亩大的所收的税实际上就比较轻，亩小的所收的税实际上比较重，收税最重的就先亡，次重的次之，最轻的就能守住他的土地，全晋国都将要归于他。吴王曰："然，王者之道明焉，厚爱其民者也。"（《文物》1974 年 12 期）照吴王的话看起来，晋国收税的对象是"民"。

晋国开始设六卿，每卿统率一军，这就是所说的六将军，就是六卿，照孙武这段话看起来，晋国也是按亩收税，"民"成为被征税的对象。也是像各国一样，这样的民就不是奴隶，而是农奴或佃农了；土地所有者也就不是奴隶主，而是封建主了。

晋国、齐国、鲁国原来都是东方的大国。它们都是在不同的时间内实行按亩征税的新制度。他们也就在不同的时候在经济基础即生产关系方面由奴隶制进入封建制。

在春秋时代的各诸侯国中，齐国最先出现封建制。凭着这种先进的社会制度，它在中原成为当时最富强的诸侯国。齐桓公凭借这种物质基础，对于中央集权的政治和中华民族的统一，作了很大的贡献。在社会大转变时期，实行先进制度的国家，总是当时最富强的国家，这是历史发展的一个规律。

"初税亩"的历史意义认识清楚了，中国社会奴隶制向封建制的转化的具体证据有了，这就有了对于先秦哲学的理解和评价的比较坚实的基础。

历史的发展是一个缓慢的过程。中国社会由奴隶制向封建制转化，自春秋初期开始，经过四五百年，直到秦朝，才算完成。这个漫长的过渡时期，在哲学史上说，是中国古代"百家争鸣"最盛的时代。一个旧的社会制度崩坏了，一个新的社会制度还没有完全建立起来。新兴的统治阶级还没有取得绝对的权威。人们的思想不受任何框框的拘束。只有一个条件，那就是"持之有故，言之成理"（《荀子·非十二子》篇）。凡是有一点合这个条件的，都可以站出来发表意见。

汉朝的人收集这个"过渡时期"的"百家争鸣"的著作，得"凡诸子百八十九家，四千三百二十四篇"，将其分为十个派别（十家），并评论说："诸子十家，其可观者，九家而已。皆出于王道既微，诸侯力政，时君世主好恶殊方。是以九家之术蜂出并作，各引一端，崇其所尚，以此驰说，取合诸侯。"（《汉书·艺文志·诸子略》）所谓"王道既微"就是说，奴隶制崩坏了。所谓"时君世主，好恶殊方"就是说，封建的社会制度还没有完全建立起来。所谓"各引一端，崇其所好，以此驰说，取合诸侯"，就是说，当时的知识分子各发表自己的见解，为不同的阶级服务。

每一家思想的发展，也都有个过程。先秦的主要各家思想，都有前期和后期的分别。前期出于春秋时代及战国初期。后期出于战国中、后期。

本书第一册讲述春秋及其以前的哲学思想，主要的是先秦重要学派的前期思想。

第一章 商、周奴隶社会的兴盛与衰微——商代和西周时期(公元前16世纪至前8世纪)宗教天道观的变化和古代唯物主义思想的萌芽

第一节 商代奴隶和劳动人民的生产斗争，科学知识和技术工艺的进步

中国是世界上历史最悠久的国家之一，也是世界上文化发达最早的国家之一。从古代的传说中看，夏代与它以前的社会比较有一个显著的不同的特征，那就是出现了王位的世袭、传子制度。这种制度的产生决非偶然，它必然是财产私有和财产继承在上层建筑领域里的反映。王位世袭意味着贵族特权的加强与原始的自发产生的民主制的结束。我们可以这样说：夏禹时期是我国由原始社会进入阶级社会的重要时期，国家产生的重要时期。王位世袭制的确立，则是由原始共产主义进入奴隶社会的一个重要标志，国家产生的一个重要标志。《礼记·礼运》篇把禹以前的社会说成是"大同"社会，没有私有制的"天下为公"的时代；而把禹以后的社会称之为"小康"社会，有了私有制、有了国家的"天下为家"的时代。这种说法并不是没有一定的根据。

但是关于夏代的历史，我们仅能从古代的传说中获得一些不尽可靠的材料。关于商代，随着中国考古学的进步，我们已有确实的材料，可以知道当时许多历史事实，以及当时的文化的发展所达到的程度。

商代（约前16世纪中到前12世纪）已经是奴隶社会。农业已发展到相当高的程度。农业生产工具得到了改进，除木石农具之外，还大量地采用蚌器和骨器。在骨铲和石铲上还装有木柄。当时的主要谷物已经有禾（小米）、黍、麦、稻等。随着农业的需要，当时人对于天文、历法已经很有研究。他们已经用阴阳合历，有大小月，大月三十日，小月二十九日，以符合月亮的圆缺；有平年，有

闰年，平年十二月，闰年十三月，以符合太阳的回归年。这就是说，他们已经有了基本上跟现在的农历相同的历法。这可见他们的科学知识已发展到相当高的程度。

就手工业生产技术方面说，商代的人已经用青铜制造器皿。青铜是铜和锡的合金。纯铜太软，混合上锡可以增加硬度。这是人力战胜自然的很大的创造。恩格斯说："动物所能做到的最多是搜集，而人则从事生产，他制造最广义的生活资料，这是自然界离开了人便不能生产出来的。"（《自然辩证法》，《马克思恩格斯选集》第3卷，第572页）青铜正是这一类的东西。现在所发现的商代的青铜器，上面都有极精致的花纹。这可见商代人的科学技术与美术都已发展到相当高的程度。

毛泽东同志说："马克思主义者认为人类的生产活动是最基本的实践活动，是决定其他一切活动的东西。人的认识，主要地依赖于物质的生产活动，逐渐地了解自然的现象、自然的性质、自然的规律性、人和自然的关系。"（《实践论》）商代人的农业生产经验和天文学知识以及工艺制造，已经使他们对某些自然的现象、性质及规律有了初步的、部分的了解。这从他们能有相当完备的历法及能用合金可以看出来。商代的生产活动和科学知识的进展，为古代唯物主义思想的产生创造了有利的条件。这都是当时的奴隶和劳动人民在生产斗争和生产劳动中所获得的成果。

第二节　商代的阶级对立及奴隶主阶级专政的精神工具——宗教

在夏、商奴隶社会中，由于生产力的水平还很低，人的生产活动的范围还是很小的；他们对于人和自然的关系的了解基本上还没有摆脱宗教思想的支配。恩格斯说："一切宗教都不过是支配着人们日常生活的外部力量在人们头脑中的幻想的反映，在这种反映中，人间的力量采取了超人间的力量的形式。"（《反杜林论》，《马克思恩格斯选集》第3卷，第354页）同时中国社会大概在商代以前的夏代，就已有阶级的分化。在夏代的奴隶社会中，已经有了奴隶主的国家，有了统治一切的王。这时期的宗教已经不是自然宗教而是反映奴隶社会的宗教。随着地上王权的出现，也就产生了天上的至上神。在人们的幻想中，他们相信，在宇宙间也有一个至上神作为主宰。这个至上神，他们称为"帝"或"上帝"，在商周之际及以后又称为"天"。从遗留下来的甲骨卜辞看起来，这个"上帝"是被认为统治一切的。一切自然界中及社会中的事，都由这个至上神作主宰。它有一个以日月风雨等为臣工使者的帝廷，协助统治一切。他以自己的好恶，发号施令，他的号令称为"天命"。

这样的宗教迷信显然是统治的奴隶主阶级利益的反映。他们利用宗教来统治、麻醉人民。首先，他们垄断他们所幻想的跟"上帝"交通的权利。古代有个传说："乃命重黎，绝地天通。"（《书经·吕刑》）照后来楚国的观射父的解释，"绝地天通"就是"绝地民与天神相通之道"（《国语·楚语下》韦昭注语），就是说，把他们所幻想的与天神的交通，限制在专门祀神的人手里。这种人称为"巫"或"祝"，而王也就是"巫""祝"的首领。这样，王就可以随便用"上帝"的名义统治、压迫、剥削劳动人民。

商朝的奴隶主贵族并且说：所谓上帝就是他们自己的祖先，"有娀方将，帝立子生商"（《诗经·商颂》）。因此他们经常受上帝的保佑。他们的一举一动，特别是关于国家和王的行动的重要事情，都要用"卜"的方法，向他们的上帝请求指示并祈求保佑。奴隶主贵族企图使奴隶们相信，奴隶主是天生的、特殊的阶级，有权奴役别人，有权受到上帝的保护。他们的所作所为，经过"卜"而得到上帝的指示，因此奴隶们必须服从。显然，商代的宗教思想是占统治地位的奴隶主阶级的精神武器，是巩固奴隶制的工具。

当然，宗教的力量也是有限的。哪里有压迫，哪里就有反抗，这是历史的必然。

第三节　商末阶级斗争及商周民族斗争的激化

商朝末年的纣王是一位有才能的统治者。他"资辩捷疾，闻见甚敏。材力过人，手格猛兽"。同时，他还喜欢音乐、舞蹈（《史记·殷本纪》），是一个能文能武的人物。他凭借着自己的才能和他手下众多的奴隶，"恃才与众"（《左传》宣公十五年），曾多次出兵东南，征伐东方的部族，势力达到山东及淮河流域。他的胜利促进了中原与东南地区的经济、文化的交流，客观上对于中华民族的统一事业起了积极的作用。但是，作为一个奴隶主，他对于奴隶大众是残酷压迫的。加上多次用兵，使他的本国的奴隶受到很大的灾难，引起了奴隶们的更大的反抗，最后形成了商王朝的严重危机。"文王曰咨，咨女殷商，如蜩如螗，如沸如羹。"（《诗经·大雅·荡之什》）这里所描写的就是当时商代奴隶普遍反抗的情况。

商朝奴隶主贵族内部也因当时奴隶的激烈反抗而震惊。纣王的哥哥微子说："降监殷民，用乂仇敛，召敌仇不怠。罪合于一，多瘠罔诏。"就是说："下视殷人所用以治国者，惟以聚敛为事，以此致怨仇，不肯懈怠。罪将集于一身，多致死亡者无所告。"（《书经·微子》孙星衍《尚书今古文注疏》译文）在这种残酷的剥削之下，老百姓的反抗力量更为强大。微子说："小民方兴，相为敌仇"，宗教的麻醉也失其效力了；"今殷民乃攘窃神祇之牺牲，用以容，将食无灾"。就是说："盗大祀神御物罪至重，且相容隐，则民将食之亦不惧神祸。"（《微子》孙星衍译文）

商代社会的基本矛盾到了激化的时候，另一矛盾也激化了，那就是商与周之间的民族矛盾。周族的统治者武王，趁着商朝社会的内部危机，以"恭行天之罚"的名义（《书经·牧誓》），集合其他诸侯和部落起兵伐商。商朝的奴隶和人民欢迎和支持武王对于商朝统治者的征伐，并且直接参加了斗争。后人叙述说："商王帝辛大恶于民，庶民弗忍，欣戴武王，以致戎于商牧。"（周穆王时祭公谋父语，《国语·周语上》）武王伐纣时向军队所作的宣言也说："纣有亿兆夷人，亦有离德，余有乱臣十人，同心同德。"（《左传》昭公二十四年引《泰誓》）又《管子·法禁》篇引《泰誓》说："纣有臣亿人，亦有亿万之心，武王有臣三十而一心。"纣就在这种内外交攻的形势下，被周武王打败了。

就阶级斗争方面说，武王伐商在客观上有利于奴隶反抗商朝的奴隶主的斗争。这有解放的意义。就民族斗争方面说，当时商是一个比较强大的民族，对于比较弱小的民族进行压迫，纣王囚周文王于羑里，就是对周民族进行压迫。武王伐纣，参加的据说有八百诸侯，这就是说，周民族联合了当时其他被商民族压迫的部族共同反抗，乘当时殷民族内部阶级矛盾剧烈的机会，一举打败了商民族。这也有解放的意义。

周民族的统治阶级仍然是奴隶主贵族。它打败了商民族，取得了在当时各民族中的领导地位，建立了后世所称的周朝。当时的社会仍是奴隶社会，武王的胜利，缓和了奴隶制的危机，巩固了奴隶制。

第四节　周公旦巩固奴隶制的措施

周武王战胜了商朝以后，不久就死了。周朝的政权由他的弟弟周公旦执掌。周公旦姓姬，名旦，据说死于公元前1095年。周朝利用商朝的奴隶的反抗而得到胜利，在它建立以后，它又积极地巩固奴隶制。这些巩固奴隶制的措施，都是和周公旦分不开的。由此他成为中国奴隶社会的一个杰出的人物。

他制定了一整套的维护奴隶制的上层建筑。这就是后世所称的"周礼"。据《左传》的记载，晋国的韩起到鲁国聘问，"观书于太史氏。见《易象》与鲁《春秋》，曰：'周礼尽在鲁矣。吾乃今知周公之德与周之所以王也'。"（昭公二年）鲁国是周公旦之后，是当时文化最高的诸侯国。韩起是当时一个有名的奴隶主贵族政治家。太史是鲁国的史官。韩起到他那里看书，看见《周易》的卦象和鲁国的国史《春秋》。《周易》是一部占筮之用的书，但是它的卦象也概括了当时人对于自然界的理解。《春秋》的"书法"体现了一些奴隶社会的制度。可以说，这两部书在当时是关于自然界和社会有代表性的著作。韩起特别注意这两部书，并且用这两部书代表全部的周礼。韩起赞叹说：他看见了这些东西，就更进一步地了解周公旦对于周朝统治的贡献及周朝统治制度所以巩固的原因。

对于周公旦的"制礼"应该怎样评价呢？这要作历史的分析，要看当时的社会是处在奴隶社会的发展的哪一阶段，是处在上升的阶段，还是处在衰微的阶段。这个问题，历史家还没有解决。可以断定的是，它还不是处在像春秋时期的那种没落的阶段。再就其内容作具体的分析。其一个内容就是分封建国。这在当时说，是有进步作用的。

上面说过，商朝的纣王征伐东方部族，他的胜利促进了中原和东南地区经济、文化的交流，客观上对于中华民族的统一事业起了积极的作用。周朝替代了商朝，把这种事业也继承下来。

关于古代东南地区的部族和中原的对立，以前的历史家也有所记载。《后汉书》说："夏后氏太康失德，夷人始畔。自少康已后世服王化。遂宾于王门，献其乐舞。桀为暴虐，诸夷内侵。殷汤革命，伐而定之。至于仲丁，蓝夷作寇。自是或服或畔，三百余年。武乙衰敝，东夷浸盛，遂分迁淮岱，渐居中土。及武王灭纣，肃慎来献石砮楛矢。管蔡畔周，乃招诱夷狄。周公征之，遂定东夷。"（《东夷列传》）照这里所记载的，在中原强盛的时候，东南的部族服从中原。在中原衰乱的时候，他们就和中原对立。所谓服从，也只是纳贡"献其楛矢"之类。商纣王战胜东夷，是不是改变了这种局面，如果有所改变，是怎样改变的，没有史料，不能断定。周公旦制定了一套促进统一的办法，就是分封建国。在击败商朝以后，周朝就把它的子弟和功臣，分封在各地方，叫他们在各地方建国。这就是在各地方建立了许多军事、政治据点，也就是经济、文化据点。这些据点各自扩大，联系起来，就成为面。这就把中原的经济、文化推广到全面。

比如说，周民族原来是处于西方的，当时称为西土，东方称为东土。武王和周公旦两次东征，灭了商朝以及商朝的残余势力。它占领中原，继承了中原文化。它封了它的两个文武重臣，周公旦和太公望，在东方建立了鲁、齐两个大诸侯国。这样，周朝就把它在中原的军事、政治、经济、文化的势力推广到东土，一直到东海。这就把西土和东土统一起来。

柳宗元的《封建论》说："夫尧舜禹汤之事远矣。及有周而甚详。周有天下，裂土田而瓜分之，设五等，邦群后，布履星罗，四周于天下，轮运而辐集，合为朝觐会同，离为守臣捍城。"（《柳河东集》卷三）柳宗元在这里所说的是分封制早期的情况。他也认为分封制的早期是起了推动中华民族统一事业的作用。同以前比较起来，对于中华民族统一事业，分封制有很大的推进作用。

随着历史的发展，条件变了，分封制转化成为中华民族统一事业的阻碍。这就需要秦朝的郡县制来扫除这种阻碍。在春秋、战国大转变时期，一直到秦朝统一以后，还要主张维持、恢复分封制，这是反动的。在殷周之际，实行分封制，这是进步的。随着历史条件的变化，原来是革新、前进的事物转化成为复古、倒退的事物。这是辩证法，历史本来就是这样辩证地发展的。

从西周以来，在人们思想中逐渐形成了"中国"这个观念。《诗经》说："惠此中国，以绥四方。"（《大雅·生民之什·民劳》章）中国是对四方而言的。还逐渐形成了"华夏"这个观念。《左传》说："裔不谋夏，夷不乱华"（《左传》定公十年），华夏是对于夷狄而言。中华民族是以中原文化为中心，团结各时期的四方各民族而形成的。这样中华民族的意识，到现在还是团结我国各民族的一种很大的力量。我们现在的社会主义祖国仍称为中华人民共和国。这个国号就表明这一点。

在西周初年是不是就可以施行秦朝式的统一？那是不可能的。这一点，柳宗元也看得很清楚。他的《封建论》说："夫殷、周之不革者，是不得已也。盖以诸侯归殷者三千焉，资以黜夏，汤不得而废。归周者八百焉，资以胜殷，武王不得而易，徇之以为安，仍之以为俗，汤、武之所不得已也。"（《柳河东集》卷三）意思就是说，武王伐纣，联合了当时许多民族或部落共同努力，才推翻了商朝的统治。在成功以后，不能不承认这些民族或部落的存在。那就只好对于他们加封号，使他们在名义上成为周朝统治下的诸侯。这就是柳宗元所说的，"封建非圣人意也，势也"（《柳河东集》卷三）。同时又在这些本来存在的诸侯国中加沙子，分封周朝的子弟、功臣，在各地方建立据点，扩张周朝的军事、政治、经济、文化的势力。这是合乎当时的实际形势和历史趋势的。秦朝式的统一，是经过西周、东周几乎一千年的演变才能实现的。

第五节　周公旦对于奴隶主的天命论的补充

周礼的另一个内容是意识形态方面的。周武王伐纣，牧野一战，取得了军事上的胜利。不久，纣王的儿子武庚又起兵反攻。周公旦二次东征，才取得完全的军事上的胜利。但商遗民在思想上还是不服。周公旦对于这些商"顽民"做了大量的说服工作。他的这些言论，记载在《书经》的《多士》、《多方》等篇中。他的言论的根据，仍然是天命论，但增加了一个论点，以说明为什么商朝所受的天命改降在周朝。他并用这些论点教训周朝的奴隶主贵族，教他们从商朝的失败中吸取教训，以商为戒，以保持周朝所受的"天命"。

现在《书经》二十九篇（据今文）中，记载周公旦言论的约有三分之一。其中大部分是宣扬天命论的论点。

他说：周朝是受了上帝的命令，替代商朝的；"天亦大命文王殪厥殷，诞受命越厥邦厥民"（《书经·康诰》）。周朝另一贵族召公承认商朝也是受"天命"为王的，可是"天命"已经改了；"皇天上帝，改厥元子"（《书经·召诰》）。为什么改呢？商朝的奴隶和劳动人民反抗力量的强大，使周朝的统治者不得不承认："民之所欲，天必从之。"（《左传》襄公三十一年引《泰誓》）"天视自我民视，天听自我民听。"（《孟子·万章篇》引《泰誓》）"纣有亿兆夷人，亦有离德"；这就证明"皇天上帝"要"改厥元子"了。周公旦告诉商朝的被俘虏或投降的贵族们说："非我小国，敢弋殷命，惟天不畀。"（《书经·多士》）意思是说："非我周敢驱取汝殷之王命"（郑玄注），是因为你们是"天所不与"的。何以见得殷是"天所不与"呢？周公接着说："惟帝不畀，惟我下民秉为，惟天明畏。"（《书经·多士》）意思是说："惟天不畀无形可见，当验之于我下民。下民所执所为，即是天降明威矣。"（孙星衍《尚书古今文注疏》译文）周公旦说：天是为民求主的，"惟天时求民主"，只有能"保享于民"的，才能"享天之命"（《书经·多方》）。

周初的统治者们，又告诫周朝的贵族们，使他们认识到，要保持他们的地位，必须"有德"，专靠天命是不行的。他们说："天难谌。"（《书经·大诰》）又说："天不可信。"（《书经·君奭》）"天不可信"不是说，天的存在不可信，而是说，不可专信赖天的保佑。天保佑不保佑，要看统治者有德无德。"皇天无亲，惟德是辅。"（《左传》僖公五年引周书）"天命"是时常变的，他随时可以"改厥元子"。这就是所谓"天命不于常"（《书经·康诰》）；"天命靡常"（《诗经·大雅·文王》）。有天命还要统治者自己的德去配合，所谓"聿修厥德，永言配命，自求多福。"（同上）"自求多福"并不是否认"福自天申"，而是说，统治者只有在自己的有德的条件下，才能与天命相配合。这就在一定程度上对殷商以来的天命观作了些修正，限制了些天命的作用，强调了人为的力量，就这点讲在当时说还是有一定的进步性的。

周公旦等从商朝统治者的灭亡中得到教训，认为维持统治并不是容易的事，弄得不好就会被推翻。所以他们说："惟王受命，无疆惟休，亦无疆惟恤，呜呼，曷其奈何弗敬！"（《书经·召诰》）意思是说，"今王受命，固有无穷之美，然亦有无穷之忧"（蔡沈注），所以必须要谨慎注意（"敬"）。注意于"德"，即同一篇中所谓"敬德"。他们所谓"德"当然是统治者的"德"。"德"的具体内容，就是敬天保民，就是说，统治阶级为了维护他们的统治，一方面要"敬天"，借"天"的权威来维护统治阶级内部的团结和约束他们不要干危害统治阶级利益的事。另一方面还要"保民"，所谓"保民"并不是真正地要保护老百姓，而是为了保护统治阶级的统治不被推翻而讲究统治和剥削老百姓的方法。这就需要"知稼穑之艰难"，"知小民之依"（《书经·无逸》）。"依"就是"隐"，也就是"痛"（孙星衍《尚书今古文注疏》）。就是说：要知道一点劳动人民的痛苦，对于"小民"要行一点小恩小惠。"人无于水监，当于民监。"（《书经·酒诰》）他们认为，只要老百姓不反抗，天命就可以长保。这就是所谓"以小民受天永命"（《书经·召诰》）。

就上面所讲的，我们也可以看出来，周朝的统治者与商朝的统治者，在思想上是有所不同的。以《诗经》中《商颂》跟《周颂》比，也可以看出这个差异。《商颂》是宋国（商之后）祭祀先祖用的，但总反映一些原来商朝统治者的传统思想。《商颂》只赞美商朝先王的武力如何强大，"如火烈烈，则莫我敢曷（遏）"，和怎样受"天命"，"殷受命咸宜，百禄是何（荷）"。可是没有提到一个"德"字。《周颂》就注重于赞美文王的"德"，说文王、武王虽受天命，但是成王不敢"康"，后来的王都"畏天之威"。

近来的考古学家也说，在卜辞和商代的彝铭中没有"德"字，在周代的彝铭中，则有"德"字。

再以《书经》的《商书》与《周书》比较。《周书》讲到"德"的地方很多，上面已经讲过。《商书》则除了伪古文外，也有讲到"德"的地方，但不是把"德"当成一个中心题目。

周初的统治者们关于"德"的说教，成为后来儒家主张"德治"的根据。周公旦所讲的"德"也完全是对奴隶阶级的欺骗，是统治阶级搞的欺骗老百姓的一手，因此必须予以批判。

在《书经·康诰》这一篇里，周公旦以成王的名义对武王的弟弟康叔讲了一套统治"民"的方法。他说："敬哉！无畏棐忱，民情大可见。小人难保。往尽乃心。无康好逸豫，乃其乂民。"意思就是说要谨慎警惕，天命是不可靠的，老百姓的情况是可以知道的。老百姓的服从是很难保持。你对你的国家要尽心办事。不要贪图享乐、安逸，要尽心使老百姓安定。又说："凡民自得罪，寇攘奸宄，杀越人于货，暋不畏死，罔弗憝……矧惟不孝不友。……惟吊兹，不于我政人得罪，天惟与我民彝大泯乱。曰：乃其速由文王作罚。刑兹无赦。"意思就是说，凡是破坏社会秩序，杀人抢劫之类，对于这些人固然应当惩罚，至于不孝不友的人，更应当惩罚。一个人到了不孝不友的地步，如果我们统治的人不加以罪罚，天给予我们的道德原则就要受破坏。对于这些人应该从速用文王所作的刑法惩罚他们。

这一篇开始就说："惟乃丕显考文王，克明德慎罚。"上面所引的第一段讲的是"明德"，第二段讲的就是慎罚。周公旦所讲的统治老百姓的方法，就是有这两手的。

在关于"天"的问题上，周公旦所说的天，当然仍然是有意志、有好恶、有赏罚的至上神，但是他的好恶赏罚，不是任意的而是照着一个标准。这个标准就是老百姓的愿望和统治者的"德"。"民之所欲，天必从之"，"皇天无亲，惟德是辅"，说的就是这两个方面。这种说法就极大地美化了天上的王权，实际上也就是美化了地上的王权。所谓天上的上帝本来就是人间的王在人的宗教思想中的反映。照这个说法，地上的王的统治是合理的，因为他是受到天命为王，统治老百姓的。而天命是顺着老百姓的愿望的，所以他的统治是符合老百姓的愿望的。天帮助有德的人，他受了天命，所以他就是有德的人。周初的统治者企图用这种阶级调和论论证周朝这个统治的合理。但是这完全是欺骗。因为根本就没有上帝，根本说不上"民之所欲，天必从之"，更根本说不上"皇天无亲，惟德是辅"。

这些"敬天保民"的一套，全是周朝统治者对劳动人民强化思想欺骗的说教。商末的奴隶造反震动了整个奴隶主阶级。这次大反抗给予天上的及地上的统治者以重大的打击，使统治者不得不给他们所宣扬的天的权威，披上"从民之欲"的外衣，使地上统治者不得不在表面上装出"怀保小民"的姿态，以便强化殷商以来的天命思想的麻醉作用。

第六节　古代素朴唯物主义和自发的辩证法思想的萌芽

由于生产的发展和科学知识的进步，在西周出现了后来唯物主义哲学中的两个重要范畴，"五行"和"阴阳"。在《书经》中的《甘誓》中，出现有"五行"这个名词。这一篇所记载的话的年代，据说是公元前2196年。时代太早，我们没有别的材料来证实它的可靠性，而且这篇所谓"五行"指的是什么，也没有说明。《书经》中另一篇《洪范》讲到"五行"，说明是"水、火、木、金、土"，并且说到五行的性质："水曰润下，火曰炎上，木曰曲直，金曰从革，土爰稼穑"。这一篇所记载的，据说是周武王十三年（公元前1122年）灭商后，被俘的商朝贵族箕子与武王的谈话。

照传统的说法，《洪范》应该是西周初期的一篇重要的哲学著作。但近人很多怀疑这个说法。我们也认为《洪范》这一篇是战国时"五行家"的作品。但有一点可以指出，即《洪范》中所说的"五行"并不是构成宇宙的五种成分或势力，而只是对于人的生活有用的和不可缺少的五种物质形态。把自然界对于生活有用的物质分类排列，归纳为主要的五种，并且说明了它们的性质；这个思想包含有对于自然的认识，也包含有相当发展的逻辑思想。这是值得重视的。作为一个整篇的著作看，《洪范》可能是比较晚出的，而且也还是一种带有宗教气味的说教。但是其中的"五行"的观念可能是西周已有的素朴唯物主义的哲学观点的萌芽。

"五行"的思想，开始发生于西周初期，还有一个证据。《尚书大传》说："武王伐纣，至于商郊，停止宿夜。士卒皆欢乐达旦，前歌后舞，格于上下，咸曰：'孜孜无怠'。水火者，百姓之所饮食也；金木者，百姓之所兴生也；土者，万物之所资生；是为人用。"这都是说，五行是对于人的生活有用的五种东西，并说出它们的具体的用处。这比《洪范》所说，又前进了一步。从这些说法中可以看出，作为古代较早的唯物主义思想——"五行"观念的产生，是和当时的生产实践分不开的。

"阴阳"的观念，较早的包含在《周易》之中。现在我们一般所称为《周易》或《易经》，包括经及传两大部分。《经》包括六十四卦及卦辞、爻辞。八卦相传为伏羲所画。六十四卦，或说是伏羲所自重，或说是文王所重。卦辞、爻辞，或说卦辞文王作，爻辞周公作。《传》包括"彖、象、系辞、文言、序卦之属十篇"，就是所谓"十翼"，相传这是孔丘作的。其实这些说法都是没有什么根据的。我们认为《易传》是战国时代的作品，以后我们还要讨论。《周易》本经是孔丘以前的书，其中有些基本观念是西周初期就有的。

《左传》庄公二十二年（公元前672年）记载："周史有以《周易》见陈侯者。陈侯使筮之，遇观之否，曰：'是谓观国之光，利用宾于王。'"这个记载说明，《周易》是周史所掌握的占吉凶的书。一种占吉凶的方法，发生成长，以至于使人相信它能预告人以吉凶，这需要很长的时间。所以《周易》的出现，不能晚于公元前672年，而应该还早于这个时期。《系辞传》说："易之兴也，其当殷之末世，周之盛德邪？当文王与纣之事邪？"这话可能是有根据的。上面说过，晋国的韩起由见"易象"而认识"周公之德与周之所以王"（《左传》昭公二年），由此可见"易象"与周的关系。

关于八卦的起源，有种种的说法，大部分都近于揣测。我认为八卦是从龟卜演化来的。

商朝人，特别是奴隶主贵族们，遇见什么事情，都要用龟卜问问吉凶。他们拿一个龟壳作为卜的工具。在卜的时候，先把要问的问题提出来，然后在龟壳上用刀钻一下，把钻的地方在火上烤。以后就有许多裂纹围绕在钻的地方出现。这些裂纹叫做"兆"。掌卜的官根据这些裂纹说出几句话，断定所问的事是吉是凶。这几句话叫做"繇辞"。八卦就是摹仿"兆"的。八卦和六十四卦就是标准化的"兆"；卦辞和爻辞就是标准化的"繇辞"。《周易》就是这些标准化的东西所构成的一部书。有了这部书就可以不用龟壳来卜了，只用五十根蓍作出各种排列，得出一定的数目，从一定的数目中得出某一卦、某一爻。然后从卦辞、爻辞中得知所问的事的吉凶。这种办法叫做"筮"。这种办法比较简单，所以称为"易"；易是简易的意思。因为是周人作的，所以称为"周易"。

从来源上说，《周易》完全是一部占卦的书。人在占卦的时候，对于卦辞和爻辞总还有一些解释。这些解释有一大部分也是从当时的生活经验和生产知识中得来的，所以其中也有一定的合理的成分。

照《左传》庄公二十二年所记载，那位周史已经说："乾为天，坤为土，巽为风。"《国语》记载晋文公筮回国的吉凶（公元前636年），已经说："震为长男，坤为母。"（《晋语》）这些观念是解释卦辞、爻辞时所积累下来的。因此，我们可以说，在很早的时候，已有基本上如《说卦》所说的那些基本观念。《说卦》是《易传》的一部分，是晚出的。但根据上面所引的《左传》《国语》，它所有的一些基本概念是早已有的。

《说卦》说："乾，天也，故称乎父。坤，地也，故称乎母。震一索而得男，故谓之长男。巽一索而得女，故谓之长女。坎再索而得男，故谓之中男。离再索而得女，故谓之中女。艮三索而得男，故谓之少男。兑三索而得女，故谓之少女。"这一段的解释是这样的：

乾卦☰是天的象征；坤卦☷是地的象征。"乾一之坤"，就是乾卦的第一爻到坤卦里面，占住坤卦第一爻的位置，成为震卦☳；这就叫"震一索而得男"；震是雷的象征。"坤一之乾"，就是坤卦的第一爻到乾卦里面，占住乾卦第一爻的位置，成为巽卦☴；这就叫"巽一索而得女"；巽是风的象征。"乾二之坤"就是乾卦的第二爻到坤卦里面，占了坤卦第二爻的位置，成为坎卦☵；坎是水和月亮的象征。"坤二之乾"，就是坤卦的第二爻到乾卦里面，占了乾卦的第二爻的位置，成为离卦☲；离是火和太阳的象征。"乾三之坤"，就是乾卦的第三爻到坤卦里面，占了坤卦第三爻的位置，成为艮卦☶，艮是山的象征。"坤三之乾"，就是坤卦的第三爻到乾卦里面，占了乾卦第三爻的位置，成为兑卦☱；兑是泽的象征。

这就是说，天地如父母，生出来六个子女，分别代表殷周之际的人所认为是自然界中六种重要的自然现象。照这样的理解，包括天地在内的自然界成为一个血肉相连的大家庭。这种神话式的对于自然界的理解，是唯物主义自然观的胚胎。

这个神话式的理解中，也有辩证法的因素。象征天的乾卦和象征地的坤卦是互相交往的。其中的爻是可以互相交换位置，互相转化的。就是从天地这两个对立物的交合中生出万物。万物之间，都是密切地互相联系的。

《周易》的辩证法思想也可以从六十四卦排列的次序上看出来。在《周易》里面，相反的卦，总是排列在一起，例如乾卦和坤卦，泰卦和否卦，剥卦和复卦。这些卦都是相反的，可都是排列在一起。《易传》中的《序卦》专就这一点上有所发挥。《序卦》所说的有些地方是很勉强的。但是像上面所举的几个例子，倒是很清楚的。这些例子说明《周易》里可能有"物极必反"的辩证法思想。

从卦爻的排列上看，也可以看出来《周易》可能有这种思想。例如乾卦是一个大吉的卦，从初九到九五都不错。最吉的一爻是九五，到了上九就不好了。因为它发展过度，成为"亢龙有悔"了。

从某些卦辞上可以看出《周易》确有"物极必反"的辩证法思想。泰卦九三的爻辞说："无平不陂，无往不复，艰贞无咎。"这就是说，平的总要转化为不平的；已经走的，总还要转回来。所以遇见困难的事情，只要能够坚持下去，就可以得到胜利。

《周易》的这种思想，到战国时期，在《易传》中得到充分的发挥。

《周易》的卦辞、爻辞中，并没有出现阴阳这些名词。但是照后来的了解，乾坤两卦，就是阴（地）阳（天）的象征。至少到西周末年，阴阳已被视为两个宇宙的原始的物质或力量。周幽王三年（公元前779年），有地震，三道河流都壅塞了。当时的一个贵族伯阳父说："周将亡矣。夫天地之气不失其序。若过其序，民之乱也。阳伏而不能出，阴迫而不能蒸，于是有地震。"（《国语·周语上》）就是说："天地之气"有一定的秩序。若是失了秩序，就是由于人给弄乱了。阳气和阴气都不在它们应有的地位，不能有它们应有的运动，这就有地震。伯阳父认为阴阳是"天地之气"。这样，阴阳概念就初步形成为古代的唯物主义思想的两个主要概念。《诗经》中有诗说："百川沸腾，山冢崒崩，高岸为谷，深谷为陵，哀今之人，胡憯（曾）莫惩（戒）。"（《小雅·十月之交》）这首诗，照旧说也说是"刺幽王"。这所说的也许就是上面所说的那个地震。我们于这一点也不必深考。所要注意的，就是这首诗以地震为"不祥之兆"。这是当时一般人的迷信。伯阳父因地震而推断周将灭亡，又认为阴阳失序是由"民之乱也"。这也是他的思想中的迷信成分。但是他以"天地之气"阴阳的"失序"解释地震，企图在自然界的物质现象中寻找自然界变化的原因，这是他的这一段话的"合理的内核"，是唯物主义的思想。

关于"五行"，在这个时候也有更明确的说明。据《国语》所记载的史伯与郑桓公的谈话说："夫和实生物，同则不继。以他平他谓之和，故能丰长而物归之。若以同裨同，尽乃弃矣。故先王以土与金、木、水、火杂，以成百物。"（《国语·郑语》）这里也还没有把五行作为自然界所以构成的五种原质或在自然界运行的五种力量或势力，但是已明确地把五行作为人所造成的东西的五种材料了。郑桓公作过幽王的卿士。史伯的这一段话，与伯阳父的一段话，大约是同时的。这都可以证明，"阴阳""五行"这些后来成为唯物主义自然观的基本概念，在这个时候确实已经有了。

史伯的这一段话，似乎也对于辩证法的原则有一些认识。"以他平他谓之和"。在两个对立面中，这一个对立面是那一个对立面的"他"；那一个对立面也是这一个对立面的"他"。事物有了它的"他"，才能发展。但是史伯没有看出"他"与它的"他"是在矛盾斗争中发展的。照史伯看来，两个对立面之间没有矛盾，只有统一。他们所了解的统一，实际上就是调和，也就是他们所谓"和"。

上面所说的"五行"思想和"八卦""阴阳"思想中所包含的唯物主义因素，实质上是与当时占统治地位的宗教迷信相对立的。但是在开始的时候，它们还是与宗教迷信交织在一起的。《周易》本身也是一部迷信的书，但它所根据的原则与龟卜不同。龟卜的原则是靠上帝或鬼神的预告。《周易》筮占的原则是靠"数"的演算。它认为"数"是神秘的,可以从其演算中预测人事的吉凶。当然,这还是一种宿命论。神秘的数同上帝归根到底还是一类的东西,但在人的认识从宗教迷信到唯物主义思想的过程中,对于数的这种看法,也有一定的积极的意义。

本来在很古的时代,人的知识还是很原始的。宗教与科学知识,技术与巫术,常是交织一起。虽然如此,科学知识与技术,随着生产知识的进步,逐渐从宗教与巫术的内部发展起来,脱离出来,逐渐战胜宗教与巫术。这是人类认识发展的规律。

第七节　西周奴隶制的衰落及宗教神权的动摇

周朝建立以后,社会有了暂时的稳定,生产有了进步,形成了封建社会历史家所谓"成康之治"(前1115—前1053)。随着生产的发展,社会上出现有不贵而富的人。周穆王(前1001—前947)制定的刑罚,有"金作赎刑"的办法(《书经·吕刑》)。古代"刑不上大夫";刑罚只及于"庶人"。"庶人"能出"金"来赎罪,必是不贵而富的人。"金作赎刑"就是贵族奴隶主向这些不贵而富的人勒索财物的一种办法。这种人可能主要的是新兴的自由工商业者或其他新兴的财富占有者。

贵族奴隶主与自由民及工商业者的矛盾,以后更加尖锐。到了西周末年出现了新的社会危机。周厉王(前878—前842)搞"专利",要独占矿产、木材、禽兽、鱼鳖、食盐等天然资源。这使统治者与工商业者、自由民本有的矛盾激化起来。当时的一个芮良夫警告厉王说:"专利""所怨甚多",就是说,要激化各方面的矛盾。又说:"匹夫专利,犹谓之盗,王而行之,其归鲜矣。"(以上见《国语·周语上》)同时"国人谤王"。厉王派人"监谤者,以告,则杀之"。当时召公警告他说:"防民之口,甚于防川;川壅而溃,伤人必多;民亦如之。"(同上)

先秦所谓国人,就是住在城市中的人,包括贵族和为他们服务的半自由的工商业者,以及少数自由的工商业者。

照召公所说的,厉王所禁止说话的国人,是"民",大概主要的不是贵族而是半自由的和自由的工商业者。"国人"与厉王斗争的结果是"国人"胜利。厉王被驱逐。

《诗经》中相当大的部分，收集了西周时期的民间歌谣。从这些歌谣中可以看出，被剥削阶级对于剥削阶级的掠夺与剥削提出抗议。有一篇说："不稼不穑，胡取禾三百廛兮？不狩不猎，胡瞻尔庭，有县貆兮？"（《魏风·伐檀》）就是质问：奴隶主阶级不种田，凭什么拿走粮食，不打猎，凭什么拿走珍贵的兽皮。在被剥削阶级不能忍受剥削的时候，就以迁徙逃亡为消极的抵抗。有一篇说："硕鼠硕鼠，无食我黍。三岁贯汝，莫我肯顾。逝将去汝，适彼乐土。"（《魏风·硕鼠》）意思是把奴隶主阶级比为大老鼠，过着寄生的生活。被剥削者不能再忍受了，要逃亡找一个"乐土"。所有这些都表明了西周以来的奴隶制开始动摇和没落。

奴隶制的危机加深了，人间的统治者的威权削弱了。这种社会情况反映在思想上，就是西周以来维护奴隶主贵族利益的宗教信仰的动摇和神权的削弱。

在西周初年，统治者本来是以"天"保佑有"德"的人这个宗教思想来欺骗、麻醉老百姓的。在西周末年，在社会上阶级矛盾日益尖锐加上自然灾害不断发生的情况下，这个思想受到怀疑了。《诗经》有一篇说："民今方殆，视天梦梦。"（《小雅·正月》）又有一篇说："浩浩昊天，不骏（大）其德（惠），降丧饥馑，斩伐四国。"（《雨无正》）又有一篇说："何辜于天，我罪伊何。"（《小宛》）这些诗歌的作者，对于上帝的存在还没有怀疑，但已怀疑宗教所宣传的这个至高无上的上帝的正义性，开始向他提出质问。《诗经》中有的篇甚至认为现实社会的矛盾斗争和人民的痛苦，并不是上帝给予的，而是人自己造成的，"下民之孽，匪降自天。噂沓背憎，职竞由人"（《诗经·小雅·十月之交》）。所有这些都标志着古代无神论思想的萌芽。

第二章　春秋战国时期的社会大转变——由奴隶制向封建制的过渡

东周的开始也就是春秋时代的开始。春秋（前770—前476）及以后的战国（前476—前221），是我国社会从奴隶制向封建制转变的过渡时期。在这个时期中，整个社会处于大变革之中，阶级斗争十分剧烈。生产力的发展推动历史前进，已经腐朽的奴隶社会开始走向全面崩溃。新兴地主阶级产生并且发展起来，他们要夺取奴隶主贵族的统治而代之。历史的进程必然是由新兴的封建制取代腐朽的奴隶制。与这种社会的政治的、经济的大变革相适应，在这个时期思想战线上也发生了大变革，从而使古代文化的发展达到了空前的繁荣。这个时期的哲学和社会政治思想，展开了"百家争鸣"的局面，成为中国哲学史中内容十分丰富的一页，对后来中国哲学的发展产生了广泛而深刻的影响。

第一节　大转变时期社会生产力的提高

马克思说："社会的物质生产力发展到一定阶段，便同它们一直在其中活动的现存生产关系或财产关系（这只是生产关系的法律用语）发生矛盾。于是这些关系便由生产力的发展形式变成生产力的桎梏。那时社会革命的时代就到来了。"（《〈政治经济学批判〉序言》，《马克思恩格斯选集》第2卷，第82—83页）春秋战国就是这样的一个革命时期。这个时期的大转变，归根到底，是生产方式的转变。当时社会各方面的转变，都是生产方式转变在社会各方面的反映，是生产方式转变的必然结果。

马克思又说："各种经济时代的区别，不在于生产什么，而在于怎样生产，用什么劳动资料生产。"（《资本论》，《马克思恩格斯全集》第23卷，第204页）

从春秋到战国，社会生产力有很大的发展。由于铁的应用，生产工具有很大进步。铁的应用大概是从春秋开始，到战国初年就相当的普遍了。《国语·齐语》说："美金以铸剑戟，试诸狗马；恶金以铸锄夷斤欘，试诸壤土。"所谓

"美金"即指青铜,所谓"恶金"即指铁。从历史文献的记载中,我们可以看到,当时一般农民都用铁制的农具种地("以铁耕"《孟子·滕文公上》)了。人类制造工具,首先是用石头,后来用天然的金属。在用金属的时候,首先是用铜,后来用青铜,最后才用铁。恩格斯说:"铁使更大面积的农田耕作,开垦广阔的森林地区,成为可能;它给手工业工人提供了一种其坚固和锐利非石头或当时所知道的其他金属所能抵挡的工具。"(《家庭、私有制和国家的起源》,《马克思恩格斯选集》第4卷,第159页)。人类的经济史,随着生产工具的发展,分为石器时代,铜石器时代,青铜器时代,铁器时代。在春秋战国之间,中国社会进入了一个新的时代,铁器时代。铁器的普遍使用,提高了农业生产,提高了社会生产力。中国使用铁器比欧洲晚。使用铁器在欧洲是奴隶制的标志,而在中国则成为向封建制过渡的标志。

在春秋末年,已开始用牛曳犁耕田。有了铁制的农具,又用牛力,就可以深耕。在战国的时候,人们都已经知道深耕是增产的一个重要条件。他们也深知水利灌溉对于农业生产的重要。很多的国家都修渠道引水灌溉。例如秦国修的很完善的灌溉系统"郑国渠",对于促使农业增产,对于秦国富强起了很大作用。

农业生产技术,从春秋到战国,有很大的发展。对于土壤的识别,战国时人,已积累了丰富的知识。《周礼·草人》分土壤为九类,并用九种动物骨煮汁拌庄稼种子,种在一定的土壤上,称为"粪种"。《管子·地员》篇把土壤分为上中下三级,每级之中,又分三十小级。某级土壤宜于某种农作物的种植,某级土壤的收获在某种程度上不及上一级土壤的收获,《地员》篇均有说明。

随着农业方面的生产技术的提高,专讲农业技术的专门的学问,也出现了。《吕氏春秋》有《任地》《辩土》《审时》三篇,所讲的都是农业生产技术。《任地》篇指出,农业生产技术的功用是,能使"藁数节而茎坚""穗大而坚均","粟圆而薄糠","米多沃而食之强"。《辩土》篇指出,种庄稼必须使苗"下得阴(墒),上得阳(阳光)",又要"正其行,通其风"。《审时》篇指出,种庄稼必须合乎时令;只有"得时之禾",才能"粟圆而薄糠,其米多沃,而食之强"。"先时""后时"都必然要使庄稼受到损失。它说:"量粟相若而舂之,得时者多米,量米相若而食之,得时者忍饥。是故得时之稼,其臭香,其味甘,其气章(高诱注:气,力也;章,盛也)。百日食之,耳目聪明,心意叡智,四卫(高诱注:四肢也)变强;殄气不入,身无苛殃"。这就是说:"得时"的庄稼,不但打粮食多,而且所打的粮食的营养价值也高。

与农业生产有关的科学,在当时也都达到相当高的程度。从《吕氏春秋》的十二纪中,可以看出,人们对农业生产具有了丰富的经验和知识。当时唯物主义哲学家荀况说:"所志于天者,已见其象之可以期者矣。所志于地者,已见其宜之可以息者矣。"(《荀子·天论》篇)这就是说,在天文方面,对于天体运行的规律有相当高的认识,能够对于日月的运行有所预期,由此订出相当精确的历法;对于土壤的性质也有所了解,知道什么样的土壤,适宜于生长什么样的农作物。现有的历史资料证明,荀况对于当时科学的估价基本上是正确的。

农业生产的发展促进了这个时期经济的高度繁荣。荀况描写当时的经济情况说:"北海则有走马、吠犬焉,然而中国得而畜使之。南海则有羽、翮、齿、革、曾青、丹干焉,然而中国得而财之。东海则有紫紶、鱼、盐焉,然而中国得而衣食之。西海则有皮革、文旄焉,然而中国得而用之。故泽人足乎木,山人足乎鱼;农夫不斲削、不陶冶而足械用,工贾不耕田而足菽粟。"(《荀子·王制》篇)荀况这段话说明建立在西周以来奴隶主贵族土地占有制基础上的分散割据的经济体系被打破了。这段话也说明,当时的手工业尤其是商业也发展到相当的高度;农业、手工业和商业之间的分工,也达到相当完善的程度。

当然,荀况所说的是战国末期的情况。可是,这些生产技术和知识是长时期经验的总结。当时的经济繁荣也是从比较早的时期就开始积累下来的。二者都是长时期发展的结果。

随着生产力的提高,旧的生产关系日益成为束缚新的生产力的桎梏,奴隶主阶级残酷的压迫和剥削,促使奴隶大量逃亡和起义。在奴隶大众的猛烈打击下,最后终于冲破了奴隶制的生产关系,推动了社会向封建制过渡。

第二节 大转变时期新的生产关系的出现

大转变时期,各诸侯国政治经济的发展是不平衡的。它们向封建制的转化也有迟早的不同。据现存的史料看,齐国比较早地出现了新的生产关系。管仲向齐桓公建议"相地而衰征"(《国语·齐语》)。这种措施又称为"案亩而税"(《管子·大匡》)。鲁国于宣公十五年(公元前594年)"初税亩"(《春秋》宣公十五年)。这都是新的生产关系出现的标志。

《春秋》用了一"初"字,明确地说明这是以前所没有过的事情。这个事情就是"税"。

在奴隶社会中,奴隶主阶级不仅占有生产资料,而且占有劳动者(奴隶)本身。奴隶完全没有人身自由,劳动的果实全部为奴隶主阶级独占。奴隶主只要像养活牲口一样养活奴隶就行了。因此奴隶主向奴隶无所谓征税不征税,奴隶向奴隶主也不存在交税不交税的问题。只有在封建社会中，农民已经摆脱了奴隶地位，向地主租种土地的情况下，才会出现有征税交租的事。所以"初税亩"这个"税"字，是奴隶制生产关系向封建制生产关系转变的标志。

"税亩"这个税字，从表面上看，似乎只是当时统治者的一种财政上的措施，其实是一种剥削形式。"初税亩"表示一种新的剥削形式的出现。这种新的剥削形式的出现，可以说明新的生产关系的三个方面：所有制、人与人的关系、分配制度。新的生产关系的出现是春秋战国时期各方面转变的经济基础。

大转变时期诸侯国都在先后不同的时期，陆续实行"履亩而税"的剥削方式。实行这种剥削方式就标志着这些诸侯国开始在经济基础即生产关系这方面，由奴隶制进入封建制。

关于"初税亩"的问题，本书本册《绪论》已有讨论。本节不多重复。

第三节　大转变时期——奴隶反对奴隶主的斗争和奴隶身份的解放

春秋战国时期经济的发展，冲破了旧的生产关系，在整个社会大转变中，社会阶级矛盾日趋尖锐。这在政治上表现为奴隶反对奴隶主的斗争，新兴地主阶级反对没落奴隶主阶级的斗争。它们构成了当时社会的主要阶级矛盾和阶级斗争。这些斗争是推动社会由奴隶制向封建制过渡的主要动力。

奴隶的斗争，仅就当时鲁国的官方历史《春秋》所记载，我们就可以举出不少的事例。

公元前656年（鲁僖公四年）《春秋》记载："蔡溃。"《公羊传》说："溃者何？下叛上也。"公元前624年（鲁文公六年），《春秋》记载："沈溃。"《左传》说："凡民逃其上曰溃。"公元前641年（鲁僖公十九年），《春秋》记载："梁亡。"《左传》说："梁伯好土功"，"民罢而弗堪"，"民惧而溃"。《公羊传》说：梁是"鱼烂而亡"。这些例子都说明奴隶和劳动人民对于奴隶主贵族的统治用"溃散"的办法，进行抵抗。大批奴隶的溃散，正是奴隶制瓦解的表现。

公元前550年，陈国的贵族庆氏强迫奴隶替他修城。因为他杀了人，"役人相命，各杀其长"，把庆寅、庆虎也都杀了（《左传》襄公二十三年）。公元前484年陈国的贵族辕固加重对于奴隶的剥削，为陈国国君的女儿作嫁妆，自己也中饱了一部分。人民把他赶出国外，"国人逐之"（《左传》襄公十一年）。这些例子说明在公元前7世纪与公元前5世纪的时代，奴隶对于统治的贵族，已实行暴动，反抗他们的统治，拒绝他们的剥削。

奴隶力量强大，在贵族之间的矛盾中，也表现出来。

公元前563年，郑国的贵族因争土地而互相火并。一派贵族聚"群不逞之人"进攻当时执政的贵族。执政的贵族有一家集兵抵抗，但是"臣妾多逃，器用多丧"。其另一家则得到"国人"之助，因而打败进攻的贵族（《左传》襄公十年）。这个例子说明，奴隶和老百姓的力量，在贵族之间的斗争中，有举足轻重之势。

此所谓"不逞之人"，大概是指逃亡的奴隶和摆脱奴隶身份的流氓无产者。所谓"国人"，是指城市中的人，其中一部分是摆脱奴隶身份的工商业者。公元前502年，卫大夫王孙贾说："卫国有难，工商未尝不为患。"（《左传》定公八年）可见这种情况是相当普遍的。

奴隶对于奴隶主阶级的剥削与压迫，也可以用"逃亡"的方式，表示抵抗。"臣妾多逃"说的就是这种情况。从旧奴隶主贵族统治下逃亡出来的奴隶，多半投靠于新兴的统治势力，或依附于新的土地占有者。新兴的统治势力或土地占有者也采取减轻剥削的措施或新的剥削方式，尽力争取劳动人民拥护自己的统治。

《左传》记载晋赵鞅的誓师辞说："克敌者，上大夫受县，下大夫受郡，士田十万，庶人工商遂，人臣隶圉免。"（哀公二年）这说明在战争中立了军功的奴隶，可以摆脱奴隶的身份，成为自由人或半自由人。到了战国时代，秦国采取了商鞅的措施，其中规定说："有军功者各以率受上爵，为私斗者各以轻重被刑大小。僇力本业耕织致粟帛多者复其身。事末利及怠而贫者举以为收孥。"（《史记·商鞅列传》）这也说明立了军功和努力于农业生产的奴隶可以改变自己身份，成为自由人。这样，劳动者的身份也就逐渐起了变化，一部分奴隶变成了半自由的或自由农民——农奴和佃农。奴隶身份的解放和社会主要生产者——农业劳动者地位的变化，意味着奴隶制的崩溃和向封建制的过渡。

奴隶反抗奴隶主阶级更高级的形式是组织大规模的暴动。《左传》昭公二十年（公元前522年）记载"郑国多盗，取（疑系聚字）人于萑苻之泽"，郑国的统治者动员了很多的兵才镇压下去。先秦的书中，常说到两个有名的奴隶起义的领袖，一个是跖，当时的剥削阶级诬蔑他为"盗跖"。一个是庄蹻，《庄子》书中说："盗跖从卒九千人，横行天下，侵暴诸侯"；"所过之邑，大国守城，小国入保"（《盗跖》）。《吕氏春秋》说：盗跖临死，叫人于葬他的时候，在他手里放一个"金椎"。他说："下见六王五伯，将敲其头"（《当务》）。"六王五伯"是当时统治阶级所尊崇的"圣人"。跖的话，表示他的反抗的意志。《荀子》书中说："盗跖吟口，名声若日月，与舜禹俱传而不息。"（《不苟》篇）（详见第十章）又说："庄𫏋起，楚分而为三四"（《议兵》篇）。《韩非子》书中说："庄𫏋为盗于（楚）境内而吏不能禁"（《喻老》）。《吕氏春秋》说，庄𫏋打过楚国的京城（"暴郢"）。这都可见当时奴隶暴动的规模是很大的。奴隶的暴动，强有力地打击了奴隶制统治，为封建制的形成开辟了道路。

第四节 大转变时期新兴地主阶级与没落奴隶主贵族夺权与反夺权的斗争

在第一章中已经说过，在西周末期，已经出现了不贵而富的人。这种人的势力越来越大，逐渐成为新兴的土地占有者。到了战国时代，新兴的土地占有者的势力就更大了。秦国政权公开宣布废除奴隶主贵族的土地占有制，土地可以自由买卖，土地私有制进一步得到了国家法律的保障。《汉书·食货志》记载说："秦……用商鞅之法，改帝王之制，除井田，民得卖买。富者田连阡陌，贫者无立锥之地。……邑有人君之尊，里有公侯之富……或耕豪民之田，见税什五。故贫民常衣牛马之衣，而食犬彘之食。"这说明新兴的地主把土地分租给贫农而施行超经济的剥削。《吕氏春秋》说："今以众地者，公作则迟，有所匿其力也；分地则速，无所匿迟也。"（《审分》）这说明战国时代土地占有者已经懂得，用奴隶制的集体耕种，奴隶们容易怠工，因而采取了分佃的剥削方式。

新兴地主阶级是在生产力的发展和封建生产关系的逐步形成的过程中发展起来的。它的来源或前身有两个：一部分是从奴隶主阶级转化过来的。他们逐渐改变了他们对奴隶们的剥削形式，采取了新的剥削形式，因而产生了新的生产关系，由此转变成为地主。另一部分是从新兴商人或手工业农业小生产者上升起来的，他们是比较急进的新兴地主阶级。

随着商品经济的发展，这个时期也出现了新兴的工商业者。他们对当时封建经济的发展和地主阶级的形成，也起了促进的作用。在奴隶制度下，奴隶主贵族也占有一些手工业和从事商业的奴隶，这就是当时所说的"工商食官"（《国语·晋语四》）。后来随着生产工具的进步，人们对于手工业的需要逐渐增长。随着手工业种类的加多，品质的提高，分工的加细，独立的手工业者逐渐加多。这些独立的手工业者就是当时所谓"百工"。其中一部分是从贵族官府手工业脱离出来，一部分是从农业生产脱离出来。他们从事于简单的商品生产，自制自卖，所谓"百工居肆，以成其事"（《论语·子张》）。他们多聚居于城市，成为"国人"的一部分。

农业与手工业的发展，促使商品交换日趋频繁。农村与都市间需要商品交换；地域与地域间，或国与国间，都需要商品交换。随着商品交换的需要，社会中逐渐产生出来了独立的商人。他们一部分是脱离生产的农民或手工业者，一部分是"食官"的商人取得自由与独立。

这些独立的手工业者和商人，富有了以后，有的购买土地，变成了新兴的地主阶级。随着农业生产的提高，农业小生产者发生了分化，许多下降为奴隶或农奴，也有一些农业小生产者富裕起来，又进而购买土地，进行剥削，自己不劳动，成为新兴地主阶级。

地主阶级当时是一个新产生的阶级，它是新的生产关系——封建生产关系的代表者。在反对奴隶主贵族的斗争中，处于领导的地位。新兴地主阶级利用了奴隶和劳动人民的反抗力量，扩大了自己的政治和经济势力，逐步地从奴隶主贵族手中夺取了政权，建立起封建地主阶级的统治。当时在反对没落奴隶主贵族的斗争中，新兴地主阶级是一个进步的、朝气蓬勃的阶级。

一切阶级斗争都是政治斗争，都是围绕着政权而展开的。新兴地主阶级在当时的一个主要任务就是向没落的奴隶主贵族夺权。魏国的李悝，楚国的吴起，秦国的商鞅，都是如此。秦国的商鞅变法尤为彻底。斗争是反复的。最后，到了战国末年，秦始皇统一全中国，建立了封建统一的秦王朝，标志着新兴封建制战败了腐朽的奴隶制，结束了奴隶制的统治局面，从此奠定了我国以后两千多年的统一的中央集权的封建地主阶级的专政。

第五节 春秋时期意识形态方面的斗争——无神论和唯物主义思想的初步发展，"法"与"礼"的斗争

上面所说的大分化、大变动、大改组的情况反映在哲学思想上，就是维护奴隶制度的神权思想的进一步动摇，和代表进步势力要求的唯物主义和辩证法的思想的进一步发展。

在这个时期，在自然观方面，唯物主义与唯心主义的斗争，主要的是围绕着"天"这个问题进行的。在社会思想方面，主要的是围绕着"法"和"礼"这个问题进行的。

在中国文字中，"天"这个名词，至少有五种意义。一个意义是"物质之天"，就是指日常生活中所看见的苍苍者与地相对的天，就是我们现在所说的天空。一个意义是"主宰之天"或"意志之天"，就是指宗教中所说有人格、有意

志的"至上神"。一个意义是"命运之天",就是指旧社会中所谓运气。一个是"自然之天",就是指唯物主义哲学家所谓自然。一个是"义理之天"或"道德之天",就是指唯心主义哲学家所虚构的宇宙的道德法则。

在第一章中,我们已谈到,商周的统治者都强调有"至上神"。这个"至上神"原先称为"帝"或"上帝",后来就称为"天"。唯物主义思想不承认有这样的"天",也不承认有"义理之天"或"道德之天"。唯物主义者所说的"天",是"物质之天"或"自然之天"。在这时期,也出现了这样的唯物主义观点,与"主宰之天"的宗教观念对立起来。

随着生产力的提高,生产关系的逐步变革,奴隶起义与奴隶身份的解放,新兴地主阶级与没落奴隶主贵族斗争的激化,人们也就越来越对宗教天命论产生了怀疑和动摇。人的作用越来越为人们所重视。神的权威也就逐渐地下降。这样一些现实的情况,反映到思想战线内,使一些进步的思想家和政治家,逐步地走上了无神论的道路,开展了反宗教天命论的斗争。这种斗争,同时也是反对维护奴隶制的"礼"的斗争。

上面所说奴隶对于奴隶主阶级反抗的情况,已经证明统治者如果得不到劳动人民的拥护,必然不能维持他们的地位。这一点,当时统治阶级中的一些人也看清楚了。晋国的士蒍说:"虢公骄,若骤得胜于我,必弃其民。无众而后伐之,欲御我谁与?"(《左传》庄公二十七年)周惠王十五年(鲁庄公三十二年)周朝的内史过也断言说:"虢必亡矣,不禋于神而求福焉,神必祸之。不亲于民而求用焉,民必违之。"(《国语·周语上》)晋国的栾武子要伐楚。韩献子说:"无庸,使重其罪,民将叛之,无民孰战?"(《左传》成公十五年)

劳动者身份的变化和劳动力在生产和兼并战争中所显示出来的重要性,使一国的最高统治者国君的地位,也失掉了尊严。国君的地位,也被认为是随时可以变动的。鲁昭公被季氏驱逐出国,死在国外。晋国的赵简子问史墨说:"季氏出其君,而民服焉,……何也?"史墨说:"鲁君世从其失,季氏世修其勤,民忘君矣,虽死于外,其谁矜之?社稷无常奉,君臣无常位,自古以然。故诗曰:'高岸为谷,深谷为陵。三后之姓,于今为庶,主所知也。'"(《左传》昭公三十二年)

史墨认为,鲁国的老百姓不同情昭公这件事是完全合理的。他并且指出没有永恒不变的等级秩序。这在当时可说是一种非常进步的言论,打击了君权神授说,反映了维护奴隶制的等级制度,"礼"的没落。

君臣之间的关系也有了变化。晋国的人把晋厉公杀了。鲁成公问:"臣杀其君,谁之过也?"大夫里革说:"君之过也。夫君人者,其威大矣。失威而至于杀，其过多矣。"（《国语·鲁语上》）这就是说臣"杀"君的责任，应该由君来负。

君的变动不就是国的灭亡，国与君也不是一体，国应高于君，这一点也为当时进步的人所认识。齐国大夫崔杼杀了齐君，晏婴不肯从齐君死。他说："君为社稷死，则死之，为社稷亡，则亡之。若为己死，为己亡，非其私暱，谁敢任之？"（《左传》襄公二十五年）这是说，一个国的君与臣都是为国家办事的，一国的公事应该与君的私事分开。只有君的私人，才为他办私事。这种思想反映了新兴地主阶级的要求。在当时的历史条件下，这也是当时社会思想的一个进步。

天上的上帝和神灵本来是人间的统治者的反映。奴隶主统治者的威权既已削弱和没落，上帝和神灵的威权也必然随之降低。在春秋时期，神权政治的观念有进一步的动摇。

统治阶级中的人也看出来，要维持他们的"国家"，"民"比神还重要。随国的季梁说："夫民，神之主也。是以圣王先成民而后致力于神。"（《左传》桓公六年）虢国的史嚣说："吾闻之，国将兴，听于民；将亡，听于神。神，聪明正直而壹者也，依人而行。"（庄公三十二年）宋国的司马子鱼说："祭祀以为人也。民，神之主也。"（僖公十九年）"民"是"神之主"，主是宾主之主，就是说，神还倚赖于人。神"依人而行"，而不是人依神而行。这些材料表明，民和人被提到首要的地位，而鬼神降到了次要的地位，鬼神失去了自己的独立意志，一切要依人的意志为转移，这实质上是一种无神论的观点。这是当时关于宗教的思想的一个大转变。

在孔丘以前的鲁国的展禽（柳下惠）给祭祀一个新的解释。他认为，祭祀的对象都是有利于民的自然界的东西，或者是有功于民的历史人物。前者如"天之三辰，民所以瞻仰也；及地之五行，所以生殖也；及九州名山川泽，所以出财用也"。后者包括"法施于民""以死勤事""以劳定国""能御大灾""能捍大患"的历史人物（《国语·鲁语上》）。祭祀这些对象，为的是"崇德报功"。古时的宗教迷信认为鬼神能赏善罚恶，支配人的命运，祭祀的目的在于祈求鬼神保佑自己。照展禽的解释，祭祀的迷信成分就很少了。

由于宗教迷信的动摇，人们也逐渐了解到，人的吉凶祸福是人自己的事，与"天"没有关系。公元前645年，宋国有陨石，又有"六鹢退飞"。这些不常见的现象，当时迷信的人认为与人事的吉凶有关。他们认为自然界的非常变化是由人事的好坏引起的，同时这些非常的变化又意味着人将要得到幸福或灾难。这是一种"天人感应"的思想。周内史叔兴说："是阴阳之事，非吉凶所生也，吉凶由人。"（《左传》僖公十六年）这是说，自然界的非常现象，是自然界本身所具有的，是由自然界的阴阳之气的失调造成的，与人事的好坏没有关系，人事的祸福是人自己造成的。这是一种无神论的观点。鲁国的闵子马也说："祸福无门，惟人自召。"（《左传》襄公二十三年）《左传》又记载说，宋国和薛国关于营建周城的问题引起了争论。宋国引证鬼神以辩护自己的观点；薛国引证人事以辩护自己的观点。弥牟评论说："薛征于人，宋征于鬼，宋罪大矣。"（定公元年）他认为依赖鬼神是十分错误的。

郑国的占星术者裨灶，因天象而预言郑国将要大火。郑国的子产说："天道远，人道迩，非所及也，何以知之？灶焉知天道？是亦多言矣，岂不或信？"（《左传》昭公十八年）这里所谓裨灶的"预言"的根据是依据星辰的出没而推测人事祸福的占星术。子产对这种占星术表示怀疑。从子产的谈话中，可以看出宗教的天道观开始动摇和没落。吉凶祸福在于人事的好坏，不在于鬼神的赏罚，也与自然界的某些非常现象无关。这也表明当时人的思想从宗教中得到一定的解放。

这些转变正是当时社会生产力的提高、生产关系开始逐步变革、奴隶身份的解放、生产者地位的提高、劳动人民的反抗以及新兴地主阶级的夺权斗争在哲学上的反映。

这种大变革情况反映在上层建筑政治领域内，则可概括为"法"与"礼"的斗争。

先秦所谓"礼"，包括的范围很广，并不是像现在所谓"礼"，仅指人与人之间的交际仪式。这些仪式，先秦的人也认为是礼的一部分。但是他们认为，严格地说，这些只能称为"仪"。鲁君昭公被季氏驱逐，逃到晋国，晋国仍待以国君之礼。鲁昭公也仍然摆着国君的派头。晋国的国君称赞他"善于礼"。有个大夫女叔齐不同意，说："是仪也，不可谓礼。礼所以守其国，行其政令，无失其民者也。"他说：鲁君不能保住他的国，不能行使政令，失了他的民。这算什么"善于礼"？《左传》评论说："君子谓叔侯于是乎知礼。"（《左传》昭公五年）《左传》所谓"君子"照《左传》的体例，一般指孔丘。先秦人所谓礼包括奴隶主阶级的统治原则、政治制度、社会制度、社会秩序以及他们的生活方式。概括地说，礼就是奴隶社会包括意识形态在内的整个上层建筑。

在春秋时期，生产关系逐步改变。适应于奴隶制的生产关系的"礼"，当然也要改变。在保守、倒退的人看起来，改变就是非礼。例如"初税亩"，《左传》和《公羊传》都说是"非礼"。可是"非礼"究竟战胜了"礼"。这就是所谓"礼坏乐崩"。适应于新的生产关系的新的上层建筑是"法"。"法"是"礼"的对立物。先秦人所谓法，也不是专指法律条文。其意义可以同"礼"一样广泛。

大转变时期的上层建筑领域内的阶级斗争，归结起来，就是"法"与"礼"的斗争。

第六节　战国时期知识分子的活跃和思想战线上的"百家争鸣"

在社会大转变时期，阶级斗争十分激烈，各个阶级或阶层都要起来表明自己的态度，企图用自己的世界观改造社会，以符合自己的要求和愿望。思想战线因此非常活跃。原有的知识分子队伍发生了激烈的分化，在斗争中产生了各个阶级或阶层的思想代表和思想流派，形成了"百家争鸣"的局面。

知识分子旧日称为"士"。在西周奴隶主贵族的等级制度中，士是贵族中的最低阶层。他们都受过一些教育，通晓"礼、乐、射、御、书、数"等"六艺"。打仗时候，可以作下级军官；和平时候可以作卿大夫高级贵族在政治上的助手。他们过着"食田"的剥削生活。他们的职守也是世袭的。这就是说，在贵族等级制度中，他们有固定的地位、固定的生活和固定的工作。

到了春秋战国时代，这个阶层起了分化。随着奴隶主贵族等级制度的崩坏，士失去了原来的地位和职守，也无"田"可"食"，只得自谋生活。在当时夺权的斗争中，还有许多原来高于士的贵族，甚至是原来的国君，都失去他们原来的地位，流亡到各地。这些大小贵族们，过去凭世袭的身份，过剥削的生活，现在靠他们对于"六艺"的知识，自谋生活。他们也成为没有固定生活与固定工作的知识分子，在各地游来游去，寻找可以依附的主子，因此得到"游士"的称号。其中长于礼、乐，熟悉古代典籍的，成为私学的老师，或在别人家有红白喜事的时候，替人家指点怎样行礼（"相礼"），借以恢复奴隶社会的礼乐。这个时期，从新兴地主和小生产者阶层中也涌现出一批知识分子，他们也拥有专门的知识和技能，希望得到统治者的任用。士的社会来源是复杂的。士原来是贵族的最低阶层，后来，照管仲所说的，成为"四民之首"，有比农、工、商高一点的社会地位。

士的最大的希望还是投靠统治者，在政治上得到发言权，爬上统治阶级的地位。他们"上说下教"。"上说"，企图得到统治者的信任，以推行他们的政治主张。"下教"可以招徕门徒，宣传他们的政治主张，制造舆论。

奴隶制末期的士，主要是一些专搞意识形态的人。由于当时意识形态领域斗争的激烈，国君与政治上的当权者都要"养士"，以作为他们制造舆论的工具，例如齐国的王在齐国都城近郊"稷下"聚集"文学游说之士",称为"学士",有"千数百人"。其中地位高的有七十多个人,"皆赐列第,为上大夫,不治而议论"(《史记·齐世家》)。其他大贵族,如孟尝君、信陵君、春申君等,都"养士"数千人。他们"养士"所用的生活资料,当然都是从加重对劳动人民的剥削而来。《战国策》记载,孟尝君派他所"养"的"士"到乡下去收高利贷的利息。大部分士的生活资料的主要来源,是靠当时有政权的人的供给。因此,在这时候,士虽亦号为"四民之首",但基本上还是剥削阶级内部的一个阶层。

斯大林说:"知识分子从来不是一个阶级,而且也不能是一个阶级,——它过去是、而且现在还是由社会各阶级出身的人组成的一个阶层。"(《关于苏联宪法草案》,《列宁主义问题》1964年版,第619页)他们必须依附于某一阶级以为生活。战国时候的士,对于某一国的统治者,可以"合则留,不合则去"。"游来游去",有相对的自由。但归根到底,他们是依附于统治阶级的。他们"上说下教",随时从不同的阶级或阶层吸收本阶层的补充队伍。因此,他们在社会中的接触面比较广,也有各种不同的出身。他们因所投靠的统治阶级和统治集团的不同,因出身不同,或者接触面不同,在他们的思想言论中,就在不同程度上反映不同阶级的意识与要求。由于他们有较高的文化水平,有专门的知识和技能,他们成了这个时期各阶级在思想上的代言人。他们提出不同的政治主张和哲学思想。这些不同的政治主张和哲学思想,就是不同阶级的意识与要求的表现。

他们是当时社会精神生活中的主要活动者,也是当时各种不同的政治主张的主要宣传者。其中有些代表,在思想言论上建立了自己的学派。各派之间,有激烈的斗争。这种思想上的分化与斗争,是当时的阶级分化与斗争的反映,反过来也为一定的阶级利益服务。

马克思在有一次论到小资产阶级的时候说:"然而也不应该狭隘地认为,似乎小资产阶级原则上只是力求实现其自私的阶级利益。相反,它相信,保证它自身获得解放的那些特殊条件,同时也就是唯一能使现代社会得到挽救并使阶级斗争消除的一般条件。同样,也不应该认为,所有的民主派代表人物都是小店主或小店主的崇拜人。按照他们所受的教育和个人的地位来说,他们可能和小店主相隔天壤。使他成为小资产阶级代表人物的是下面这样一种情况:他们的思想不能越出小资产者的生活所越不出的界限,因此他们在理论上得出的任务和作出的决定,也就是他们的物质利益和社会地位在实际生活上引导他们得出的任务和作出的决定。一般说来,一个阶级的政治代表和著作方面的代表人物同他们所代表的阶级间的关系,都是这样。"(《路易·波拿巴的雾月十八日》,《马克思恩格斯选集》第1卷,第632页)。先秦各派的哲学家对于其所代表的阶级的关系也正是如此。他们也都认为他们的哲学思想和社会政治理论是唯一正确的原则,企图用以改变当时的社会,所谓"以其道易天下"。同时,他们的思想和理论也都越不出他们所代表的阶级或阶层所越不出的界限。他们在理论上所得出的任务和办法,也就是他们所代表的阶级或阶层的物质利益和社会地位在实际上引导这些阶级或阶层得出来的任务和办法。

马克思又说:"我们在上面已经说明分工是先前历史的主要力量之一,现在,分工也以精神劳动和物质劳动的分工的形式出现在统治阶级中间,因为在这个阶级内部,一部分人是作为该阶级的思想家而出现的(他们是这一阶级的积极的、有概括能力的思想家,他们把编造这一阶级关于自身的幻想当做谋生的主要泉源),而另一些人对于这些思想和幻想则采取比较消极的态度,他们准备接受这些思想和幻想,因为在实际中他们是该阶级的积极成员,他们很少有时间来编造关于自身的幻想和思想。在这一阶级内部,这种分裂甚至可以发展成为这两部分人之间的某种程度上的对立和敌视,但是一旦发生任何实际冲突,当阶级本身受到威胁,甚至占统治地位的思想好像不是统治阶级的思想这种假象、它们拥有的权力好像和这一阶级的权力不同这种假象也趋于消失的时候,这种对立和敌视便会自行消失。"(《费尔巴哈》,《马克思恩格斯选集》第1卷,第52—53页)

马克思和恩格斯的这段话,虽然是就统治阶级及其理论家说的,但对于各个剥削阶级及其理论家也都可以适用。一个阶级的理论家的理论是这个阶级的要求和愿望的集中表现,是这个阶级的问题及其自己的解决办法的集中反映,因此具有更典型的性质。这些理论家的理论可能与这个阶级中的个别人的见解有出入,但是他是这个阶级的真正的代表。

在一个社会为一个阶级所统治的时候,代表一个统治阶级的思想就是当时统治的思想。跟它不同的思想就都被压抑,不能有发展的机会。在一个社会从一种社会制度转向另一种社会制度的过渡时期,原来的统治阶级已经逐渐失去它的统治的权威;新的阶级还没有取得完全稳固的统治地位。在这个时期,旧的统治思想也已失去了统治的地位;新的统治思想还没有完全建立起来。在这种情况下,社会中的各个阶级都或多或少地有机会提出他们的要求和愿望。代表他们的或者接近他们的知识分子,也都或多或少地有机会把这些阶级的要求和愿望在一定程度上系统化、理论化。这就成为代表这一阶级的哲学思想。春秋战国时期在如上所说的错综复杂的阶级分化和斗争的情况下,出现了"百家争鸣"的局面。这个时期的"百家争鸣"是当时阶级斗争在思想战线上的反映,这一局面大大促进了当时学术思想的发展。在阶级斗争和百家争鸣中,出现了许多学术流派,代表各个不同阶级的利益，对中国哲学的发展起了很大的影响。

这个时期的学术流派，汉人司马谈分为六家，即，儒家、墨家、名家、法家、阴阳家、道德家（道家）（《论六家要旨》，《史记·太史公自序》）。刘向和刘歆于六家之外，又加农家、纵横家、杂家、小说家，共十家。这些都是传统的分法。

这些分别和名称，本来是哲学史家所立以说明客观哲学史中的派别，但后来也成了客观哲学史的一部分，因此我们还不能不沿用这些分别和名称。但是，在客观的哲学中，一个派别的内容，也是很复杂的，其中往往又分为小派，互相对立，不能对于它们作简单化的分析，一刀齐的论断。在以下各章中，将力求有合乎实际的说明。

第三章　齐、晋两国的改革及齐桓、晋文的霸业

上章概括地讲了春秋战国大过渡时期的一般情况。本章以齐、晋两国为例，作比较具体的说明。

第一节　齐、晋两国在春秋时期的地位

在西周，周王室名义上是全中国的"共主"。当时的诸侯国都具有半独立的性质，但在形式上，周王室还不失为政治上的重心。到了东周时期（即春秋时期），周王室逐渐衰微，那个名义上的"共主"也逐渐完全不发生作用。诸侯国由半独立逐渐成为全独立。它们的大小、强弱是不齐的。它们之间，大而强的欺负、侵略弱而小的，强迫弱而小的依附于它们，服从它们的指挥。这些大而强的诸侯国，在当时称为霸。"霸"成了当时的政治上的重心。

在春秋时期，最大的"霸"是齐、晋两个诸侯国。创立齐国霸业的齐桓公，创立晋国霸业的晋文公，是当时最大的霸主。当时的"国际"政治，是围着这两个霸主进行的。孟轲说："王者之迹熄而诗亡，诗亡然后《春秋》作。晋之《乘》，楚之《梼杌》，鲁之《春秋》，一也。其事则齐桓、晋文，其文则史。"（《孟子·离娄下》）孟轲的这一段话，概括了中国社会政治上从西周到东周的转变。"王者之迹熄"，说的是西周的衰微。周王室衰微以后，历史进入春秋时期。各诸侯国有各自的国史。晋国的国史叫《乘》；楚国的国史叫《梼杌》，鲁国的国史叫《春秋》，内容都是一样。它们的文字记载是历史，所记载的事情是齐桓公和晋文公。这就是说，这两个霸主在当时"国际"政治中的活动是各诸侯国的国史所记载的主要内容。

齐、晋两国之所以能取得当时的地位，并不是偶然的。它们本来就是两个大国，这是它们能成为霸的一个条件。更重要的是，它们都是比较早地向封建制过渡的。这说明，在当时的诸侯国中，它们的生产力是比较先进的，它们的生产关

系是比较早地受到改革的。这两国在中国社会由奴隶制向封建制过渡的时期，具有典型的意义。

第二节 齐桓公与管仲

创建齐国霸业的是齐桓公。他的事业是和管仲分不开的。他在齐国所推行的改革措施都是出于管仲的建议。本章也以《管子》中某些部分，作为讲述齐国改革的资料。其中哪些是桓公所实际推行的，哪些是尚未实际推行，这个问题本书就不深考了。因为即使尚未推行，也是管仲的建议，足以说明当时的历史趋势。就本章的目的说，这就够了。

不过《管子》和管仲的关系，现在还没有定论，这倒需要考证。

管仲（死于公元前645年）名夷吾，仲是他的字，颍上（今安徽颍上县）人。他原来很穷，曾做过小商人。后来成为齐国公子纠的家臣。公子纠和公子小白争夺君位，子纠不胜身死。小白立为齐君，就是齐桓公。桓公用管仲为相（《史记·管晏列传》），在齐国推行封建制的改革。由于封建制在当时是适应生产力发展的新的生产关系，齐国成为当时最先进、最强大的诸侯国，齐桓公成为当时诸侯国的霸主。

先秦的书，称为某子、某子的很多，例如《孟子》《荀子》等。但是《管子》这部书，同《孟子》《荀子》等书，有两点显著的不同。第一点，它的内容比较复杂。《孟子》《荀子》等书，虽然都不一定是一个人写的，但是它们都各自有一个一贯的中心思想，在文字上也有各自的风格，有各自的精神面貌。这说明它只包括一个学派的思想。但是《管子》这部书就不是这样。它的内容比较复杂。其中法家思想、黄老思想占主要地位，但也有别家思想，还有儒家思想。例如《弟子职》这一篇，就是后来的《弟子规》那一类的东西。

第二个显著的不同是它的内容虽然是比较复杂，但是有一个有系统的形式。从形式上看，《管子》是很整齐的。在全书之中先有十篇，称为"经言"。其次有八篇称为"外言"。其次有九篇称为"内言"，其次有十八篇称为"短语"。其次有五篇称为"区言"，其次有十三篇称为"杂篇"，其次有五篇称为"管子解"，最后十八篇称为"管子轻重"。

可见《管子》是经过一番有计划的编辑工作的。这个编辑工作，可能不是刘向、刘歆作的。因为先秦称为某子、某子的书，绝大部分都是经过他们父子二人整理、编辑的，可是除《管子》外，都没有这种形式。

全书八十六篇，分为八类。有些类的名称的意义也不很清楚，例如"区言"。哪一篇归到哪一类，以什么为标准，都不甚清楚。

在这八十六篇之中，有些篇已经遗失了。可是在目录中还有它们的题目，下边注个"亡"字。这个"亡"字，是谁注的？如果是刘向、刘歆注的，那就说明在他们以前已经有了一个《管子》全书的目录。没有材料可以作为这样说法的根据，但也不排斥有这样的可能。

从这两点上看，《管子》和《孟子》《荀子》等书有显著的不同，但是也就是从这两点可以看出《管子》和先秦有一部书有显著的相同，那就是《吕氏春秋》。《吕氏春秋》这部书内容很复杂，但是在形式上它分为"八览、六论、十二纪"。从形式上看，它是一个有完整系统的书。这部书是吕不韦和他的门客们照这个形式上的系统编辑而成的。

由此可以推论，《管子》这部书的形式上的体系也是由某些人编辑而成的。这些人是些什么人？他们为什么专把像《管子》所包含的那些文章收集在一起成为一部书？为什么又把这部书称为"管子"？所有这些问题，都需研究解决。

司马迁说："齐宣王喜文学游说之士，自如邹衍、淳于髡、田骈、接子、慎到、环渊之徒七十六人，皆赐列第为上大夫，不治而议论。是以齐稷下学士复盛，且数百千人。"（《史记·田敬仲完世家》）刘向《别录》说："齐有稷门，城门也。谈说之士期会于稷下也。"（《史记集解》引）这里说"是以齐稷下学士复盛"。可见稷下讲学是以前早就有的。

在齐国的这样一个学术中心，现在一般称之为稷下学宫。这个学宫是当时的一个思想斗争的场所，因此也是一个各学派辩论的讲坛。《盐铁论·论儒》篇说："齐宣王褒儒尊学。孟子、淳于髡之徒，受上大夫之禄，不任职而论国事。"如果这个说法是合乎历史事实的，孟轲也是"稷下先生"之一。

从《管子》这部书称为"管子"这一点看，《管子》这部书必定是和齐国有关的。因为管仲是齐国最大的人物，所以这部齐国的书称为"管子"。而当时能够写出这么多文章的人才聚集的组织，只有稷下学宫。因此可以推论，《管子》所收的文章都是当时"稷下先生"们写的。他们不是来自一家一派，所以内容比较复杂。因为齐国是最先出现封建制的生产关系的，所以思想虽比较复杂，而法家、黄老思想还是占主要地位。稷下的人把它们收集在一起，加以形式上的整理，编辑成为一书，可能如同我们现在某一个大学的学报之类。我们现在称稷下为稷下学宫，有学宫就应该有学报。《管子》就是稷下学宫的"学报"。因为管仲是齐国最有名的人，所以用他的名字作为这个"学报"的名字。

如果这个推论可以成立，《管子》所收的文章，其写作的时代不能早于稷下学宫的成立，也不能晚于这个学宫的消失。这个学宫到战国末期还很兴盛，荀况还主持过这个学宫。可是到秦始皇统一以后，这个学宫随着齐国的灭亡而消失了。《管子》这部书应该是在稷下学宫消失以前编辑出来的。它在战国末期就很流行。韩非说："藏商、管之法者家有之。"（《韩非子·五蠹》）它成书的时代和《吕氏春秋》成书的时代可能差不多。

《管子》里面没有管仲亲笔写的文章，但是其中也有可以作为讲管仲本人思想和活动的材料。《论语》里面并没有孔丘亲自写的文章，但它是讲孔丘本人思想和活动的主要材料。不过《管子》内容相当复杂，称引管仲的地方也很多，各篇的时代的早晚也相差很大。究竟哪些可以作为讲管仲本人的思想、活动的材料，哪些不可以，这就要选择，选择就得有个标准。

我认为《国语》中的《齐语》就是个标准。《齐语》就是一篇管仲传。这篇传相当完整地记载了管仲的思想、活动及齐桓公在管仲的辅佐下，在齐国所推行的一系列的封建制的改革和措施，也记载了这些改革、措施所取得的成绩。这篇传是讲管仲本人的思想、活动的主要资料。拿这个标准看《管子》，就可以看出，《管子》中的《大匡》《中匡》《小匡》三篇所讲的管仲，基本上是同《齐语》相合的。特别是《小匡》简直是照抄《齐语》。可以推论，《齐语》和这三篇是关于管仲本人的思想、活动的最早的记述。《齐语》本是齐国的国史。《管子》中的这三篇，至少《小匡》这一篇是从齐国国史里面摘抄出来的。

以下我们就根据《齐语》《管子》中的这三篇和《春秋》系统下的三传（《左传》《公羊传》《穀梁传》）讲管仲本人的思想、活动。

第三节 管仲在齐国"相地衰征"的历史意义

管仲在齐国的一系列改革，尤其是实行"相地而衰征"，其影响是深远的。其意义就是以封建制代替奴隶制。从这些改革中，我们可以比较清楚地看到中国社会从奴隶制向封建制转化的痕迹。

《齐语》记载管仲对齐桓公说："相地而衰征则民不移。"（《小匡》篇作"相地而衰其政"。政当读为征）《大匡》篇说："案田而税。""案田而税"就是"相地而衰征"。"衰"的意思是等差。就是说，按土地的好坏，分成等级，按等级收税。这样，农民就不迁移。如果不分土地好坏都收一样的税，住在坏地的农民就想往有好地的地方迁移，所以"相地而衰征则民不移"。

《大匡》篇并且记载了管仲所说的收税的税率。它说："二岁而税一，上年什取三，中年什取二，下年什取一。岁饥不税。岁饥弛而税。"就是说，每两年收一次税，丰年的税率是十分之三，平年十分之二，差一点的年收十分之一。荒年不收税，等到灾情缓和之时收税。

管仲的这一措施，其历史意义，不在于税率的高低，而在于这些措施是用新的封建地租的形式剥削农民。我们知道在奴隶社会中，担负耕种重担的是奴隶，不管收成多少，都归奴隶主所有。管仲所说的办法，是把奴隶所耕种的土地包给奴隶，土地的主人从其收成中剥削一部分。这样，耕种的人就不是奴隶，而是佃农或农奴；收税的人也不是奴隶主而是地主了。这是一种封建制形式的剥削，用封建制形式的剥削代替奴隶制形式的剥削，社会生产关系就从奴隶制转变为封建制。

《春秋》所记载的"初税亩"的历史意义也在于此。关于这个问题，在本书第一册绪论中，已有讨论。《公羊传》解释"税亩"为"履亩而税"。如果把《齐语》和《管子》的记载联系起来看，"履亩而税"和"案田而税"是一类的事。《汉书·食货志》说："故鲁宣公初税亩。"颜师古注引孟康曰："《春秋》谓之履亩，履践民所种好者而取之。"《齐语》明确地说："相地而衰征则民不移。"可见"征"是对作为"四民"之一的农民的地租，不是对于奴隶主贵族的税。"履亩而税"也是用封建制形式的剥削代替奴隶制的形式的剥削。这是以前所没有的事情，所以《春秋》就作了一条特别的记载，大书特书曰："初税亩"。

第四节　管仲对于分封制的改革

管仲除"案田而税"外，还主张"赋禄以粟"（《管子·大匡》篇）。这个主张的历史意义是废除分封制。照西周奴隶社会所行的分封制，在法律上说，全中国的土地，都属于周天子。周天子分封建国，每一个诸侯国都给他一片土地。一国的国君又分封卿、大夫，每人也给他一片土地。这就是他们的"家"。像这样层层分封，这些大小贵族们都从他们受封的土地范围之内剥削奴隶，以为他们自己享受。每一级的贵族，并不向高一级的贵族领取俸禄，高一级的贵族也不需要向低一级的贵族发给俸禄。管仲要推行"赋禄以粟"的制度，这就是说，国君要向他的臣下发给俸禄。俸禄是按粮食计算的，就像汉朝的俸禄，几千石、几百石之类。在这种制度下，一国之内的卿、大夫，就不是受封土地的奴隶主贵族，而是受俸几千石、几百石的新官僚。

管仲又请齐桓公命令全国各地方推荐有贤才的人，桓公亲自接见，给他们官职,又命令各部门的长官,考察这些人的成绩。在成绩好的这些人之中,再加以选拔,给他们高一级官职。经过三次选拔,把成绩最好的,上升为上卿的副职(《齐语》说是"为上卿之赞",《小匡》说是"为上卿之佐"),这样就开始打破了分封制的贵族世袭的制度。

在当时情况下,管仲的废分封和世袭的政策,在推行的时候,是有策略的。他的策略是,先从下级贵族开始。在当时的情况下,管仲在齐国,政治上的地位是很高的,他是桓公的代言人。但是他在法律上的地位并不很高。原来周天子封太公为齐侯的时候,同时又封了两个上卿,以为太公的辅佐,一个是国氏,一个是高氏,称为国、高二子。他们两家世袭为齐国的上卿。管仲在齐国,政治上的权力,比国、高二子大,但是在法律上说,国、高二子还是上卿。《左传》记载说:"齐侯使管夷吾平戎于王。……王以上卿之礼飨管仲。管仲辞曰:'臣,贱有司也。有天子之二守国、高在。'"(僖公十二年)意思就是说,他不过是一个地位很低的办事务的人。上卿还是天子派去守国的国、高二子。这不是管仲的谦虚。他在齐国的法律地位就是如此。在桓公成为霸主以后,管仲的声名已很大,但对于国、高这两家贵族,管仲还是不能不尊重。他把经过"三选"的人,提拔起来,为"上卿"的副职,这就使国、高二子逐渐处于有职无权的地位。

第五节 管仲"尊贤育才"的政策

齐桓公九次召集诸侯国开会,其中最盛大的一次是葵丘之会。在这个会上,齐桓公号召到会的诸侯,订了盟约。其第二条是"尊贤育才,以彰有德"。第四条是"士无世官,官事无摄,取士必得,无专杀大夫"(见《孟子·告子下》)。这是管仲向齐国以外的诸侯国推行"任人唯贤",废世袭的思想。赵岐读士为仕,"士无世官"就是"仕无世官"。贵族们还可以保持其禄,但不能保持其世官。最早的孟子注是这样说的。但也可能不需要读"士"为"仕"。士是分封制下面的最低级的贵族。"士无世官"就是说,先从士这一级废除世袭。无论如何,"士无世官"总是对于世袭制的破坏。

"官事无摄",这是对奴隶主贵族垄断权力而发的。

《论语》记载说:"或曰:'管仲俭乎?'曰:'管氏有三归,官事不摄,焉得俭?'"(《论语·八佾》)"官事不摄"就是"官事无摄",就是说,一个官不可以兼摄几个职务。管仲主张职务要由代表新兴阶级利益的所谓"贤才"来承担,反对为奴隶主贵族所垄断。孔丘认为,应该由奴隶主贵族来垄断。照他的意思这样可以减少费用，合乎俭德。表面上看起来，这不过是一个官可不可以兼职的问题。其实不然，这是一个新兴地主阶级向没落奴隶主阶级进行夺权的斗争。正是因为这样，所以这个"官事无摄"竟然写入诸侯国之间的盟约。

法家主张"综核名实"，"循名责实"。管仲所提的三选制度（见上），每一次选就有一次考核。这就是综核名实。一个人担任某项职务，这个职务就是名，担任这项职务的人就是实。他既然担任了这个职务，他就应该做出这个职务所要求的成绩。如果他做出成绩，他就可以得赏，如果他做不出成绩，他就要受罚。这就叫循名责实。在管仲看来，如果像奴隶主贵族那样，把持了政权，就会使有才能的人和没有才能的人不容易分别。这样下去，用人唯贤的制度，就受影响。这和用人唯亲的路线是对立的。

第六节　管仲对于旧制度改革的不彻底性

但是，封建制度和奴隶制度都是剥削制度，作为一个剥削阶级的进步思想家，管仲当然不可能也不必要和奴隶制度的一切旧法决裂。相反，他可以从旧法中吸取其所需要者，略加改造来为封建统治服务。管仲向桓公建议说："修旧法，择其善者举而严用之。"（《管子·小匡》）（《齐语》作"修旧法，择其善者而业用之"。业字费解。）这是管仲对于西周奴隶制度的旧法的态度。对于那些旧法，他不是一概否定。照上面所讲的，管仲采用封建制形式的剥削，他的路线和政策，在一定范围内对废除分封和世袭等级奴隶社会的制度起了促进作用。这是对西周奴隶制的重要改革。但是管仲的改革是不彻底的。他认为西周遗留下来的旧法，也还有不可废除的部分。这就是"其善者"，管仲认为，这也还是可以用的，只不过是应该严格地加以选择和应用。这是管仲改革的不彻底性。

《齐语》和《管子》三篇，记载管仲请桓公发布的命令和规定的制度，当然都是新法。新法更需要严格执行。管仲主张，要"劝之以赏赐，纠之以刑罚""而慎用其六柄焉"（《齐语》）。"柄"，《小匡》篇作"秉"，解释说："杀生，贵贱，贫富，此六秉也。"以赏罚推行法令，这是法家的精神。

第七节　管仲"富国强兵"的政策

管仲在齐国推行"富国强兵"。富国的办法，是发展农业、手工业和商业。

他把经营、从事农业的人、手工业者、商人和知识分子并列为"四民"。他说："士、农、工、商四民者，国之石民也。"（《管子·小匡》）就是说：这四种职业的人，对于国家的支持，好像房子的柱石。士就是知识分子，其职业是搞意识形态。农是经营、从事农业的人，其职业是生产粮食。工是手工业者，其职业是制造器具。商是商人，其职业是流通货物，"以其所有，易其所无"（《齐语》）。管仲认为，这四种职业的人，都应该是世代相传，而且各有其居住的地方，不相混杂。这样，就可以使他们专心于他们的职业，"少而习焉，其心安焉，不见异物，而思迁焉"（《齐语》）。就是说，这些行业的人，从小的时候，所见所学，都是关于那一行的事情，因此，他就能安于他的那一行，安于本分，共同来维持封建统治的秩序。

上边所说的"稷下"，可能就是"士"所聚居的地方。其中优秀的则收入"稷下学宫"，受到生活上及政治上的优厚待遇。

管仲的这种思想在当时对于发展生产是有利的。并且其意义还不止于此。儒家认为，有劳心的人，有劳力的人。劳心的人是"君子"，劳力的人是"小人"。士是劳心的人，应该属于"君子"之类。所以孔丘的学生樊迟想学种地，孔丘骂他是"小人"，没有出息。这是奴隶主鄙视奴隶的反动的旧传统。管仲把士和农、工、商，统称为四民，认为他们都是国家的柱石。这就是对于奴隶社会的传统的一种突破，是新兴地主阶级重视发展生产，重视劳动力的表现。但管仲主张"四民"都是世袭，这还是奴隶制传统思想的残余。

管仲虽然认为，士、农、工、商这四种职业的人应该是世代相传，但也认为，优秀的"农"也可以选为士。他说："是故农之子常为农，朴野而不慝，其秀才之能为士者，则足赖也。故以耕则多粟，以仕则多贤，是以圣王敬畏戚农。有司见之而不以告，其罪五。"（《管子·小匡》）（《齐语》也有此段，但较略）就是说，"农"有朴素诚实的素质，如果成为士，也可出贤才；如果成为官，是可靠的，所以"圣王"尊敬"农"，关心他们。作为一个剥削阶级的代表人物，管仲不可能"尊敬"农民，也不可能真正地欣赏农民的朴素、诚实的素质。他所说的"农"，可能包括从事农业生产的农民，也包括新兴地主阶级的下层。他所说的"农"中的"秀才"，实际上是新兴地主阶级。对于真正的农民来说，他的这些话的实际意义是，利用农民的这种素质，使农民在各方面为新兴地主阶级服务。他说得很好听，也为的是鼓励农民的积极性，以达到新兴地主阶级在其上升时期的"富国强兵"的目的。

在军事思想上，管仲主张"强兵"。办法是"作内政而寄军令"。就是说，把政治和军事统一起来，把政治上的组织和军事上的组织统一起来。照管仲的计划，军士的来源主要是农民，要强兵就先要把农民组织起来。照他所说的组织，"五家为轨，轨为之长。十轨为里，里有司。四里为连，连为之长。十连为乡，乡有良人焉"。在这个行政上的组织的基础之上，又作军事上的组织。每家出一个人当兵，每轨五个人，在军事的组织上，称为"伍"，由轨长率领。照这个比率，每乡出二千人，称为"旅"，由乡良人率领。五个乡出一万人称为"军"。齐国成立三个军，由齐桓公和当时的世袭上卿国子、高子分别统率。在春秋两季，用打猎的形式练习打仗。

照这个办法，军队上的组织单位是以行政上的组织单位为根据的。军队上同伍的人是行政组织上同轨的人。管仲说："伍之人祭祀同福、死丧同恤、祸灾共之。人与人相畴，家与家相畴，世同居，少同游。故夜战，声相闻足以不乖；昼战，目相视足以相识。其欢欣足以相死，居同乐，行同和，死同哀。是故守则同固，战则同强。君有此士也三万人，以方行于天下，以诛无道，以屏周室，天下大国之君莫之能御也。"（《齐语》）这一段所说的，是管仲认为这样组织的军队的优点。有了这样的优点的军队，就可以所向无敌。

管仲的军事思想认为，军队的强弱，主要是靠兵的素质。素质最好的兵是"朴野而不慝"的农民。其次要靠他所说的那样的组织。作为一个新兴地主阶级的军事思想家，管仲认识到，打仗要靠兵的积极性和主动性。怎样才能达到这种要求呢？管仲认为要调动兵的乡土情谊以发挥他们的积极性和主动性。这正是反映了封建军队的特点。上面所引的那一段说的就是那种兵的情况。这种适应地主阶级的政治上的和军事上的要求而组织出来的兵，一般是和奴隶主的奴隶兵不同。这在当时说是一种新型的军队，是生气勃勃的，是可以称霸于天下的。这是因为他们当时是为新生的制度而战。到了封建制度末期，这种靠封建的乡谊来调动兵的积极性的作用就完全没有了。

第八节　管仲对诸侯国的关系的政策

在齐国的这样的政治上、经济上、军事上的优势的基础上，管仲推行他的齐国和其他诸侯国之间的对外政策。其主要的内容，就是联合当时中原的诸侯国，即所谓"诸夏"，抗拒当时中原以外的民族，这就是管仲所说的，"以诛无道，以屏周室"。用旧日的话说，这就叫"尊王攘夷"。

葵丘之会的盟约最后说："凡我同盟之人，言归于好。"（《左传》僖公九年）盟约的第五条规定说："无曲防，无遏籴，无有封而不告。"（《孟子·告子下》，又见《穀梁传》僖公九年）"无曲防"是说，各国不准设堤防截断邻国的水源或使水向邻国泛滥，以邻国为壑。"无遏籴"就是说，各国不准禁止粮食出口。

至于齐国本国，管仲主张"通齐国之鱼盐于东莱，使关市几而不征，以为诸侯利"（《齐语》）。"几而不征"就是说，关于货物的来往，齐国的把关的人，仅检查而不征税。这些都是团结中原的诸侯国的措施。这样就逐渐打破了中原诸侯国之间的界限。《齐语》又说：齐桓公在中原边沿的地方，修了一些要塞，"以卫诸夏之地"，这些都是"尊王攘夷"的具体措施。

管仲的"尊王"，是以周天子为象征，在"尊王"的旗帜下，把当时中原的诸侯国组织起来，并逐渐消除诸侯国之间的界限。这是统一中华民族的一个步骤，在当时说，这些步骤是进步的。

总的看起来，管仲在齐国的措施和改革反映了封建制度的一些新的关系。以后的法家所有的重要思想，在管仲的思想中，都已经有了萌芽。以后法家所有的措施，在齐国也大都已经有了个开端，而且都收了很大的效果。他是中国社会第一次大转变时期的改革、进步路线的创始人。李斯、韩非的法家思想，是这条路线在思想战线上的发展的高峰。秦始皇统一中国的事业，是这条路线在政治战线上的完成。

第九节　晏婴的折中、调和论

晏婴是春秋末期齐国的著名人物，一称为晏平仲。仲是他的字，平是他的谥，齐国东莱人。现在流传下来的有一部书，题为《晏子春秋》，记载关于晏婴的传说，大概是秦汉之际的人所作的。

孟轲骂他的学生公孙丑说："子诚齐人也，知管仲、晏子而已矣。"（《孟子·公孙丑上》）司马迁把管仲、晏婴合为一传（《史记·管晏列传》）。他二人是齐名的，但是晏婴满足于管仲的改革所已达到的水平上，不再前进。

晏婴的哲学思想是调和、折中主义的，他既不反对传统的天命论，但又强调人为的作用。《左传》记载说，齐国的国君齐景公生了病，认为是祝史祷告鬼神没有效果，想责罚祝史。晏婴指出：国君"斩刈民力，输掠其聚"，掠夺老百姓的财富。祝史祈祷，只能说谎，当然不会有好效果。他说："民人苦病，夫妇皆诅。祝有益也，诅亦有损……。虽其善祝，岂能胜亿兆人之诅？"（《左传》昭公二十年，又见《晏子春秋·内篇谏上》第一）。

又据《左传》记载，齐国出现了彗星。按当时的迷信说，这是一个不祥之兆。齐国的国君派人祈祷，以求解除。晏婴说："天道不谄，不贰其命，若之何禳之？且天之有彗也，以除秽也。君无秽德，又何禳焉？若德之秽，禳之何损？"（《左传》昭公二十六年）意思是说：天道是不变的。即使照迷信的说法，彗星是扫除污浊的。如果君的德并不污浊，又何必祈祷解除，如果真是污浊，祈祷又有什么用处？

照这两段材料看，晏婴既讲"祝有益"，也讲"诅亦有损"，既讲彗可能是除秽，又讲有德之君可以不用祈祷，强调"德治"的重要。他都是把两个对立面相提并论，调和起来。这就是折中、调和的思想。

晏婴也称赞管仲。他对齐景公说："昔吾先君桓公，变俗以政，下贤以身。管仲，君之贼者也。知其能足以安国济功，故迎之于鲁郊，自御，礼之于庙。……先君见贤不留，使能不怠，是以内政则民怀之，征伐则诸侯畏之。"（《晏子春秋·内篇问下》第四）这里所说的"变俗以政"，指的就是管仲用封建的政治改变奴隶社会的风俗习惯。他虽说称颂管仲的改革，可是晏婴自己却不能继续用封建的政治，推动齐国更向前进。这就是折中、调和思想在政治上的表现。

《左传》记载说：晏婴奉命到晋国出使。晋国派当时的另一个有名人物叔向（羊舌肸）接待他。正式宴会以后，他们二人私谈。叔向问晏婴齐国的情况，晏婴说：齐国的"公室"快完了。齐国眼看就要为陈氏所有了，在齐国的公室的管辖范围内，"民参其力，二入于公而衣食其一。公聚朽蠹而三老冻馁。国之诸市，屦贱踊贵"。而在陈氏管辖的范围内，陈氏"以家量贷而以公量收之"。"量"是盛粮食的量具。陈氏家的量具比齐国公用的量具大。陈氏用大量具向劳动人民放贷，而用公量收回。所以劳动人民对于陈氏，"其爱之如父母，而归之如流水"。"公弃其民而归于陈氏"。所以陈氏一定要占有齐国了。照这段话看，齐国的公室对于农业生产者的剥削是封建制的剥削，其剥削率是三分之二。陈氏统治下的农民，也是封建制下的农民，因为他可以向农民放贷。晏婴所说的斗争，是齐国的国君与田氏两家争夺劳动力的斗争。

晏婴问叔向晋国怎样。叔向说：我们的公室也快完了。"庶民罢敝而公室滋侈。道殣相望而女富溢尤。民闻公命，如逃寇仇。栾、郤、胥、原、狐、续、庆、伯，降在皂隶。政在家门，民无所依。"（昭公三年，又见《晏子春秋·内篇问下》第四）叔向所感伤的，是奴隶主贵族的没落。

在这段对话里，晏婴不谈怎样进一步改革社会制度，解放生产力，提高生产，促进生产，只提出一些对于新的统治者的重刑重税的批判，以这种批判争取群众。这就是改良的思想。

晏婴和叔向的这段对话，反映了他们的剥削阶级与劳动人民之间的斗争，地主阶级与没落奴隶主之间的斗争，地主阶级内部的争夺劳动力的斗争。

在这诸种矛盾的斗争中，晏婴用以解决矛盾的思想是折中、调和论。他提倡和、平。《晏子春秋》记载说：齐景公伐鲁，拿到了一个俘虏。齐景公问他鲁国的年成怎样。回答说："阴冰凝，阳冰厚五寸"。齐景公不懂，问晏婴。晏婴回答说："阴冰凝，阳冰厚五寸者，寒温节，节则刑政平，平则上下和，和则年谷熟。年充众和而伐之，臣恐罢民弊兵，不成君之意。"齐景公于是就停止伐鲁（《晏子春秋·内篇杂上》第五）。晏婴所着重的，就是"刑政平、上下和"。"平"就是无过、无不及，"和"就是折中调和。

晏婴还有一种哲学，宣扬他的折中调和论。

《左传》记载，齐景公有一个宠臣，叫梁丘据。他告诉晏婴说：只有梁丘据跟他"和"。晏婴说："据亦同也，焉得为和？"接着他们的对话是："公曰：'和与同异乎？'对曰：'异。和如羹焉，水、火、醯、醢、盐、梅，以烹鱼肉，燀之以薪。宰夫和之，齐之以味。济其不及，以泄其过，君子食之，以平其心。君臣亦然。君所谓可而有否焉，臣献其否，以成其可。君所谓否而有可焉，臣献其可，以去其否。是以政平而不干，民无争心。故诗曰：亦有和羹，既戒既平，鬷嘏无言，时靡有争。先王之济五味，和五声也，以平其心，成其政也。声亦如味。一气，二体，三类，四物，五声，六律，七音，八风，九歌，以相成也。清浊，小大，短长，疾徐，哀乐，刚柔，迟速，高下，出入，周疏，以相济也。君子听之，以平其心。心平德和。故诗曰：德音不瑕。今据不然。君所谓可，据亦曰可；君所谓否，据亦曰否。若以水济水，谁能食之？若琴瑟之专壹，谁能听之？同之不可也如是'。"（《左传》昭公二十年，又见《晏子春秋·外篇》第七）

在第一章里，我们已讲到郑国史伯讲"和"的一段话。晏婴的这一段话，也发挥这个思想。他指出"和"与"同"不同：同是简单的同一，这不会有丰富的内容。水再加水，还只是水的味道，在味道说，是简单的同一。琴声再加琴声，还是琴的声音，就声音说，也是简单的同一。"和"是集合许多不同的对立面以得一个新的统一，"和"。譬如厨师做的汤，其中有鱼，有肉，有各种的作料，加上火力烹调，这样就可以"济其不及，以泄其过"。就是说，其中个别的味道有不及的，在新的统一中得到补充，有太过的，在新的统一中得到调节。音乐也是这个样子，必须有"清浊，小大，短长，疾徐，哀乐，刚柔，迟速，高下，出入，周疏"等声音上的变化，"相成""相济"，才能成为一个乐章。一个人的见解，不会整个地全都正确，也不见得整个地全都错误。正确和错误是混合在一起的。所以照晏婴的说法，臣对于君，如果"君所谓可"，臣亦说可，"君所谓否"，臣亦说否，这就是"同"。应该是："君所谓可而有否焉，臣献其否以成其可；君所谓否而有可焉，臣献其可以去其否。"这也是"相成""相济"，把不同的意见，合在一起，得到一个新的统一。这就叫做"和"。晏婴的这种思想，对于对立面的统一的辩证的关系有相当的认识。但是，也和第一章所说的史伯一样，他还是没有看到对立面的斗争而只看到对立面的统一。他对于统一的了解也还只是调和，这就是他所谓"和"。晏婴的这种调和哲学更明显地为他的政治上的改良主义提供理论根据。

晏婴在这段话里指出"同"跟"和"不同。同时代的孔丘也是这样说的。孔丘说："君子和而不同，小人同而不和。"（《论语·子路》）这正是晏婴和景公的这段对话的意思。

第十节 晋国第一次封建化的改革——"郭偃之法"

在春秋时代，齐国首先向封建制转化。管仲相桓公，施行了一系列的封建化的改革。在这个基础上，齐国在东方成为最强盛的国家，齐桓公成为春秋时期的最早的一个霸主。接着齐国而兴起的是晋国。晋文公是在时间上次于齐桓公的霸主。他所以能成霸主，也是晋国比较早地封建化的成果。当时帮助晋文公在晋国实行封建化的人是郭偃。到秦汉以后，管仲的名气还是很大，都知道他是齐国封建化改革的主要创始者和推动者。可是郭偃这个名字很少人注意。其实，在春秋战国时期，齐桓、晋文是齐名的；管仲、郭偃也是齐名的。

《墨子·所染》篇说："齐桓染于管仲、鲍叔。晋文染于舅犯，高偃（俞樾说：高亦读为郭，高偃即郭偃）（《左传》作卜偃）。"墨翟认为，人生来如白丝。"染于苍则苍，染于黄则黄"。下文列举楚庄王，吴王阖闾，越王勾践，说他们都有好的大臣以"染"他们。结论说："此五君者所染当，故霸诸侯，功名传于后世。"这五君就是春秋时期的五霸。这是说，齐桓之霸靠管仲，晋文之霸靠郭偃。

靠他们什么呢？韩非说："管仲毋易齐，郭偃毋更晋，则桓、文不霸矣。"就是说，靠他们的变法。如果管仲没有把齐国改变，郭偃没有把晋国改变，齐桓、晋文也不能成为霸主。韩非继续说：变法必受到顽固的人的反抗。坚持变法的人，必须准备用暴力推行变法。韩非说："故郭偃之始治也，文公有官卒；管仲之始治也，桓公有武车，戒民之备也。"（《韩非子·南面》）郭偃与管仲是晋、齐主张并推行变法的主要人物。

商鞅同秦孝公讨论变法时说："郭偃之法曰：'论至德者不和于俗；成大功者不谋于众。'"（《商君书·更法》）"郭偃之法"就是郭偃在晋国改革时的措施和言论。韩非说："臧管、商之法者家有之。"（《韩非子·五蠹》）管、商之法就是在齐、秦改革时管仲、商鞅的措施和言论。《战国策》有一条引"郭偃之法"的内容的一部分。这一条说："郭偃（今本作燕郭，从曾巩本）之法有所谓桑雍者……便辟左右之人及夫人优爱孺子也。此皆能乘王之醉昏而求所欲于王者也。是能得之于内，则大臣为之枉法于外矣。故日月辉于外，其贼在于内，谨备其所憎，而祸在于所爱。"（《赵策四·客见赵王》章）"故日"最后几句，韩非也引过。韩非说："后妃、夫人、太子之党成而欲君之死也。……故日月晕围于外，其贼在内。备其所憎，祸在所爱。"（《韩非子·备内》）"桑雍"是桑树上长的瘤子（痈)，后妃、夫人、太子以及左右侍奉的人都是国君身上长的瘤子。他们借君之势为非作歹，甚至把君害死以夺权。可注意的是"日月晕围于外"那几句，《战国策》引的是"郭偃之法"。韩非虽没有这样说，但文字完全相同，可能也是引"郭偃之法"。

《国语》中记载有郭偃的几段话，可能也是"郭偃之法"的部分内容。晋献公灭了骊戎，娶了骊姬，立为夫人。郭偃说："吾观君夫人也，若为乱，其犹隶农也。虽获沃田而勤易之，将弗克飨，为人而已。"（《晋语》一）这段话说明郭偃的预见，也说明一点当时的社会情况。由这段话看，所谓隶农，就是被迫从事农业劳动的农奴。他们种的地很肥沃，劳动也不少；可是收的粮食自己不能享受，只是为别人出力。

事情的发展正是像郭偃所预料的。晋献公死，骊姬的儿子立为晋君，不久就被杀了。太子申生的弟弟夷吾，立为晋君，就是惠公。他很不得人心，郭偃批评晋惠公说："夫人美于中必播于外，而越于民，民实戴之。恶亦如之。故行不可不慎也，必或知之。"（《晋语》三）郭偃的这个批评，注意于群众对于统治者的向背，认为不得人心的统治者，必定要失败。

惠公死了以后，晋国把他的儿子杀了，立献公的另一个儿子重耳为君，这就是晋文公。

《国语》记载说："文公问于郭偃曰：'始也吾以治国为易，今也难'，偃对曰：'君以为易，其难也将至矣。君以为难，其易也将至焉。'"（《晋语》四）就是说，如果把事情看得容易，难就要来了；如果把事情看得难，容易就要来了。难和易在一定条件下互相转化，这是辩证法思想。

《国语》记载了文公即位以后的一系列的革新的措施。说："公属百官，赋职任功，弃责薄敛，施舍分寡，救乏振滞，匡困资无，轻关易道，通商宽农，懋稽劝分，省用足财，利器明德，以厚民性。举善援能，官方定物，正名育类，昭旧族，爱亲戚。明贤良，尊贵宠，赏功劳，事耆老，礼宾旅，友故旧。胥、籍、狐、箕、栾、郤、柏、先、羊舌、董、韩；实掌近官。诸姬之良，掌其中官。异姓之能，掌其远官。公食贡，大夫食邑，士食田，庶人食力，工商食官，皂隶食职，官宰食加。政平民阜，财用不匮。"（《晋语》四）

这一段讲得很多，可是因为头绪纷繁，每一项只有几个字，向来的注释，也都是"望文生义"，很少讲到实质性的东西，但是其主要历史意义，还是可以看出来的。

这一大段分为三小段。从开始至"以厚民性"为第一小段，讲的是促进生产，争取劳动力的一系列的措施，归结为"利器明德，以厚民性（即'生'字）"。"利器"是改进生产工具，"明德"是提高劳动者的积极性。

从"举善援能"至"异姓之能，掌其远官"为第二小段，讲的是用人政策。政策之中也有"亲亲"，也有"尚贤"，既不"唯亲"，也不"唯贤"。但是以"亲亲"为主，这是文公的措施中的保守的一面。

从"公食贡"至"官宰食加"为第三小段，讲的是分配制度。研究中国经济史的人一向认为：这是奴隶社会的制度，其实照文义看，这是文公的新制度。"公食贡"至"士食田"是"君子"之间的分配制度。"庶人食力"至"官宰食加"是"小人"之间的分配制度。在"君子"之间的分配制度中，还保留下一国之内的分封制。但是一个主要改革是"君食贡"。照这个改革，国君没有自己的保留土地，他的收入主要是大夫们的进贡。这个进贡大概就不是自愿的，实际上就是国君向大夫抽的税。后来韩、赵、魏"三家分晋"，并不需要像鲁国那样"三分公室"、"四分公室"，只需要三家各自独立就行了。

"小人"之间的分配制度的特点，照这里所说的看起来，似乎是没有郭偃在献公时代所说的那种"隶农"了。照这个制度，似乎"庶人"、"工商"以至"皂隶"都有所"享"，都有所得。如果这个解释不错，那就是生产关系的一个大变革，由奴隶制向封建制转变的一个主要步骤。

《左传》记载赵鞅的誓师词说："克敌者，上大夫受县，下大夫受郡；士田十万；庶人、工、商遂，人臣隶圉免。"（哀公二年）这段话的前一段符合"大夫食县，士食田"的说法。"人臣隶圉免"，照这句话，在文公的时候，奴隶还没有全部地免为自由人。可能是在这一方面，文公做得还不够彻底，后来又继续改革。像这样的大转变，本来是不能一下子就可彻底，需要有个过程。

"政平民阜，财用不匮"，这是一个总结，说明上面所说的一系列的改革的总成绩。

在本书第一册《绪论》中，我已说明，我认为在春秋战国时期划分奴隶制和封建制的一个关键，是一个"税"字。这一段没有"税"字，但有其迹象。无论如何，照新出土的《孙膑兵法》，在春秋末期，晋国的各家都已向农民收税。晋国必定也有"初税亩"，始于文公。《国语》的这一段是有其迹象的。这一段提到"薄敛"，"敛"就是征税。

照韩非所说的，这个大变革是郭偃所主持的，是"郭偃易晋"的具体内容。郭偃在主持这个变革中，必定有许多思想、言论，这就是"郭偃之法"。

第十一节 晋国的第二次变革——赵盾和"夷之蒐"

在晋文公死了以后，晋国又有了第二次改革。据《左传》记载，在鲁文公六年（公元前621年），晋国在夷这个地方举行军事大演习，称为"夷之蒐"。在这次演习中，赵盾取得了政权。《左传》说："宣子（赵盾）于是乎始为国政，制事典，正法罪，辟刑狱，董逋逃，由质要，治旧洿，本秩礼，续常职，出滞淹。既成以授大傅阳子与大师贾佗，使行诸晋国以为常法。"（文公六年）这些措施的具体内容，由于史料缺乏，现已无可考了。但是可以看出，这是一次全面的改革，是晋文公所作的大改革以后的又一次大改革。

隔了一百多年，到了鲁昭公二十九年（公元前513年），《左传》又记载说："冬，晋赵鞅、荀寅帅师城汝滨，遂赋晋国一彭铁，以铸刑鼎，著范宣子所为刑书焉。""鼓铁"就是"炼铁"，"一鼓铁"就是炼一次所出的铁。用这些铁铸成一个大鼎，铸上范宣子所作的刑书。这件事情引起了当时保守的人的激烈的反对。这和郑国子产的"铸刑书"不是一类的事。子产所铸的刑书，是把原来奴隶主阶级统治奴隶和劳动人民的刑法条文公布出来。而晋国的"铸刑鼎"并不仅是公布刑法的条文，重要的是，这些条文不是奴隶主阶级的旧条文，而是范宣子在夷那个地方举行的军事演习中所制作的新刑法。

《左传》记载了孔丘对于这件事的评论。分为两段。头一段批评铸刑鼎这件事，认为不应该将刑法公布出来铸在刑鼎上。他说："民在鼎矣，何以尊贵？贵何业之守？贵贱无序，何以为国？"这几句话的意思同叔向给子产的信反对铸刑书是一样的（见第五章）。

第二段说："且夫宣子之刑，夷之蒐也，晋国之乱制也，若之何以为法？"这几句话是就刑书的内容说的，意思是说，范宣子所制定的那套刑法是在夷之蒐那次演习中作的，是晋国的乱制，怎么可以为法呢？"治""乱"是有阶级性的。

刑鼎及其上所铸的刑法是晋国的进一步改革的表现，是治制，完全不是乱制。不过孔丘的这一段话证实了晋国的刑鼎上的刑法同郑国刑书上所铸的刑法有完全不同的阶级内容，一个是奴隶主阶级的旧刑法；一个是地主阶级的新刑法。

《左传》又记载晋国的蔡史墨对于这件事的评论。他说："范氏、中行氏其亡乎！中行寅为下卿而干上令，擅作刑器以为国法，是法奸也。又加范氏焉，易之亡也。其及赵氏，赵孟与焉。然不得已，若德可以免。"（昭公二十九年）这是对于当时地主阶级的诅咒。中行寅就是荀寅。史墨说他是下卿，不应该篡夺职权，作刑器以为国法，说这个行动不合法，而况且这个刑器所作的法是范宣子所作的刑法。从没落奴隶主的观点看，这就加速了他们的灭亡。还有赵氏，铸刑鼎也是赵鞅所主持的，而在夷之蒐中赵孟（即赵盾）又是主要的人物，所以赵氏的灭亡也是不可避免的；在不得已之中，他们如果赶紧"修德"，还可以避免灭亡之祸。史墨所谓"修德"，意思就是说，他们必须赶快回过头来走老路。历史是无情的，在后来各家争夺政权的斗争中，赵氏并没有亡，而且同韩、魏两家平分了晋国，成为战国时期七大强国之一。

在"夷之蒐"这次大演习中，主持改革的是赵盾，即赵宣子，而刑鼎上所铸的刑法是范宣子所制定的。这两个记载有点出入，可能是，在"夷之蒐"大演习中，赵宣子是总的主持人，而分任制定刑法的则是范宣子。史墨所说的"赵孟与焉"这四个字可以证明这个解释可能不错。

赵盾的大改革是借"夷之蒐"制定、推行的。铸刑鼎是赵鞅、荀寅利用带兵往汝滨去修城这个机会实行的。从这两次的情况看起来，当时的斗争是很激烈的。这些斗争是与暴力分不开的。地主阶级的新政权必须依靠暴力或暴力威慑的作用才能使它的革新措施得以推行。

这同齐桓公的武车、晋文公的官卒说明的是同一个问题。

第四章　前期儒家思想的形成——孔丘对于古代精神生活的反思

孔丘（公元前551—前479年）字仲尼，春秋时代的鲁国人。他的先世是宋国的大奴隶主贵族，因为在宋国政治上失败，逃亡到鲁国。他的父亲叔梁纥做过鲁国陬邑宰。孔丘早年在贵族家里做过小官，后来做过鲁国的司寇，但为时不久。以后，他就"周游列国"，各处"游说"，企图实现他的理想——"道"。

第一节　孔丘的阶级立场及其对于周制的态度

孔丘所处的春秋时代，正是中国社会由奴隶制开始向封建社会过渡的大转变时期。

对当时的大转变，孔丘认为是"天下无道"。他说："天下有道，则礼乐征伐自天子出；天下无道，则礼乐征伐自诸侯出。自诸侯出，盖十世希不失矣；自大夫出，五世希不失矣；陪臣执国命，三世希不失矣。天下有道，则政不在大夫。天下有道，则庶人不议。"（《论语·季氏》）意思就是说，在政治、社会秩序都很好的时候，天下有道，像制礼、作乐、出兵征伐这一类的大事，都是由最高统治者天子决定。在政治、社会秩序遭到破坏的时候，天下无道，像这一类的大事就由诸侯决定了。诸侯决定这一类大事，大概经过十代，很少不垮台。由大夫决定这一类大事，大概经过五代，很少不垮台。由大夫的家臣掌握国家大权，大概经过三代，很少不垮台。如果天下有道，国家的政权决不会落在大夫手里，如果天下有道，庶人就不议论国家的政治。孔丘所说的"天下有道"，显然是指西周奴隶主贵族阶级还能维持它的统治的时期。他所说的"天下无道"，显然是指东周以来奴隶主的统治日趋崩坏的时期。这是他用奴隶主阶级的立场、观点和方法分析问题而提出来的一般的原则。

孔丘又进一步用这个原则评论鲁国的政治形势。他说："禄之去公室五世矣，政逮于大夫四世矣。故夫三桓之子孙微矣。"（《论语·季氏》）孔丘的这段话，说明了鲁国的政权逐步下移的情况，也就是说，鲁国的奴隶主阶级的政权逐步为下层所夺取。因此，他感慨地说，鲁国的国君失去国家的政权已经有五代了。政权落在大夫手里已经有四代了。这些掌握政权的大夫就是鲁国的孟孙、叔孙、季孙三家。因为这三家都是桓公之后，所以称为"三桓"。他们掌握了鲁国的政权已经四世。孔丘，照他的立场、观点、方法，认为三桓的子孙也应该不行了，就是说，他们也要为他们以下的政治势力所取代。他们以下的政治势力就是新兴地主阶级。

孔丘在这两段话里，暴露了他对当时的社会转变的态度。他说这种转变是"天下无道"，在这大转变之前的旧社会，是"天下有道"，天下太平。这是他对于当时社会的大转变的明确的表态。明确地表示他是站在当时的被变者的立场上说话的。

照孔丘在这里所说的，"天下无道"有三种情况：一是"礼乐征伐"的大权层层下移。二是政在大夫，甚而至于在"陪臣"手里。三是庶人也议论政事。这是当时社会、阶级力量对比的重大变化。从新兴的地主阶级立场看，这种变化是好的。他们所争取的就是这种变化。从奴隶主阶级看起来，这是不好的，因为新兴阶级在这种变化中所得到的权力，就是他们原来所掌握的权力。

在上面所说的那三点中，从奴隶主阶级看，最坏的是庶人议论政治。在奴隶社会中，庶人占的是什么阶级地位呢？《左传》记载，楚国将伐晋，楚国的子囊反对说：晋国的政治很好，"其卿让于善，其大夫不失守，其士竞于教，其庶人力于农穑，商工皂隶不知迁业，……晋不可敌。"（襄公九年）《左传》又一段记载，晋国的赵鞅同郑国打仗，定出来赏格说："克敌者上大夫受县，下大夫受郡，士田十万，庶人工商遂，人臣隶圉免。"（哀公二年）意思就是说，打仗有功的人，如果原来是奴隶主贵族，如上大夫、下大夫、士之类，就加封他们的土地。如果他们原来是庶人或工商业者，就可以"遂"（杜预注说："得遂进仕"），就是说可以取得参与政治的资格。如果他们原来是奴隶（人臣隶圉），就可以免除他们的奴隶身份。

这两段记载，都提到"庶人"。大概在原来的奴隶社会中，人分为三大类，一是奴隶主贵族，从王、侯以至于士，都属此类。二是庶人，工商业者，大概他们都是介乎贵族与奴隶之间的自由民。新兴地主阶级除了从奴隶主贵族转化来的那一部分人以外，原来也都是庶人。最下一类是奴隶。（《左传》昭公七年又载芊尹无宇的话说："天有十日，人有十等。"从王至牧十等，这是比较详细的说法。）奴隶没有人身自由，庶人虽有人身自由，但也没有资格谈论政治。而在春秋时候他们也竟然谈论起来了。

总的情况是，当时的社会已经有了很大的变革。在孔丘看起来，已经到了"天下无道""礼坏乐崩"的地步。当时的情况引起他对于周礼的反思，以及对于古代文化的反思。

孔丘基本上是一个奴隶主阶级的思想家，基本上拥护周礼，但并不是冥顽不灵的。他感觉到周礼在当时的危机；他也认为，周礼终究必须有所改革。他是一个奴隶主阶级的改革派。

他说："殷因于夏礼，所损益可知也。周因于殷礼，所损益可知也。其或继周者，虽百世可知也。"（《论语·为政》）他回顾了夏、商、周三代的历史，认为殷礼是以夏礼为基础而有所损益的；周礼是以殷礼为基础而有所损益的。由此推论，继周的一代也必须以周礼为基础而有所损益。这样一步一步地推下去，虽百世也是可以预知的。"以为基础"就是"因"，"有所损益"就是"革"。历史的演进，无非就是"因""革"互相为用。

孔丘承认历史是变动的。在变动的过程中，每一事情都在过去有所根据，这就叫"因"，也都和过去有所不同，对过去有所损益，以适应新的情况，这就叫"革"。在历史变动的过程中，每一事情都有"承先启后""继往开来"的作用。因为它都在过去有所根据，所以是"承先""继往"，但它又为将来的事情所根据，所以它又是"启后""开来"。历史变动的过程，就是这样一环扣一环的延长下去。所以说"虽百世可知也"。在历史变动的过程中，具体的事情是不可知的；将来的具体的事情固然不可知；即使过去的事情，我们也不可能知道得那样具体，但是其中有一个一般的规律，"因""革"互相补充，这是可以知道的，"虽百世可知也"。

关于"革"孔丘只认识到"损益"。这说明，他只认识到量的增减，没有认识到质的变化。或者是他只承认有量的渐变，不承认有质的突变。这样的认识，或者这样的思想方法，使他对于当时的社会大转变不能有完全的理解。这是他的保守思想的认识论的根源。

所以孔丘虽然也承认周礼也要有所损益，但是他还是基本上拥护周礼。其所以如此，据他说，有两个理由。他说："夏礼吾能言之，杞不足征也。殷礼吾能言之，宋不足征也。文献不足故也。足则吾能征之矣。"（《论语·八佾》）就是说，夏礼和殷礼，他都能讲，但是没有现成的实例可以证实。言外之意就是说，周礼倒是还有实例，可以更明确地知道它是个什么样子，这是他拥护周礼的第一个理由。后来，荀况主张"法后王"，也是根据这个理由。荀况所谓"后王"，也是指周王。孔丘又说："周监于二代，郁郁乎文哉，吾从周！"（《论语·八佾》）就是说，周礼已经借鉴于夏礼和殷礼，作了应有的损益，已经在文化上达到相当高的程度，所以他还是要"从周"，这是他拥护周礼的第二个理由，也可以说是比较主要的理由。

但周礼是不是完全没有需要改革的地方呢？孔丘认为也不是。他说："齐一变至于鲁，鲁一变至于道。"（《论语·雍也》）当时的各诸侯国，原来都是奉行周礼的。鲁国是周公之后，是奉行周礼的模范。孔丘认为，齐国一变，才能赶上鲁国。但鲁国也还需要变一下，才能"至于道"。孔丘认为，有一个比周礼更高的标准，那就是"道"。

综合上面所引孔丘的话看起来，孔丘基本上是拥护周礼的，但他也认为对于周礼也要有所损益，经过损益的周礼，才合乎他的理想，这个理想，他称为"道"。

具体地说，周礼对于夏礼、殷礼的因、革，究竟是些什么呢？对于周礼究竟应该作些什么改变才合乎孔丘的理想呢？汉朝人在这些方面作了许多文章。例如，公羊家说：孔丘"作《春秋》"，"寄王于鲁"，"以鲁当新王"。就是说，孔丘自命为"继周者"，自命为下一代的"新王"。"新王"的礼，寄托在《春秋》之内。所以《春秋》为"一王之法"。孔丘的"道"的内容，究竟是什么呢？汉朝人也作了一些回答。例如《礼运》中所说的"大道之行也，天下为公……"（《礼记·礼运》）那一段话。不过这些思想，只能说是汉朝人所追加的，可以说是孔丘的思想在汉朝的发展，不能说就是孔丘的思想。

可以认为是孔丘的思想的就是，他基本上拥护周礼而又自以为他有一个比周礼更高的"道"。这个"道"可能是以周礼为基础而又加损益的。他一生的斗争，就是要推行他的"道"。他说："如有用我者，吾其为东周乎！"（《论语·阳货》）这个东周，大概是实行他的"道"的周，跟原来的西周不是完全相同。他说："道之将行也与，命也；道之将废也与，命也。"（《论语·宪问》）后来他知道东周是不能实现的，他就说："道不行，乘桴浮于海。"（《论语·公冶长》）

孔丘在这些引文中所表现的思想是一种反思。他对于夏、商、周这三个大时代的历史、文化作了反思。从夏朝以来的统治者们，有些言论被他们的史官记载下来，保存在《尚书》之中，后来称为《书经》。这些言论，都是对于当时的某些问题所作的对策。上章所说的管仲的言论，在性质上是对当时的一些旧东西的改革，但也是一种对策。这些都是不同时代的现实政治中的东西。孔丘所讲的不是一种对策，而是一种反思。由反思中得出一些理论。这些理论就成为他的"道"的内容，也就是他的哲学的内容。从这个意义上说，孔丘是中国的第一个（从时间上说）哲学家。

第二节　孔丘对于古代道德生活的反思——关于"仁"的理论

孔丘的反思是很广泛的，其中最突出的是对于"人"的反思。人和民这两个名词的意义是不同的。近来关于这两个名词的意义的不同，有很多的讨论。强调这两个名词的意义的不同，这是应该的。但认为这个不同，有古今之异，也就是说，这两个名词的意义有古今的不同，这是没有根据的。实际上是，这两个名词的用法，像绝大多数的汉字一样，古今是一致的。"人"就是人类的那个人，"民"是被统治的群众。和"人"对立的名词是"禽兽"；和"民"对立的名词是"君"，是统治者。"民"这个名词有政治的意义，"人"这个名词的主要意义是生物上的和道德上的。

孔丘和学生们谈到道德上各种类型的人。有"善人"（"善人为邦百年，亦可以胜残去杀矣。"《论语·子路》）、有"大人"（"畏大人。"《季氏》）、有"小人"（"小人长戚戚。"《述而》）、有"圣人"（"圣人吾不得而见之矣。"《述而》）、有"成人"（"文之以礼乐，亦可以为成人矣。"《宪问》）、有"仁人"（"志士仁人无求生以害仁，有杀身以成仁。"《卫灵公》），这些类型的分别，表示孔丘对于人的反思，也可以说是对于人的道德生活的反思。

就人的道德生活说，两个最普通的类型是君子和小人。这两个类型，本来是就人的政治地位说的。一个社会一分为二，有剥削的、统治的上层阶级；有被剥削的、被统治的下层阶级。上层阶级的人称为"君子"；下层阶级的人称为"小人"。照字面看，"君子"就是君的儿子，如后世所谓"公子""少爷"之类。同公子、少爷相对的人就是"小人"。这是"君子"和"小人"这两个名词的本来的意思。在《论语》中还保存有这两个名词的这样的用法。例如：孔丘的学生樊迟告诉孔丘说，他想学种庄稼和种菜。孔丘说他是"小人"（《子路》）。这并不是说，樊迟是一个道德上的坏人，只是说，他的思想是社会阶层中的农民的思想。孔丘又说："君子学道则爱人，小人学道则易使也。"（《阳货》）这里所说的"君子"和"小人"，显然是用这两个名词的旧意义。但在《论语》中更多的地方是用这两个名词的新意义。例如，孔丘和他的学生们，在陈国绝粮了，学生们饿得卧床不起。子路愤怒地问孔丘说："君子亦有穷乎？"孔丘回答说："君子固穷，小人穷斯滥矣。"（《卫灵公》）这里所说的"君子""小人"，显然是就道德品质说的。孔丘又说："君子哉蘧伯玉！邦有道则仕；邦无道则可卷而怀之。"

(《卫灵公》)又说:"人不知而不愠,不亦君子乎?"(《学而》)这里所说的"君子",显然是就道德品质说的。

就人的道德品质说,"君子"是有高贵的道德品质的人;"小人"是没有道德或不道德的人。这两个名词的意义的变化,标志着在当时社会大变动中阶级力量对比的变化。奴隶主贵族们不能专凭其政治地位高而受人尊敬;一般的人亦不专因为政治地位低而受人轻视。政治地位低而道德品质高的人,也可以称为"君子";政治地位高而道德品质低的人也可以称为"小人",孔丘的时代正是处于"君子"和"小人"这两个意义新旧并用的时代。《论语》中保存了这两个名词的新旧意义。

在对于人的反思中,孔丘认为,对于人的评价的标准,应该是人的道德品质的高低,并不是他的政治地位的贵贱。孔丘认为"仁"是最高的道德品质,具有这个道德品质的人称为"仁人"。孔丘论仁的话很多,大概可以分为四类:一类是"仁"的基础,即"为仁"的人,所必须有的素质;二是"为仁"的方法;三是"仁"的内容;四是"为仁"的成就。

先从第一点说起。

孔丘认为,人必须有真性情,有真情实感。这就是"仁"的主要基础。他说:"刚毅木讷近仁。"(《子路》)又说:"巧言令色,鲜矣仁。"(《学而》)"刚毅木讷"的人和"巧言令色"的人,成为鲜明的对比。前者是以自己为主,凭着自己的真性情、真情实感做事的老老实实的人。后者是以别人为主,做事说话,专以讨别人喜欢的虚伪的人。孔丘认为,前者是"近仁",就是说,这虽然还不是"仁",可是接近于"仁"。后者是"鲜矣仁",就是说,在这样的人之中,是很少能成为"仁"的。从这个对比可以看出来,孔丘认为"仁"的基础是人的真性情,真情实感。有真情实感老老实实的人,还不一定就是仁人,但弄虚作假,油腔滑调,讨人喜欢的人是不可能成为"仁"人的。

所以孔丘常讲"直"。他说:"人之生也直,罔之生也,幸而免。"(《雍也》)意思就是说,以自己为主,凭着自己的真情实感,是什么就是什么,有什么就说什么,这是人的本性,生来就是这个样子的。以别人为主,不是这个样子,这就是"罔"。"罔"以讨人喜欢为主,似乎是可以避免祸害,其实那也是"幸而免"。

《论语》还记载了两个例子,以说明这个问题。一个例子是:"叶公语孔子曰:'吾党有直躬者,其父攘羊,而子证之。'孔子曰:'吾党之直者异于是,父为子隐,子为父隐,直在其中矣。'"(《子路》)一个人的父亲偷了别人的羊,这是坏事。他的儿子不愿意他父亲所做的坏事张扬起来,这是他的真情实感。可是叶公所说的那个人，反而出来证明他的父亲做了坏事，这就不是他的真情实感了。所以看起来似乎是"直"，其实这并不是"直"，而是"罔'。

又一个例子是："子曰：'孰谓微生高直？或乞醯焉，乞诸其邻而予之。'"（《公冶长》）别人向微生高借东西，如果微生高没有这种东西，他本来可以把真实的情况告诉他，是没有就说没有，这是"直"。不告诉他这种真实情况，而到邻居家里转借，好像自己是有这种东西。这就是弄虚作假，似乎是"直"，而实际上是"罔"。

专就这两个例子说，叶公所说的那个人和微生高，是不是算"直"？这是一个可以讨论的问题。如果讨论起来，那就要牵涉别的很多问题。无论怎么样，孔丘认为，"直"就是凭着自己的真情实感，真情实感是什么，就是什么，这是他认为"直"的标准。也是"仁"的基础。

孔丘认为，人必须有真性情，其言论行事都必须是其真性情的真的流露。他特别批判虚伪。他说："巧言令色足恭，左丘明耻之，丘亦耻之。匿怨而友其人，左丘明耻之，丘亦耻之。"（《公冶长》）善于取媚于人的人，专以讨别人的喜欢为事，这种人的表现，必定是造作的、虚伪的，没有一种真情实感。至于"匿怨而友其人"的人就是两面派，那就更是虚伪的了。所以孔丘认为这些人都是可耻的人，这样的人是决不能成为仁人的。因为他们已经失去了"仁"的品质的基础，失去了"为仁"所必有的素质。

因为这个道理，孔丘的有些看起来很难理解的话，就不难理解了。例如他说："人之过也，各于其党，观过，斯知仁矣。"（《里仁》）为什么看见人的过错，就可以知道仁呢？因为"仁"是人的真性情的流露。这些流露在有些时候可能失于偏激。例如性情刚直的人，有的时候，可能刚直过火而失于偏激。过火就是错误，但是这种错误也是从这个人的真性情流露出来的。所以也还说是近乎"仁"。孔丘又说："唯仁者能好人，能恶人。"（《里仁》）每个人都有好恶，都有他所喜欢的人，也都有他所厌恶的人。为什么只有仁人能好人、能恶人呢？因为一般人的好恶未必是他的真性情的真的流露，只有仁人的好恶才是他的真性情的流露。所以他的好是真好，他的恶是真恶，他所喜欢的人是他真喜欢的人，他所厌恶的人是他真厌恶的人。

在当时传统的"礼"之中，一个人的父母死了，他要为他们服丧三年，称为"三年之丧"。在传统的"礼"受到批判的时候，孔丘的学生宰予也动摇了。他也主张废"三年之丧"。孔丘批评他说："予之不仁也，子生三年。然后免于父母之怀。夫三年之丧，天下之通丧也。予也有三年之爱于其父母乎？"（《阳货》）孔丘不说宰予的主张是不孝，而说他是不仁。因为孔丘认为，人的最真实的情感是对于其父母的情感。"子生三年，然后免于父母之怀"，对于父母，自然有最真实的爱慕。父母死了，这种爱慕之情就表现为"三年之丧"。这并不是算账，只是说，这是人的性情的真的流露。孔丘认为，这是"仁"的根本的根本。所以他的弟子有若说："孝弟也者，其为仁之本欤！"（《学而》）从这个根本的根本推出来，就成为"泛爱众而亲仁"（《学而》）。孔丘认为，"爱"是"仁"的主要内容。《论语》记载说："樊迟问仁。子曰：'爱人。'"（《颜渊》）当然，这种爱必须是一种真情实感。亲子之爱就是这种真情实感的一个例子。这是仁的主要内容，也是人与人的关系的基本准则。

孔丘讲"仁"，注重人的真情实感。后来的儒家，如孟轲、《中庸》的作者，以及宋、明道学家们都着重"诚"。他们所讲的"诚"，比之于孔丘所说的真情实感，不免有夸大的地方，但是其基本的内容就是"真"。他们说，"诚"是"无妄"，"无妄"就是没有虚伪。

道学家们还常讲："至诚恻怛之心"，"至诚"就是完全的诚。"恻怛之心"就是对于别人的一种同情心。别人的痛苦和欢乐在自己的心中引起共鸣，这就是所谓"恻怛之心"。有了真情实感，再把这种真情实感推向别人，这也是"爱人"。

《论语》记载说："仲弓问仁。子曰：'出门如见大宾，使民如承大祭，己所不欲，勿施于人，在邦无怨，在家无怨。'仲弓曰：'雍虽不敏，请事斯语矣。'"（《颜渊》）"如见大宾"，"如承大祭"，就是说，必须有一种至诚之心。"己所不欲，勿施于人"就是"忠恕之道"。能在社会大范围（邦）和小范围（家）都行"忠恕之道"，那就可以在大、小的范围之内，都不受到怨恨。

《论语》又记载说："子贡曰：'如有博施于民，而能济众，何如？可谓仁乎？'子曰：'何事于仁？必也圣乎！尧舜其犹病诸！夫仁者己欲立而立人，己欲达而达人，能近取譬，可为仁之方也已。'"（《雍也》）"博施"、"济众"必须有一定的物质条件。"施"，必须有以施；"济"，必须有所以济。这不是人都能做得到的。即使像尧舜那样的人，做了君主，也未必能够做到。所以"博施"、"济众"不能作为"仁"的内容。仁这种品质是"己欲立而立人，己欲达而达人"。这也是"忠恕之道"。这还不是"仁"，这只是"为仁之方"，就是说，这是达到仁的品质的方法。照着这个方法所达到的品质，才是"仁"。关于忠恕之道，下边还有论述。

孔丘认为人必须有真性情、真情实感，然后才可以有"仁"的品质。但是，真性情、真情实感还不就是"仁"，它是"为仁"的必要条件，但不是其充足条件。因为真性情、真情实感可能失于偏激，所以必须对于真性情、真情实感有所加工。好像一块美玉，它的素质是美的，但是还必须对它进行琢磨，才可以成为一件完全的器物。这就是加工。用黑格尔的话说，好的素质是自然礼物，加工是人的艺术。对于人说，他的真性情、真情实感，是自然的礼物。加工是社会对于他的琢磨，加工的目的是使个人与社会相适应，不相矛盾，而相协和。琢磨的方法就是学"礼"。

孔丘说："恭而无礼则劳，慎而无礼则葸，勇而无礼则乱，直而无礼则绞。"（《泰伯》）又说："好直不好学，其蔽也绞。"（《阳货》）这都是说"学礼"的重要性。

第三节 孔丘对于古代道德生活的反思——关于"礼"的理论

在古代思想中，特别是儒家的思想中，所谓"礼"的意义，相当广泛。《左传》引"君子"的话说："礼，经国家，定社稷，序民人，利后嗣者也。"（隐公十一年）这个"君子"，指的就是孔丘。照这个意义说，"礼"包括社会组织，政治体制，社会秩序等上层建筑。

《论语》有一段记载说："颜渊问仁。子曰：'克己复礼为仁，一日克己复礼，天下归仁焉。'……请问其目。孔子曰：'非礼勿视，非礼勿听，非礼勿言，非礼勿动。'"（《颜渊》）

《左传》有一段话说："仲尼曰：古也有志，克己复礼，仁也。"（昭公十二年）《左传》引的孔丘的这句话，和《论语》中孔丘回答颜渊的话，完全相同，不过多了"古也有志"四个字。"志"就是记载。孔丘也是引用以前的成语，以说明他自己的意思。加上《左传》的这一段，可见"克己复礼"是孔丘常说的话。

孔丘还说："诗三百，一言以蔽之曰：'思无邪'。"（《为政》）《诗经》包括三百多篇诗。"思无邪"是《诗经·鲁颂·駉》篇中一句诗。孔丘认为这句诗可以包括全部《诗经》的意义。邪和正必定有个标准，这个标准，照孔丘看来，当然就是周礼。照孔丘的全部思想体系看，"非礼勿视，非礼勿听，非礼勿言，非礼勿动"，这四目之外，还要加上第五目，那就是非礼勿思。

上边所讲的"直"，所谓真性情，真情实感，都是就个人说的。但个人总是在社会中生活的。他是社会的一员，不能离开社会而单独存在。这是人的社会性。离开了社会性，人也就不成其为人了。孔丘对于"人"的反思表现了这一点。

从《论语》所记载的孔丘的话看起来，他有的时候是用"礼"来规定"仁"。"克己复礼为仁"就是用"礼"规定"仁"。他也说："人而不仁如礼何？"（《八佾》）这是用"仁"规定"礼"。在表面上看起来，这好像是一种循环论证，其实并不是如此。他所要说的，是他对于"人"的反思。他要树立一个完全的人格。一个人格总是个人的人格。但在这个人格中，包涵有社会的组织，社会的制度，社会的秩序，个人和社会的关系，以及社会中人和人的关系等等。这些都是一个完全的人格所要牵涉到的。用当时的话说，这些都叫"礼"。所以关于"仁"的反思，必须同时也是对于"礼"的反思。

"复礼"就是回归于"礼"。当时"礼坏乐崩"，人们都不照周礼行事。不仅社会下层的人不照"礼"行事而"犯上作乱"；即使社会上层的人也不照"礼"行事。孔丘认为，其所以不照礼行事，因为人们都愿意满足他们自己的欲求，照着自己的欲求行事。所以"复礼"必须"克己"。"克"就是战胜的意思。"克己"就是要用"礼"战胜自己的欲求，能"克己"自然就"复礼"了。"克己""复礼"实际上就是一回事。

这样说起来，"仁"和"礼"是互相矛盾的。人们都有自己的欲求，这也是他们的真情实感。这是为仁的基础，怎么能克呢？《论语》记载说，孔丘的学生原宪问："克伐怨欲不行焉，可以为仁矣？"孔丘说："可以为难矣，仁则吾不知也。"（《宪问》）把怨、欲都克伐了，可以说是"克己"了吧。原宪认为这就是仁。孔丘回答说，这是很难的事，但这是不是仁，他不知道。这是用一种委婉的说法说这不是仁。孔丘讲仁，说的是"推己及人"。这里又说"克己复礼为仁"。"推己"和"克己"似乎是互相矛盾的。

其实，这里并没有什么矛盾。"推己及人"，就是孔丘所说的"忠恕之道"。"忠恕之道"说起来很容易，但实行起来很困难。为什么困难？因为人有私心，总是把自己的利益放在第一位。"己所不欲，勿施于人。"但如果这样做妨碍了自己的利益，他就不能"勿施于人"了。不但不能"勿施于人"，而且要强施于人。"己欲立而立人，己欲达而达人。"如果这样做妨碍了自己的利益，他就不能立人、达人了。不但不能立人、达人，而且还要把别人打翻在地，为自己的"立""达"开辟道路。这样的私心就是"克己复礼"所要克的那个"己"。这个"己"不但是"复礼"的阻碍，而且也是"推己及人"的阻碍。不"克"这个"己"，就不能"推己及人"。这样意义的"己"，不仅"复礼"要"克"它，"推己及人"亦要"克"它。"忠恕之道"是"为仁之方"，也是"克己"之方。

后来孟轲和齐宣王关于"好色""好货"的辩论，说明了这一点。如果齐宣王因他自己"好色""好货",由此而认为他的百姓也都"好色""好货",并且施行一种措施,使他们都能满足他们的"好色""好货",这就是"仁政"(见《孟子·梁惠王下》),这是"推己",也就是"克己"。因为这两个"己"字有混淆,后来的道学家们就用公、私之分说明这个区别。"克己"的那个"己"说的是私心,必须"克"那个私心,才能"推己及人"。"推己及人"之所以能"推",就因为它不是出于私心,而是出于公心。"克己"也不是要"克"一切情感、欲求,像原先所说的"克伐怨欲"那样,而是克去其中的私心。没有私心就可以"推己及人"。

"复礼"是孔丘拥护周礼的表现。"为仁"是"复礼"的补充,也可以说是给周礼加了一些理论的根据。孔丘对于周礼补充了一些理论的根据,这也可以说是他对于周礼的损益。说是"益",因为原来的周礼里边并没有这些理论。说是"损",因为周礼的有些细节可能不合这些理论,孔丘也可以"革"它。

孔丘说:"麻冕,礼也。今也纯,俭,吾从众。拜下,礼也。今拜乎上,泰也,虽违众,吾从下。"(《论语·子罕》)孔丘用这两段话说明,他不是顽固地拥护周礼,也不是盲目地"复礼"。例如,麻冕是礼的规定。可是在他的时候,一般已经改用纯冕。孔丘认为,纯冕容易做,合乎俭德,所以纯冕虽然非礼,他也是随着众人,跟大家一样。臣见君应该在台阶下参拜,这是礼。当时的人已经不行这个礼,在台阶上边参拜。孔丘认为,这是"泰",是傲慢,虽然违反众人,他还是在台阶下面参拜。他的意思是说,他以恭俭这两条道德原则为标准。他可以"复礼",也可以随从众人,主要的是依照他自己的标准行事。这是孔丘自己说的他对于周礼的损益。不过他的具体的改革,都是一些小节,而他所补充的理论,则具有关键性、根本性的意义。

孔丘对于周礼所补充的具有关键性、根本性的理论,还有两条,一条是"正名"的理论,一条是"中"的理论。

孔丘认为,"礼"的一个重要作用是"正名"。

孔丘第二次在卫国的时候,卫国发生了一件争夺君位的大事。卫国的国君灵公,不喜欢他的太子蒯聩,蒯聩逃避在国外。后来卫灵公死了,卫国的君位由蒯聩的儿子辄继承。九年以后,蒯聩借了晋国的兵保护回来,辄派兵去阻挡。这件事比较复杂。按周礼说,他们父子二人,究竟谁对谁不对呢?《公羊传》说:蒯聩对,辄不对,"父有子,子不得有父",以子拒父是不对的。《穀梁传》说:辄不错,"其弗受,以尊王父也",辄是受祖父之命为君,他不接受他父亲回来,是尊他的祖父(并见哀公二年)。辄本来有用孔丘的意思。孔丘的学生子路在卫国做官。他问孔丘说:卫君等着先生出来管理国家大事。假使先生出来,你首先要办的是什么事？孔丘说，必定先要正名。子路说，有这样的办法吗？先生真是太迂阔了，正个什么东西？孔丘说："名不正则言不顺，言不顺则事不成，事不成则礼乐不兴，礼乐不兴则刑罚不中，刑罚不中则民无所措手足。"（《论语·子路》）意思就是说，应该先按父、子这两个"名"，判定蒯聩和辄究竟谁对谁不对，这就是"正名"。如果这个问题没有解决，他们二人，无论谁当卫君，都是"名不正"。如果一个当君的人首先是名不正，他说出来的话，就不会顺当。说出来的话不顺当，那就什么事情都办不成。什么事情都办不成，就不能提倡礼乐。不提倡礼乐，刑罚就不会恰当。刑罚不恰当，老百姓就无所适从了。

孔丘认为，每一个名都有它的意义。代表社会的各种关系的名的意义，就是周礼所规定的那些条条框框。照他看来，应该用这些条条框框来纠正当时不合乎这些条条框框的事。这就叫正名。

《论语》记载说：齐景公问政，孔丘回答说："君君，臣臣，父父，子子。"（《论语·颜渊》）这就是说，事实上为君的人的行为，必须合乎"君之名"；事实上为臣的人的行为，必须合乎"臣之名"；事实上为父的人的行为，必须合乎"父之名"；事实上为子的人的行为，必须合乎"子之名"。孔丘认为，每一个名，例如"君""臣""父""子"等，都有其一定的意义。这些意义就代表这个名所指的事物所应该如此的标准。这个标准，他称为"道"。"君""臣""父""子"的名，代表君、臣、父、子的"道"。事实上处于君、臣、父、子的地位的人，如果都合乎君、臣、父、子的"道"，就是"天下有道"；不然就是"天下无道"。照他看起来，"无道"就是"乱"，那就是说，像周礼所规定的正常的社会秩序不能维持了。孔丘对付这种情况的办法，不是改变旧的名及其所代表的条条框框以符合实际的情况，而是用旧的名及其所代表的条条框框以纠正当时他所认为是不正常的实际情况。这就是他所谓"正名"，"正名"就是"复礼"。

在先秦哲学中，有一个重要的问题，就是关于"名""实"的问题。"名"就是名字；"实"就是由某个名所指的实际的东西。孔丘的"正名"的理论所注意的，并不是认识论的问题，也不是逻辑的问题。在春秋末年，认识论和逻辑的问题还没有有意识地提到哲学的日程上来。但是在客观上，"正名"牵涉到"名"与"实"的关系的问题。"君君""臣臣"，头一个"君"字，头一个"臣"字，是指事实上为君或为臣的具体的人，就是"实"。第二个"君"字，第二个"臣"字，是代表"君""臣"的"道"，是一般的名。孔丘的办法，是用一般的"名"以校正具体的"实"。他认为只要把"名"弄清楚，"实"自然就会改变。这是认为"名"或"道"是比具体的事物更根本。在"名""实"

的关系这个问题上，这是唯心主义的理论。

《论语》上有一段记载说：古代的一个"圣王"尧将要死的时候，把帝位传授给舜。他不但传授给他统治老百姓的政权，并且传给他统治老百姓的一个四字秘诀："允执其中。"（《尧曰》）后来舜把帝位传给禹的时候，也传给了他这个"秘诀"。《论语》的这一段上面没有"子曰"二字，可能不是孔丘亲口说的，不过总是儒家比较早的一个传说。唐、宋以后，儒家有一个"道统"说，说是有一个"道"，从尧、舜传到孔丘。道统的主要内容就是这个"中"字。《论语》的这一段，就是这个"道统"说的开始。

《中庸》引孔丘的话说："执其两端，用其中于民。"（第六章）《中庸》的这句话，可能是从《论语》的那一句话来的，不过多了"执其两端"四个字。这四个字很重要。有了这四个字，"允执其中"的那个"其"字就有着落。这个"其"字指的就是"两端"，"其中"就是"两端"的"中"。"允执其中"就是说，要确确实实地抓着"两端"的"中"，不可"过"，也不可"不及"。

《论语》也记载孔丘的话说："吾有知乎哉？无知也。有鄙夫问于我，空空如也。我叩其两端而竭焉。"（《子罕》）孔丘的意思就是说：他自己实在没有什么别的知识。他所知道的，就是要注重"两端"。有一个普通的人，问他一件事情，意思很诚恳（空空即悾悾）。他就事情的两个方面，尽其所知而告诉他。这里所说的两端，就是《中庸》所说的两端，这里所说的"而竭焉"，就是说，告诉他既是这样，又是那样，貌似全面，其实还是折中主义。

《论语》上有一个公式，就是：一方面是"什么"，而另一方面又是"什么"。例如《论语》上说："子温而厉，威而不猛。"（《述而》）在这里，"温"和"厉"是两端。这两端合起来就成为孔丘的形象。孔丘的学生说孔丘"温、良、恭、俭、让"。（《学而》）这是说，他的形象是以"温"为主。可是，如果仅只是"温"，那岂不失去了他的威严了吗？所以他还要"厉"。下面接着说："子威而不猛。""猛"就是威严太过。可是威严也不可太过，所以又加上"不猛"，就是说，他还有"温"那一面，以补充他的"威"。

从辩证法说，一个统一体一分为二，分成为两个互相排斥的对立面，而两个对立面又互相关联着。就是说，它们是矛盾的统一。其矛盾是绝对的，统一是相对的。矛盾的双方互相依存，又互相转化。矛盾着的两方面中，必有一方面是主要的，他方面是次要的。其主要的方面，决定这个统一体的性质。但是，这种情形不是固定的，矛盾的主要和非主要方面，互相转化着，事物的性质也就随着变化。这两个对立面经常变化。如果它们的量变还能保持着相对的平衡，这个统一体就保持着它原来的性质，保持着相对的稳定，暂时的平衡，即所谓常态。当它们的量变超过一定的限度，这个统一体的相对的平衡，所谓常态，就不能维持了，它就要改变性质，成为一个新的事物，这就是"新陈代谢"。

孔丘所说的"两端"，是没有斗争的、静止的两个对立面。他所说的"中"，就是要永远保持统一体的平衡，不使发生质变。他所说的"过""不及"，就是指偏离平衡的状态，因此他都认为是不好的。他的这些观点是形而上学反辩证法的观点。

在当时孔丘称之为"天下无道"的时代，奴隶社会已经垮台了，旧的平衡已经失去了，周礼已经崩坏了。孔丘还妄想要恢复旧的平衡，要复礼，他宣扬"中"，以之作为礼的根据和"复礼"的理由。

照孔丘讲，在奴隶社会中，"中"的具体规定就是礼，即周礼。《礼记》记载：孔丘说，师（子张）是太过，商（子夏）是不及。子产好像是众人的母亲，能养活他们，但是不能教育他们。子贡答话说：怎样才可以决定什么是中呢？孔丘说："礼乎礼！夫礼所以制中也。"（《仲尼燕居》）《论语》中也记载孔丘说的"师也过，商也不及"的一段（《论语·先进》）。《礼记》的这一段，可能是从《论语》那一段推演而来，中间又加上了论子产的几句话。意思是说，子产对于老百姓，宽得太过，严则不及。过和不及，都是错误的。只有中才是正确的。可是怎样决定那个中呢？孔丘说：礼呀！礼呀！礼是决定中的。孔丘是以"礼"作为"中"的具体的规定。这也就是以"中"作为"礼"的理论根据。

孔丘又把"中"和"庸"联系起来。孔丘说："中庸之为德也，其至矣乎！民鲜久矣。"（《论语·雍也》）《论语》讲"中庸"二字只有这一条。《中庸》又引孔丘的话说："君子中庸，小人反中庸。君子之中庸也，君子而时中。小人之中庸也，小人而无忌惮也。"（《中庸》二章）（小人之中庸也，朱熹据王肃本说，应作小人之反中庸也。）"庸"是什么意思，孔丘没有讲。照后来儒家的解释，"庸"就是平常的意思。朱熹在《中庸章句》标题下注说："中者，不偏不倚、无过不及之名。庸，平常也。"又引程子曰："不偏之谓中；不易之谓庸。中者，天下之正道；庸者，天下之定理。"意思是说："庸"是社会中现存的常规。既是常规，就是定理，礼就是这种定理的具体表现。

孔丘说：君子"时中"。照孟轲后来所发挥的，"时中"就是说，所谓中是随时变动的，"中"并不一定是在与"两端"等距离的中心点上，也并不是老在一个点上。孔丘所讲的"时中"，可能没有孟轲所发挥的那样多的意思，可能只是说，君子是时时刻刻守着"中"的。

不过孔丘也讲"权"。他说："可与共学，未可与适道。可与适道，未可与立。可与立，未可与权。"（《论语·子罕》）就是说，有些人也有志于学，但他所要学的未必是"道"。有些人虽然有志于学道,但未必能"立于礼"。有些人虽然能"立于礼",但往往把礼当成一种死的规矩。执著死的规矩、固定的办法以应不同的事情,对于礼不能灵活地应用,这就叫"未可与权"。

应用的灵活性,在表面上看起来,好像与"礼"的原则性有违背,但是在本质上正是同原则相符合。这种所谓"灵活性",实质上是为了维护"礼"。后来的董仲舒说:"反经而合乎道曰权。"道是原则性;权是灵活性。灵活性,在表面上看,似乎是违反原则性,但实质上正是与原则性相合。

孔丘的学生有若说:"礼之用,和为贵。先王之道斯为美。小大由之。有所不行,知和而和,不以礼节之,亦不可行也。"(《论语·学而》)这话不是孔丘直接说的。但有若这样说也必有所本。礼的作用本来是区别社会中的对立着的矛盾诸方面的。礼首先区别旧意义的君子、小人,以及随之而有的如上下、贵贱、贫富等对立。这些矛盾双方的对立和斗争,本来是极其激烈的。在孔丘的时代,这种斗争,已打乱了奴隶社会的平衡使之将及完全崩坏。孔丘宣扬矛盾调和。他说是,礼的作用应该在矛盾调和中表现出来。但是又恐怕调和的结果会损害了区别,所以马上又回到礼上,说,光是调和那可不行,还是要用礼对于调和加以节制。

后来的儒家又把"中"与"和"联起来。照这个说法,整个的宇宙是一个"和"。整个的社会也是一个"和"。照这个说法,这些"和"是由其中的各个对立面的"节"构成的。"节"就是"中","中"就是一方能维持对方的存在的界限。维持着这个界限,就可使一个统一物的量变不至于成为质变,可以维持已有的平衡,维持现状。

第四节　孔丘对于古代道德生活的反思——论完全的人格

孔丘有的时候用"仁"规定"礼",有的时候用"礼"规定"仁"。这是因为在他的思想中,一个完全的道德品质,是"仁"和"礼"的统一。"仁"和"礼"是互相矛盾的。"仁"是属于个人的自由这一方面的东西;"礼"是属于社会的制裁这一方面的东西。"仁"是属于自然的礼物这一方面的东西;"礼"是属于人为的艺术这一方面的东西。自然的礼物和人为的艺术是对立的。对立必然相反,相反就是矛盾。但是相反而又相成,矛盾而又统一。没有真情实感为内容的"礼",就是一个空架子,严格地说,就不成其为"礼"。没有礼的节制的真情实感,严格地说,也不成其为"仁"。所以真正的礼,必包含有"仁";完全的仁也必包含有"礼"。这就是两个对立面的互相渗透。所以一个完全的道德品质，就是"礼"和"仁"的统一。一个完全的人格，就是这个统一的体现。

孔丘有许多赞美完全人格的话，他说："质胜文则野；文胜质则史；文质彬彬，然后君子。"（《论语·雍也》）质是素材，文是加工。真性情，真情实感，是属于前者，礼是属于后者，二者都不能偏胜。如果有所偏胜，那就破坏了统一。具体地说，只有真性情，真情实感，而又能合礼地流露出来，这就是文、质的统一。这样的人，才是"君子"。

孔丘又说："不得中行而与之，必也狂狷乎？狂者进取，狷者有所不为也。"（《论语·子路》）这里说的是，有三种人：一种是"中行"，一种是"狂"，还有一种是"狷"。"狂"者是率性而行，勇于创新，敢于打破常规的人；狷者谨慎小心，循规蹈矩；中行兼有二者之长。孔丘认为，狂、狷各有所偏，中行最好。但是如果得不到中行的人，能够得到狂、狷也是好的。

孔丘又说："乡愿，德之贼也。"（《论语·阳货》）"乡愿"是一种四面讨好、八面玲珑的人。这种人看起来有点像"中行"，其实他没有真性情、真情实感，一切都是虚伪的。他可以冒充"中行"，其实是伪君子，真小人。这样的人，固然比不上中行，也比不上狂、狷。因为狂者的"狂"，狷者的"狷"，虽然各有所偏，但还是他们的真性情的真的流露，还有真情实感。还有一种好的素质可以加工。他们不及"中行"，但还可以成为"中行"。至于"乡愿"，虽然貌似"中行"，但永远不能成为"中行"。因为他已经失掉了成为"中行"的素质了。

孔丘虽然把仁和礼并称，但是就一个完全的人格说，"仁"还是比较根本的。《论语》记载说："子夏问曰：'《诗》云："巧笑倩兮，美目盼兮，素以为绚兮"，何谓也？'子曰：'绘事后素'。子夏曰：'礼后乎？'子曰：'起予者商也，始可与言诗已矣'。"（《论语·八佾》）在这一段记载里，主要的一句话是"礼后乎"。"后"于什么呢？就是后于仁。比如绘画，必须先有一个洁白的底子，然后才可以在上面施加色彩。这就是"绘事后素"。就是说，洁白的底子在先，绘画的彩色在后。这就是"素以为绚"。就是说，洁白的底子是彩色的条件。子夏因为这一句诗而悟到"礼后乎"。人必须有真性情、真情实感才可以行"礼"。仁先礼后。孔丘对于子夏的这一理解，大加赞赏。

《中庸》说："仁者，人也；亲亲为大。"汉朝的人经常用一个同音的字解释一个字的意义。同音不一定同义，解释等于没有解释。但"仁者，人也"这句话确是说明了一个很深奥的道理。《中庸》在下边说，"故君子不可以不修身，思修身不可以不事亲，思事亲不可以不知人，思知人不可以不知天"。这几句话，就是"仁者，人也"那句话的注解。"仁"是"修身"所要达到的最高的标准。

仁的主要内容是"爱"。这个爱是从亲子之爱扩充出来的。所以"为仁"必须从事亲开始，也就是说，"修身"必须从"事亲"开始。要想把"事亲"做到完全的地步，那就必须先了解人之所以为人的道理。这就叫"知人"。这个"知人"不是一般说的"知人善任"那个"知人"，而是对人之所以为人这个道理的理解和体会。人之所以为人是和"天"联在一起的。所以要想对"人"有所了解和体会，不可以对于天没有了解和体会。这就是"思知人不可以不知天"。从这句话就可以看出来，这里所说的"知人"，不是一般所说那种"知人"。那种"知人"用不着以"知天"为前提。

这里所说的"知人"，实际上就是对"人"的反思。由这种反思而了解、体会到人之所以为人的总的特点。这个特点就是"仁"。"仁者，人也"，就是说，"仁"是人之所以为人的总的特点。

我们不能确切地知道这句话和孔丘有什么传授的关系，也无须勉强推断这种关系。不过"仁者，人也"这句话是孔丘所讲的道理，也是后来道学家们所讲的道理。

无论这句话和孔丘有没有直接的传授关系，孔丘讲"仁"是对于人的反思。这种反思是人类精神的自觉。可能只是初步的自觉，但有自觉和没有自觉，有很大的差别。宋朝有个无名氏的人写了两句诗："天不生仲尼，万古长如夜。"（见《朱子语类》卷九十三）这显然是夸张。但"如夜"两个字很有意思。这是从人类自觉这方面说明问题。人没有自觉，虽然也可以生活，可以照常地穿衣、吃饭，但和有自觉的人比较起来，他就好像在黑夜之中摸索而进。一个没有学过逻辑的人，也可以用三段论法推理，但是和学过逻辑的人比较起来，他的推论也是暗中摸索。《中庸》引孔丘的话说："人莫不饮食也，鲜能知味也。"不能确定这句话究竟是否真是孔丘说的，但"知味"两个字和"自觉"两个字有相类似的意义。

不能因为孔丘的话标志着人类精神的自觉，进而推论孔丘的话都是正确的。也不能因为孔丘的话有不正确的而否认他在人类自觉方面的贡献。这是两回事，应该分别对待。

就"仁者，人也"这句话说，这里所说的"人"是没有阶级内容的，是抽象的。

孔丘所讲的"人"也是一种抽象的人，好像是没有什么阶级性，其实并不是如此。孔丘所讲的人是奴隶主贵族中的人，是有阶级性的，因此他所说的仁也是有阶级内容的。这从他所讲的"忠恕之道"可以看出来。

孔丘往往把"仁"作为人的完全人格的代名词。有完全人格的人，他称为"仁人"。他说："求仁而得仁，又何怨?"（《论语·述而》）又说："若圣与仁，则吾岂敢?"(《述而》)又说:"无求生以害仁。有杀身以成仁。"(《卫灵公》)孔丘以"微子去之,箕子为之奴,比干谏而死"为"殷有三仁"(《微子》)。孔丘在这些话中所说的"仁",就是完全人格的意思。

《论语》记载说:孔丘告诉他的学生曾参说:"吾道一以贯之。"别的学生问:这是什么意思?曾参说:"夫子之道,忠恕而已矣。"(《里仁》)忠恕是"为仁之方"。说孔丘的中心思想是"忠恕之道",也就是说,仁是他的中心思想。"而已矣"就是说,除此之外,没有别的中心思想。

孔丘说:恕是"己所不欲,勿施于人"(《论语·颜渊》)。又说:"己欲立而立人,己欲达而达人,能近取譬,可谓仁之方也已。"(《雍也》)意思就是说,我自己不愿意别人这样对待我,我也不要这样对待别人。我自己有个什么欲求,总要想着别人也有这样的欲求,在满足自己的欲求的时候,总要想着使别人也能满足这样的欲求。这就叫"能近取譬"。这好像是把人与己都完全作为一个"人"而平等地看待,好像是没有阶级的内容,其实完全不是如此。这在以后的《大学》和《中庸》中有充分的暴露。

《大学》说:"所恶于上,毋(勿)以使下。所恶于下,毋以事上。所恶于前,毋以先后。所恶于后,毋以从前。所恶于右,毋以交于左。所恶于左,毋以交于右。此之谓絜矩之道。"(传之十章)"矩"是用以量方的东西的方尺。"絜"就是"量"。"絜矩"就是用方尺量方的东西。自己的本身可以看作是一个"矩"。絜矩也就是"能近取譬"。朱熹在这一段的注说:"如不欲上之无礼于我,则必以此度下之心,而亦不敢以此无礼使之。不欲下之不忠于我,则必以此度上之心,而亦不敢以此不忠事之。至于前后、左右,无不皆然。则身之所处,上下四旁,长短广狭,彼此如一,而无不方矣。"这就是所谓"己所不欲,勿施于人"。更确切一点说,就是"我不欲人之加诸我也,吾亦欲无加诸人"(《论语·公冶长》)。

《中庸》引孔丘的话说:"君子之道四,丘未能一焉。所求乎子,以事父,未能也。所求乎臣,以事君,未能也。所求乎弟,以事兄,未能也。所求乎朋友,先施之,未能也。"(十三章)意思就是说,你愿人家怎样待你,你也就那样待人家。人应该把他所要求于他的儿子的,先拿出来待他的父亲;把他所要求于他的臣的,先拿出来对待他的君;把他所要求于他的弟弟的,先拿出来待他的哥哥;把他所要求于他的朋友的,先拿出来待他的朋友。这也是"能近取譬"。

《大学》和《中庸》的这两段,明确地说明了孔丘所说的"忠恕之道"和"克己复礼"的关系。在阶级社会中,每一个人,都在一定的阶级地位中生活。这些地位,在奴隶社会和封建社会中,被孔丘和朱熹这些思想家,用所谓君臣、父子、兄弟等关系把它掩盖起来。在这些社会里,人们不是君就是臣,不是父就是子，不是兄就是弟。他们正是用这种关系，把人们束缚在奴隶制的或封建制的大枷锁的框框里。朱熹所说的"上下四旁，长短广狭，彼此如一，而无不方矣"，说的就是这种大框框。在奴隶社会或封建社会中，实际上人并不是可以以他自己为矩而使别的东西都方，而是统治阶级定下了许多条条框框的"矩"，使人们的行动都定死在这些框框之内，"而无不方矣"。旧社会中讲究所谓"规矩"。规是量圆的东西的圆规，矩就是量方的东西的方尺，"规矩"就是"礼"。

在这些条条框框之中，所谓君臣、父子，应该是什么样子，都有一定的标准。这个标准就是所谓"道"。君有君道，臣有臣道，父有父道，子有子道。为君、为臣、为父、为子的人的言语行动，都要合乎这些道，才像个样子。当然他所谓像个样子，也就是奴隶社会中的君臣、父子的样子。这些样子，也就是奴隶主阶级的"礼"所规定的。所以，孔丘所讲的"正名"，也就是他所讲的"复礼"。孔丘认为，一个人必须照这个"礼"行动。这就是"非礼勿视，非礼勿听，非礼勿言，非礼勿动"。

《大学》所说的"所恶于上""所恶于下"等等，也都是以"礼"为标准说的。朱熹的注就说明这一点。孔丘说："君使臣以礼，臣事君以忠。"（《论语·八佾》）朱熹就用这个话以说明"所恶于上""所恶于下"。这些"所恶"都是以"礼"为标准说的，都只能在"礼"的规定之内，不能在其外。

《中庸》所讲的"所求乎子""所求乎臣"，那些"求"，也是这样。照孔丘的意思，父所求于子的，就是要求他的儿子照着"子道"侍奉他。君所求于臣的，就是要求他的臣照着"臣道"侍奉他。而他自己呢，也要照着"子道"侍奉他的父，照着"臣道"侍候他的君。

《大学》《中庸》所讲的"忠恕之道"的两个方面，配合起来，就完全是孔丘所讲的"正名"，也就是孔丘所讲的"复礼"。照孔丘所讲的，"仁"的内容是"克己复礼"，所以"忠恕之道"这个"为仁之方"也就是"克己复礼"之方。

这就是孔丘所讲的"忠恕之道"的阶级性，也就是他所讲的"仁"的阶级性。这和他的阶级立场是完全一致的。但也不能认为，孔丘所讲的"仁"除了阶级性之外，就完全没有别的内容了。任何一种事物，都是共性和特殊性的统一。任何特殊之中都寓有共性；任何共性都寓于特殊之中。任何特殊阶级中的特殊的人，都寓有"人"的共性，"人"的共性即寓于特殊的阶级的特殊的人之中。像"仁者，人也"这一类的命题，虽然其所谓"人"实际上指的是某一阶级的人，但对于一般的人也并不是完全不能适用，因为在这某一阶级的人之中寓有"人"的共相，即"人"的一般。这一类的命题都是以普遍形式提出的，但这种形式也并非完全没有根据。

第五节　孔丘对于古代宗教生活的反思

人生于自然界中，对于自然，总要有所理解；对于自然，总要持一种态度。宗教也是对于自然的一种理解。崇拜一神或多神，也是对于自然的一种态度。宗教认为宇宙有一个最高的主宰者，称为"帝""上帝"或"天"。这个主宰者能够发号施令，指挥自然界的变化，决定社会的治乱以及个人的祸福。他的号令叫做"命"或"天命"。"命"这个字的本来的意思，就是命令。"天命"就是上帝的命令。在春秋时期，这种传统的宗教思想日趋没落，但这种宗教思想在孔丘的思想中仍保留有一定的地位。

《论语》记载孔丘讲"天"的地方很多。孔丘说："获罪于天，无所祷也。"（《八佾》）意思就是说，一个人如果得罪了天，他到什么地方祷告都是无用的。又说："予所否者，天厌之，天厌之。"（《雍也》）意思就是说，如果他做错了事情，天罚他，天罚他。又说："吾谁欺，欺天乎？"（《子罕》）意思就是说，他欺骗谁呢？他能欺骗天吗？又说："天丧予！天丧予！"（《先进》）意思就是说，天要灭亡他！天要灭亡他！又说："知我者其天乎！"（《宪问》）意思就是说，了解他的，恐怕只有天吧！从这些话看起来，孔丘所说的天，基本上仍然是当时的传统的宗教所说的天、帝或上帝，是宇宙的最高主宰者。

孔丘还讲"天命"。他说："君子有三畏：畏天命，畏大人，畏圣人之言。"（《论语·季氏》）孔丘把"天命""大人""圣人之言"并列起来，认为三者同是可敬畏的。这说明他认为这三者是一类的，"上帝"是宇宙的最高主宰者，"大人"是社会的最高统治者，"圣人"是个人所信奉的权威。"圣人之言"是圣人所说的话，"天命"是上帝的命令。

孔丘也说："天何言哉？四时行焉，百物生焉，天何言哉？"（《论语·阳货》）有人认为，这可见孔丘所说的天就是自然。每年的四季自然地运行，万物自然地生长，不待上帝说话。其实，孔丘的这段话无非是说，上帝也可以"无为而治"。说不言就证明他能言而不言。当然，说天发号施令，并不一定像小说中所说的，上帝坐在云霄宝殿上，对他的文武百官，发布圣旨。只是说，自然界和社会中以及个人的事情的变化都是上帝的意志的体现。这就是天的命令。

《论语》记载，孔丘"迅雷风烈必变"（《乡党》）。就是说，他遇见了很响的雷，很大的风，他的脸马上就变了颜色。这不一定说明孔丘胆很小，这说明，他认为迅雷烈风这种非常的自然界的现象，也是由于上帝的命令。他"畏天命"，所以遇见这种非常的事情，他就觉得可畏。这说明，他认为自然界的事情是受上帝的命令支配的。

孔丘特别着重人的社会生活所受天命的支配。孔丘的学生子夏说:"商闻之矣,死生有命,富贵在天。"(《论语·颜渊》)"闻之",就是说,他是听孔丘说的。孔丘认为,人的生死、贫富、贵贱,以及成功、失败,都是由天命决定的。但是人还是可以尽自己的力量,做他自己所认为是应该做的事,不管成功或失败。孔丘认为,即使明知是不能成功的事,只要认为应该做,还是要努力去做。当时的人说,孔丘是"知其不可而为之"(《宪问》)。他的学生子路替他解释说:"君子之仕也,行其义也。道之不行,已知之矣。"(《微子》)就是说,孔丘要作官,为的是要实现君臣之义。至于他所讲的道不能实行,他已经知道了。这就是"知其不可而为之"。

至于人的道德品质,孔丘则认为,是人的自己的努力所决定的,与天命完全无关。他说:"仁远乎哉?我欲仁,斯仁至矣。"(《论语·述而》)又说:"为仁由己,而由人乎哉?"(《颜渊》)孔丘认为,仁是人的最高的道德品质,但是,这并不是很远的东西,如果要它,它就来了。为仁要靠自己,不靠别人。孔丘有一个学生对他说:"非不悦子之道,力不足也。"就是说,我并不是不喜欢你的道,只是我的力量不够。孔丘说:"今汝画。"(《雍也》)意思就是说,什么力量不足,你不过是自己画了一条线把你自己限制起来了。

照这些话看起来,孔丘没有否定天命,但对天命的威力加了限制。天命可以叫人的道德行为不能成功,但不能叫人不做道德行为。

多神教还认为,于上帝之外还有鬼神,孔丘也说:"所重:民、食、丧、祭。"(《论语·尧曰》)就是说,人除了吃饭以外,最重要的事就是办丧事和祭鬼神了。祭祀的对象,就是鬼神。既然重视丧、祭礼,就是承认有鬼神。

孔丘又说:"非其鬼而祭之,谄也。"(《论语·为政》)就是说,各家有各家的祖先;自己的祖先,就是"其鬼"。《论语》又记载说:"季氏旅于泰山。"孔丘说:"曾谓泰山不如林放乎?"(《八佾》)"旅于泰山"就是祭泰山的神。照周礼,只有天子才有资格去祭,季氏去祭就是"僭越"。但是,孔丘又没有办法阻止这种"僭越"。林放是个"知礼"的人。孔丘说:泰山的神还不如林放吗?意思就是说,泰山的神必定是"知礼",既然"知礼",就不会接受季氏的祭祀。

就这些话看起来,孔丘是承认有鬼神了。但是对于鬼神的存在,他也说了些模棱两可、含糊其辞、回避问题的话。他的学生子路向他"问鬼神"。他说:"未能事人,焉能事鬼。"子路又问死,他说:"未知生,焉知死?"(《论语·先进》)就是说,人,你还伺候不了,怎么能伺候鬼?生,你还不知道,怎么能知道死?又说:"祭如在,祭神如神在。"(《八佾》)就是说,祭祖先,要十分诚敬,就好像有祖先在那里。祭外神要十分诚敬,就好像外神在那里。又说:

"敬鬼神而远之，可谓知矣。"(《雍也》)他敬鬼神，但是又要"远之"，这算是"智"（知），那么不远之就是不智了。

孔丘对于鬼神的问题的态度大概是，不明确地否认鬼神的存在，但也不强调鬼神的存在。他认为，承认有天和天命是最主要的，承认有天命，顺天命而行，这就不需要求鬼神的帮助保护。《论语》记载说：孔丘有一次病了，他的学生子路向"上下神祇"祷告，请示帮助保护。孔丘病好后，问子路有这件事没有，子路说有。孔丘说："丘之祷久矣。"(《述而》)意思就是说，他向来做事都是合乎礼的，他畏天命，顺天命，这就是祷告。他一向就在祷告，不需要在有病时祷告。翻过来说，孔丘认为："获罪于天，无所祷也。"(《八佾》)就是说，要是不畏天命，不顺天命，那就是得罪了天。如果得罪了天，到什么地方祷告都不行。

从这些话可以看出来，孔丘对于鬼神的存在持犹疑的态度。为什么持这种态度呢？

刘向《说苑》记载说："子贡问孔子：死人有知？无知也？孔子曰：吾欲言死者有知也，恐孝子顺孙妨生以送死也。欲言无知，恐不孝子孙弃而不葬也。赐，欲知死人有知将无知也，死徐自知之，犹未晚也。"(《辨物》)照这段所说的，子贡问孔丘，死的人还有没有知觉？孔丘回答说，怎么说呢？我想说死的人有知觉，我又恐怕孝顺的子孙们妨碍他们的生活以埋葬他们的死去的先人。我想说死的人没有知觉，我又恐怕那些不孝的子孙们就不埋葬他们的死去的先人。孔丘叫着子贡的名字说，赐！你要想知道死人有知或无知，不必着急，等你死了以后，你自己就会知道，到那时候还不算晚。这里所说的子贡所提出的问题，也就是《论语》所说的子路所提出的问题。照《论语》所说的，孔丘回避了这个问题。在这里所说的，孔丘也回避了这个问题，但也说出了他为什么回避的道理。

《说苑》的这段记载，也说明了孔丘为什么对于鬼神的问题采取模棱两可、含糊其辞、回避问题的态度。他认为，这一类的问题，不是一个理论的问题，而是一个现实的问题。他要考虑这一类问题的回答的现实意义和影响。

孔丘的学生曾参说："慎终追远，民德归厚矣。"(《论语·学而》)曾参的这句话，合乎孔丘的精神。"慎终"说的是丧礼，"追远"说的是祭礼。照曾参说，着重这些礼，为的是要使"民德归厚"。这就是儒家所认为的丧祭之礼的现实意义。"民德归厚"就是说，要使人民都知道儒家所说的孝悌之道，并发展之以至于仁。

综合孔丘所说的话看起来，他是认为在个人的生活中，有一部分事情，是他的力量所能支配的；有一部分事情是他的力量所不能支配的。就这后一部分说，好像有一个不是个人所能控制的力量，在那里支配着。这种力量好像是有意志的，又好像是没有意志的；好像是可以理解的，又好像是不可以理解的。从其好像有意志，可以理解这方面说，这个力量就叫做"天"。从其好像没有意志又不可以理解这方面说，这个力量就叫做"命"。在传统的宗教中，"天"和"命"是连接在一起的。"天命"就是上帝的命令。孔丘也讲"天命"。但在孔丘的谈话中，"天"和"命"也经常分开来说，有些地方可以互易，有些地方不可以互易。例如子夏说："商闻之矣，死生有命，富贵在天。"（《颜渊》）在这里，"天"和"命"两个字是可以互易的。如果说，生死在天，富贵有命，也未尝不可。其所以可以互易，因为这里所说的"天"和"命"都是泛指那个不是个人所能支配的力量。又譬如孔丘说："吾谁欺，欺天乎！"（《子罕》）又说："知我者，其天乎！"（《宪问》）这两个"天"字不能换为"命"字。不能说："吾谁欺，欺命乎！"也不能说："知我者，其命乎！"在这些地方，"天"和"命"不能互易。其所以不能互易，因为在这些地方，孔丘所说的"天"是着重在那个力量的似乎有意志，似乎可以理解这一方面。

在个人的生活中，只有自己的道德行为是可以自己支配的。在革命的时代，一个革命家的革命行为，是道德行为。他的行为可以成功，也可以失败。但失败并不减少他的行为的道德价值，而且还可以增加他的行为的道德价值。

这是孔丘对于传统宗教的反思的主要内容。他基本上保持了传统宗教的信仰，但也革去一些宗教迷信。

后来的墨家批评了孔丘对于宗教的态度。他们站在传统宗教的立场，认为孔丘的错误是"以天为不明，以鬼为不神"。这十个字确是合乎事实。孔丘并不是从根本上否认意志之天的存在，但他确切否认，天能"福善祸淫"。这就是"以天为不明"。孔丘没有明确地否认鬼神的存在，但他认为，鬼神不能"赏善罚暴"。这就是"以鬼为不神"。至于墨家的"非命"，认为孔丘所说的"命"，是一种命定论，以为个人的成败、祸福都是在他未生以前预先决定的。这是可以说的（参看本书第七章第八节）。

第六节　孔丘对于古代文艺生活的反思

孔丘把礼、乐并称。他所说的乐是广义的，包括诗歌、舞蹈等，略如现在所说的文艺。他认为乐甚至有比礼更重要的教育作用。他说："立于礼，成于乐。"（《论语·泰伯》）由礼所得的"立"还要经过乐才能完成。礼能使人循规蹈矩；乐则能使人化于规矩。

《论语》上有一段记载说："子谓《韶》尽美矣，又尽善也。谓《武》尽美矣，未尽善也。"（《八佾》）照这段记载所说的，孔丘评论文艺，有两个标准：一个是"善"，一个是"美"。他认为相传舜所作的《韶》这个乐舞，按两个标准说，都达到最高的水平。周武王所作的《武》这个乐舞，按"美"这个标准说，也达到最高的水平，可是按"善"这个标准说，就有缺点。

《论语》的这一段记载，说的是文艺上的两个标准。善是政治标准，美是艺术标准。

在中国历史中，历代的王朝建立以后，它的创始人或继承人，总要作些音乐、舞蹈、诗歌等文艺作品，吹捧自己的功德。据说《韶》和《武》就是这一类的乐舞。

从孔丘的政治标准说，《韶》和《武》的差别在于什么地方呢？何晏的《论语集解》引孔安国说："《武》，武王乐也。以征伐取天下，故未尽善。"朱熹的《论语集注》引程子曰："成汤放桀，惟有惭德。武王亦然，故未尽善。"这是儒家的传统解释。孔丘的意思也就是如此。据传说，舜的政权，是尧让给他的。这种政权转移的方式，用从前老话说，叫"揖让"。周武王的政权，是用暴力从商朝夺过来的。这种方式，用中国以前的老话说，叫"征诛"，用现在话说，叫武装革命。

孔丘反对革命暴力，认为是"犯上作乱"。孔丘认为，在任何条件下，都不能"犯上作乱"。当时齐国的陈恒杀了齐国的国君，夺取了齐国的政权，孔丘就请鲁国的国君鲁哀公出兵讨伐。周武王灭了商朝，夺取了政权。在孔丘看起来这也是"犯上作乱"。《武》这个乐舞，正是歌颂这一类事的，所以孔丘认为，按政治标准说，《武》这个乐舞是不很好的。

孔丘以后的儒家，经常把周文王和周武王并称。可是孔丘只称赞周文王，不称赞周武王。他说：周文王"三分天下有其二，以服事殷，周之德可谓至德也已矣"（《论语·泰伯》）。他称赞周文王虽然统治了中国的三分之二，但还不背叛殷朝。他认为这是周文王的"至德"。武王伐纣，显然就是于"至德"有亏。所以他所作的《武》这个乐舞，按孔丘的政治标准说，也是不合格的。

武王伐纣，当时有些人也是反对的。其中的代表人物，就是伯夷、叔齐。周武王伐纣出兵的时候，伯夷、叔齐拦着他的马不让出兵，并且对武王说："父死不葬，爰及干戈，可谓孝乎？以臣弑君，可谓仁乎？"给武王加上了不忠、不孝两个大罪名。武王建立了周朝以后，伯夷、叔齐指责武王是"以暴易暴"（《史记·伯夷列传》）。

对于这件事，孔丘采取什么态度呢？他是站在伯夷、叔齐一边的。孔丘向来不轻易说哪一个人可以算是有"仁"这种道德品质的。对于伯夷、叔齐，却说他们是"求仁而得仁"（《论语·述而》），推崇备至。

后来唐朝的韩愈作了一首琴歌，叫《羑里操》，其中有两句话："臣罪当诛兮，天王圣明。"羑里，据说是纣王囚文王的地方。韩愈认为，当时文王的心情应该是，觉得纣王无论怎样对他迫害，都是由于他自己该死。韩愈所宣扬的这种思想，就是孔丘称赞文王的那种思想，也就是孔丘要求讨伐陈恒的那种思想。这种思想就是孔丘评论文艺的政治标准的具体内容。

《论语》又有一段记载孔丘的话说："子语鲁大师乐曰：'乐其可知也。始作，翕如也。从之，纯如也，皦如也，绎如也。以成。'"（《八佾》）这里所说的是一首乐章进行的过程。这个过程有三个阶段，即开端（"始作"），展开（"从之"）及结束（"以成"）。形容这三个阶段的形容词的确切意义，现在也无可考了。可以确定的是，这是专就艺术标准说的。但是，他认为最好的音乐，首先必须在政治标准方面合格。所以他最喜欢的音乐是《韶》。《论语》记载说："子在齐闻《韶》，三月不知肉味。曰：'不图为乐之至于斯也'。"（《述而》）颜渊问：怎样治理国家？孔丘告诉他说："乐则韶舞。"（《卫灵公》）他听了《韶》乐，陶醉到有三个月都不知道肉的滋味。又告诉颜渊，治国用的音乐应该是《韶》这个乐舞。他为什么对于《韶》这样欣赏？就是因为《韶》是"尽善尽美"，既合乎他的政治标准，又合乎艺术标准，前者更为重要。

孔丘是最推崇文王的。他说："文王既没，文不在兹乎？"（《论语·子罕》）意思就是说，文王既然死了，文化就在我这里了。他自以为他是直接继承文王的，武王不在话下。他也吹捧周公。因为据传说，在周朝建立以后，周公制定了周朝奴隶社会的典章制度，总而名之曰："周礼"。在他看来，周朝的建立，有汉朝人所说的"逆取顺守"的情况。武王是"逆取"，周公是"顺守"。无论如何，孔丘对于文王、武王、周公这三个人的不同态度，明确地说明了他的保守主义的文艺思想。

孔丘的保守主义的思想，也表现在他对于《诗经》的评论上。他说："《诗》三百，一言以蔽之，曰：'思无邪。'"（《论语·为政》）《诗经》包括三百多篇诗。"思无邪"，是《诗经·鲁颂·駉》篇中的一句诗。孔丘认为，这句诗可以包括全部《诗经》的意义。这就是用政治标准衡量文学作品的价值。在评价音乐作品时，他还提到艺术标准。在谈到文学作品时，他连艺术标准也不提了。

《诗经》中的有些诗句，本来是与道德问题无关的。可是孔丘也要把它们同道德问题联系起来。上面已经说过，子夏因"巧笑倩兮，美目盼兮，素以为绚兮"，这三句诗而悟到"礼后乎"，孔丘大为赞赏（《论语·八佾》）。子夏所问的这三句诗，本来是说一个妇女长得好看，笑得好看，眼也好看，皮肤很白，加上装饰，更加好看。这三句诗的意思本来是很明白的。子夏问这三句诗是什么意思，大概他也是照着孔丘的文艺观，要从道德问题上了解这三句诗。孔丘回答说：绘画必须先有粉地。子夏说：礼必须在后吗？孔丘很欣赏这个回答。他叫着子夏的名字说：这个回答对于他很有启发，像这样的人才可以同他谈诗。

《论语》还有一段记载说:"子贡曰:'贫而无谄,富而无骄,何如?'子曰:'可也。未若贫而乐,富而好礼者也。'子贡曰:'《诗》云:"如切如磋,如琢如磨",其斯之谓与?'子曰:'赐也,始可与言《诗》已矣,告诸往而知来者。'"(《学而》)子贡提出"贫而无谄,富而无骄",问孔丘这样如何?孔丘说:也还可以,但是,还不如"贫而乐,富而好礼"。子贡说:有两句诗说,人的修养就像治骨、角那样,先切之,又磋之,又像治玉石那样,先琢之,又磨之,功夫一步一步地加细。"贫而无谄,富而无骄"好像是切和琢这一步的功夫,"贫而乐,富而好礼"就好像是磋和磨进一步的功夫。孔丘对于子贡的这一段话,大为赞赏,说:像你这样的人才可以谈诗。告诉你过去的事情,你就知道将来的事情。

《论语》中又一条说:"小子何莫学夫《诗》?《诗》,可以兴,可以观,可以群,可以怨。迩之事父,远之事君。多识于鸟兽草木之名。"(《阳货》)这是孔丘的文艺理论的比较系统的叙述。他讲的是"学诗",怎样学习《诗经》,同时也是他的文艺创作的理论。他提出了兴、观、群、怨四点。朱熹在他的《论语集注》中,对每一点都作了说明。

"诗可以兴",朱熹注说:"感发志意。"就是说可以鼓动人的"善心"。何晏《论语集解》引孔安国注说:"兴,引譬连类。"上面所举的子夏和子贡讲诗那两条,或从《诗经》里的诗句联系到道德问题,或从道德问题联系到《诗经》里的诗句,都是"引譬连类"。

"可以观",朱熹注说:"考见得失。"就是说,从《诗经》里面可以看见前人的成功和失败,从其中吸取经验教训,以为借鉴。

"可以群",朱熹注说:"和而不流。"这四个字原见《中庸》。《中庸》说:"君子和而不流。"(第十章)朱熹解释说:"凡人和而无节,则必至于流。"(《中庸或问》)"和"固然是可以改善人与人之间的关系,但是,如果没有"礼"的节制,照儒家的说法,那还是不行的。照他们的说法,只有"和而不流"才可以维持人与人之间的真正友好关系。诗有这样的作用,一方面它是配乐的,有乐的作用;但其内容又是"思无邪",又有礼的作用。有这两种作用,就可以"和而不流"。所以诗"可以群"。

"可以怨",朱熹注说:"怨而不怒。"统治者和被统治者之间的不可调和的矛盾,必然要引起被统治者的怨恨、忿怒和反抗。孔丘认为学了诗,才"可以怨",因为《诗经》里面的诗写的怨是没有恨的怨,更不用说忿怒和反抗了。这就是"怨而不怒"。

孟轲讨论过这个问题。《孟子》里面有一段说:孟轲的学生问他说:有人说《诗经》里面的《小弁》这首诗是小人的诗。孟轲说:为什么呢?回答说:因为其中有怨。《小弁》是《诗经·小雅》中的一篇。据说,周幽王娶申后,生太子宜臼。后来又别有所宠，把宜臼废了。宜臼的师傅作这首诗，其中有怨幽王的意思。这是以子怨父，所以有人说它是小人之诗。孟轲不以为然，他说："《小弁》之怨，亲亲也。亲亲，仁也。……亲之过大而不怨，是愈疏也。……愈疏，不孝也。"（《孟子·告子下》）意思就是说，幽王废太子，是关系到国家的大事，不是一般的小错误。《小弁》的怨，是"恨铁不成钢"的怨。如果不怨那倒是对于幽王的疏远，那就是不孝。这个怨是出于对于幽王的亲爱，是孝、是仁。

"多识于鸟兽草木之名"，就是说，学诗也可以得一点知识性的东西，那不过是其余事。

孔丘说："《关雎》乐而不淫，哀而不伤。"（《论语·八佾》）《关雎》是《诗经·周南》中的一篇。朱熹注说："淫者，乐之过而失其正者也。伤者，哀之过而害于和者也。"就是说，哀乐都不可太过。孔丘认为《关雎》这一篇的道德教训就在于此。

上边说过《论语》记载："颜渊问为邦"，孔丘回答说："乐则韶舞"，接着说："放郑声。……郑声淫。"（《论语·卫灵公》）郑声是当时新兴的民间音乐。孔丘排斥它，因为它"淫"，是《关雎》的对立面。

"乐而不淫，哀而不伤"，"和而不流"，"怨而不怒"，这四句话所根据的一个总的原则，是"中庸之道"。这个道认为，什么事情都不可太过，也不可不及。总要恰到好处，合乎中道，无过也无不及。这就是"中庸之道"。"中庸之道"是礼所根据的原则，也是乐所根据的原则。在这个原则上，礼和乐是一致的。

第七节 孔丘对于古代学术生活的反思

孔丘自称是一个儒。儒是奴隶主贵族所用的主管上层建筑的官，也是主管古代的典章、制度、典籍、文物的专家。在奴隶制崩溃以后，这些专家流入民间，靠他们的专业知识自谋生活。他们熟悉礼节仪式，可以帮助别人办红白喜事。他们掌握古代的典章制度和典籍文物，可以招收学生，传授这一方面的知识。他们从这些活动中得到一点报酬，以维持生活。孔丘就是这样的一种人。他在这一方面声名很大，学生也很多。可以说是中国古代的一个重要的学问家、教育家。

他的教育的一个重要内容是教学生学习从古代传下来的典籍，以及生活方式、诗歌文艺，总称为诗、书、礼、乐。他说："学而时习之，不亦乐乎。"（《论语·学而》）"学"就是学这些东西。不过，孔丘教学生学这些东西的时候，还引导他们在这些东西之中，引申出来一些原则和教训。对于这些东西，有所理解，有所体会，有所引申，有所发挥。他教学生们说："学而不思则罔，思而不学则殆。"（《为政》）"学"就是学习诗、书、礼、乐；"思"就是对于这些东西有所引申，有所发挥，有所理解，有所体会。孔丘告诫学生们说：对于诗、书、礼、乐，如果是"学而不思"，学的虽多，那也是白学，白花气力。如果是思而不学，那就可能走入邪门歪道，那是很危险的。"殆"就是危险的意思。他教学生的这两句话，也正是他一生的事业的精神之所在。他一生的事业就是既要拥护周礼、传授古代的典籍，又要从其中引申、发挥，宣传他自己的理解和体会。

《论语》中记载的这种例子很多。上面说过，孔丘赞许子贡为"可以言诗"（《八佾》）。孔丘自己也说："《诗》三百，一言以蔽之，曰：'思无邪'。"（《为政》）"诗可以兴，可以观，可以群，可以怨，迩之事父，远之事君。多识于鸟兽草木之名。"（《阳货》）这都是孔丘对于《诗》的引申、发挥，也就是他对于《诗》的理解和体会。这是他自己在学《诗》的时候学而又思的收获。

《论语》又说："或谓孔子曰：'子奚不为政？'子曰：'《书》云："孝乎惟孝，友于兄弟。"施于有政，是亦为政，奚其为为政？'"（《为政》）就是说，治家就是为政。孔丘从《书经》中的一句话，推出"治家"就是"为政"。这就是《大学》所说的，齐家为治国之本。"欲治其国者，先齐其家。"

这就是对于《书》的引申、发挥，也就是孔丘对于《书》的理解和体会。这是他在学《书》的时候学而兼思的收获。

孔子讲"礼"，注重"礼之本"，上面已经讲过。他向学生有若说："礼之用，和为贵；先王之道斯为美。"（《论语·学而》）礼之用是对于礼之本而言。礼之本是人的性情，人的真情实感。在表面上看起来，礼的作用是板着面孔做分别，人与人之间的分别，但据有若说，礼实际上所要得到的是人与人之间的协和。

孔丘又说："乐其可知也。始作，翕如也。从之，纯如也，皦如也，绎如也。以成。"（《论语·八佾》）这一段话的确切的意义还没有得以完全地解释出来，但是大概可以说，这是讲音乐原理的，是音乐美学。

由此可见，孔子讲礼、乐，不是专讲其仪式、节奏，而是要讲出其原理、原则，要对于仪式、节奏有所引申，有所发挥，有所理解，有所体会。这是他在学礼、乐的时候学而兼思所得的收获。

孔丘究竟讲过《周易》没有，近来人们有不同的意见。《论语》中有一句"假我数年，五十以学易"的话，本来是很明白的。但因为对于那个"易"字有疑问，所以那一句话也被怀疑了。因为那句话被怀疑，所以《史记》中，"孔子晚而喜《易》"那个记载，也似乎不足为凭了。但是《论语》中还有一条说："南人有言曰，'人而无恒，不可以作巫医'，善夫。'不恒其德，或承之羞'，子曰：'不占而已矣'。"（《子路》）。"不恒其德，或承之羞"是《周易》恒卦的爻辞。孔丘说

"不占而已矣",可见他也是把这句话作为《周易》的爻辞而引用的。他引用这句爻辞,又配上"南人之言",以说明人不可无恒。这可见孔丘是学过《周易》,不过他学《周易》,不仅学占筮的方法,而且要对于卦词、爻辞有所引申,有所发挥,有所理解,有所体会。这是他在学《易》中学而兼思的收获。

孔丘说:"温故而知新,可以为师矣。"(《论语·为政》)"温故"是学习传统的东西;"知新"是对于那些东西有所引申,有所发挥,有所理解,有所体会。"温故而知新",就是要学、思兼用。孔丘认为,必须能够这样,才可以为师。他是这样教学生的,他自己也是这样做的。

汉朝人说,孔丘教学生有六门课程,称为六艺。六艺就是于《诗》《书》《礼》《乐》之外,又加上《易》和《春秋》。《论语》中没有说过孔丘教学生学《春秋》,也没有出现过春秋这两个字。这可能是因为《春秋》是当时鲁国的国史,所以不能和《诗》《书》并列,但是孔丘所宣传的正名主义,如上边所说的,可能也是孔丘从当时国史的"书法"中引申出来的。后来的儒家,就本着这个意思作出《公羊传》《穀梁传》这一类的书。这一类的书,在汉朝很重要,所以他们把《春秋》列为"六艺"之一。

孔丘说他自己是"述而不作",其实是以述为作。他说他自己是"信而好古",其实是于"好古"之中,有他自己的理解和体会。他所创始的儒家学派,继承、发挥了他的这种精神,把他的理解和体会加入在他所"述"的"古"之中,这就丰富了他所"述"的"古"的内容。后来儒家的人在做这样的工作中,他们又有他们自己的理解和体会。他们的理解和体会又被他们的后学加入他们所"述"的"古"之中,好像滚雪球一样,越滚越大。儒家学派的思想的内容越来越丰富。

《周易》的《经》是孔丘以前就有的书,是儒家所"述"。它的《传》,如《系辞》《文言》等,是儒家所"作"。《周易》的哲学思想也就在《传》中。《仪礼》是孔丘以前本有的书,是孔丘所"述"。《礼记》是儒家所"作",也就是《礼记》有哲学价值。如果《周易》的《经》离开了《传》,它不过是一种占筮之书。如果《仪礼》离开了《礼记》,它不过是一种仪式单子。它们就不会起像它们在中国历史中所起的那种作用。

第八节 孔丘对于他自己的精神境界的反思

孔丘在他的"道"中,树立了一个完全人格标准。他认为人都应该照着这个标准生活以实现这个标准。这样的生活是一种幸福的生活。这种幸福,他称为

"乐"。这种"乐"并不是一种肉体的快乐，而是一种精神的平静和满足。孔丘认为，在他所想的完全的人格之中，个人和自然、社会的关系，都有适当的安排。矛盾解决了，而代之以"和"。这就为一个人布置了一个"安身立命之地"，在其中他可以幸福地生活下去。

孔丘说："饭疏食饮水，曲肱而枕之，乐亦在其中矣。不义而富且贵，于我如浮云。"（《论语·述而》）他所讲的"乐"并不是肉体的快乐，所以虽然在恶劣的生活条件中，他还是"乐"。但他也不是一般地反对好的生活条件，不是一般地反对富贵。他所反对的是用不道德的方法得来的富贵。那种富贵，他看起来无足重轻。

他给学生们指了一个生活的方向。他说："志于道，据于德，依于仁，游于艺。"（《论语·述而》）就是说，学生们要以他所说的"道"为生活的方向，有了这个方向，在生活中就可以有所得，这就叫"德"。有了"德"，就可以以之为根据再向前进，以达到完全的人格为目标。这就叫"依于仁"。再加上一些文艺的生活，以为辅助，这就叫"游于艺"。他认为，学生们应该照着这个方向，一直走下去，不要顾虑生活中的其他杂事。他说："君子坦荡荡，小人长戚戚。"（同上）"君子"照着他自己所认为是正的方向一直走下去，不顾虑生活中的个人得失，好像是在阳关大道上走路。路是平平坦坦，人是直来直去。这就是"坦荡荡"。"小人"患得患失，顾虑很多。好像是过独木桥，提心吊胆，时时刻刻恐怕掉下去。这就叫"长戚戚"。"坦荡荡"是乐，"长戚戚"是忧。孔丘自己说：他自己是："其为人也，发愤忘食，乐以忘忧，不知老之将至云尔。"（同上）孔丘把"乐以忘忧"作为他自己的一项成就。这确是一项不容易得到的成就。他一生到处碰钉子，应该说是处于忧患之中，但他还是"乐以忘忧"。他是"忘忧"，并不是强制他自己勉强地不变。"不知老之将至"，也是忘忧的一种表现。其所以能如此，就是因为，他有一个"安身立命之地"。那就是他的"道"。他说："朝闻道，夕死可矣。"（《里仁》）这是说："安身立命之地"，对于人生的重要。

孔丘认为在他的学生中，颜回是最好的。他说："回也，其心三月不违仁。其余则日月至焉而已矣。"（《论语·雍也》）"仁"是完全的人格，也是一种精神境界。达到完全人格的人，就有这种精神境界。经常在这种精神境界之中的人称为"仁人"。颜回可以保持这种精神境界达三个月之久，其余的学生，不过是偶尔能达到这种精神境界。所以颜回能有这种别人所没有的"乐"。孔丘说："贤哉回也！一箪食，一瓢饮，在陋巷，人不堪其忧，回也不改其乐。贤哉回也！"（同上）孔丘所以反复称赞颜回，因为他知道这种"乐"是颜回"为仁"的成就，是不容易得到的成就。

后来的道学家们对于这种"乐"体会很深。周惇颐教程颢、程颐"寻孔、颜乐处，所乐何事"。这是道学中的一个重大问题。道学家们认为，这是儒家的一个关键性的问题。

《论语》记载了他的一段自述。

孔丘说："吾十有五而志于学，三十而立，四十而不惑，五十而知天命，六十而耳顺，七十而从心所欲不逾矩。"（《论语·为政》）孔丘活了七十二岁。这段话，讲了他七十以后的精神境界。他是在晚年回顾他一生的精神生活的过程，概括了他认为是这个过程的几个主要阶段。

对于研究孔丘的思想，这一段话很重要。但是文字很简略，意思也很隐蔽，需要先加注释。

孔丘说：他在十五岁就志于"学"。照下文看起来，这个学不是关于知识的学。这个学就是学"道"。就是说，他十五岁就"志于道"以求得到他所理想的道德品质，"仁"。

第二句说："三十而立。"三十岁孔丘就可以"立"了。孔丘说："不学礼，无以立。"（《论语·季氏》）又说："立于礼，成于乐。"（《泰伯》）从这几句话看起来，所谓立就是学礼已经达到一定的程度。达到什么程度呢？他没有明确地说。也许是已经达到"非礼勿视，非礼勿听，非礼勿言，非礼勿动"（《颜渊》）那"四目"所能够达到的程度。达到这种程度，视、听、言、动，都可以循规蹈矩，不至于违反周礼，可以站得住，这就是"立"。

第三句说："四十而不惑。"孔丘到了四十岁，就能不迷惑了。对于什么不迷惑，他没有明确地说。本章上文引《中庸》说："思修身不可不事亲。思事亲不可以不知人。""知人"就是对于人之所以为人有所理解，有所体会。这就是人对于自己的自觉。有了这种自觉，就可以"不惑"。也可以说，这种自觉，就是"不惑"。

第四句说："五十而知天命。"孔丘到五十岁，就知道天命了。本章上文引《中庸》说："思知人不可以不知天。""知天命"就是"知天"。这是"知人"的前提。关于"天命"的内容，上节已详。

第五句说："六十而耳顺。"据近人的研究，"耳"字就是"而已"。而已两个字的连读，念得快了，就成为"耳"。"六十而耳顺"，就是六十而已顺。顺什么呢？联系上文，顺是顺天命。上节说过，对于自然有两种态度，一种是顺，一种是逆。前者是宗教的态度；后者是科学的态度。孔丘说，他在六十以后就确定对"天命"的"顺"的态度。

第六句说："七十而从心所欲不逾矩。"这个矩，就是礼的矩，就是"天命"的矩。孔丘说，到七十岁的时候，他就能随心所欲而自然不超过规矩，在这个时候,他仍然是"非礼勿视,非礼勿听,非礼勿言,非礼勿动"。在表面上看,他似乎还是像三十岁那个样子,其实呢?照他说,完全不是。因为经过了不惑,知天命,顺天命这三个阶段,他的循规蹈矩完全是出于自然,没有一点勉强造作。这就是后来儒家所说的:"从容中道,圣人也。"(《中庸》)这就是他的精神完全达到自觉的程度。

春秋时代是中国社会的一个大变动的时代。社会大变动引起了人们对于社会制度、道德准则以及文艺、学术等各方面的"批判"。这就是人们对于精神生活的反思。这就是对整个上层建筑、整个文化的"批判"。这里所谓"批判"是用康德的意思。这是一个伟大的"批判"的时代。孔丘生在这个时代,得到了这个机会,负起这个责任。照上面所讲的,他确是对于古代的精神生活作了反思,对于当时传统的社会制度、道德准则,以及文艺、学术作了"批判",对于传统的文化作了"批判"。他说是要"从周""为东周",实际上是对于周礼有所理解,有所体会,有所引申,有所发挥。他说是:"文王既没,文不在兹乎!"实际上是对于文王所创造的文化有所理解,有所体会,有所引申,有所发挥。他说是"述而不作",实际上是以述为作。

他的理解、体会、引申、发挥,构成了他的"道"。他的"道"就是他对于人类精神生活反思的内容。也就是他的哲学体系的内容。其中有反思,有理论思维,又提供了一个"安身立命之地"。

人是自然所产生的。他本来是自然的一部分。但既有了人,他就成了自然的对立面。人的生活资料,有一部分是自然的无偿供给,例如阳光、雨露之类。有一部分是从改造自然中得来的。即在原始社会中,人们也要"凿井而饮,耕田而食"。凿和耕就是改造自然。人类越进步,需要改造自然的地方就越多。大概说起来,人对于自然的态度有两种。一种是"顺",一种是"逆"。前者以宗教为代表,后者以科、技为代表。这是人和自然的关系的问题,其中有矛盾也有统一。社会是人所建立的,人建立社会,以与自然作斗争。但既有了社会之后,它就成了人的"异化",同个人对立起来。个人和社会又成了两个对立面;其间有矛盾、有斗争,也有统一。个人与个人本来都是自然的产物,都是社会的一员。但个人与个人之间,也有矛盾、斗争和统一。在这里就不必多说了。

总而言之,在人类的生活中,有三大类的对立。一是人类和自然的对立,二是个人与社会的对立,三是个人与个人之间的对立。有对立就有矛盾,有矛盾就有斗争,有三种对立,三种矛盾和斗争。第一是人类与自然的矛盾,第二是个人与社会之间的矛盾,第三是个人与个人之间的矛盾。哲学史中的大哲学家都是围绕着这三种矛盾而建立他们的体系。他们都企图理解这三种矛盾,对待这三种矛盾,解决这三种矛盾。他们中间的不同,在于他们用不同的立场,从不同的角度，理解这三种矛盾，用不同的态度对待这三种矛盾，用不同的方法解决这三种矛盾。

照上边所讲的看起来，孔丘对于这三种矛盾，都有他自己的理解，都有他自己的态度，都有他自己的解决办法。对于人类与自然界的矛盾，他的解决办法是"顺天命"。对于个人和社会的矛盾，他的解决办法是"仁"和"礼"的统一。对于个人与个人之间的矛盾，他的解决办法是"忠恕"之道。他对于矛盾的态度，是调和、折中，使矛盾停止在量变的阶段，不至于达到质变。他的总的理解是认为整个的宇宙本来是一个大和谐，孔丘认为，人与天之间应该也是"和"的关系。个人与社会之间，个人与个人之间，也都应该是"和"的关系。这就是说，他对于矛盾的两个对立面，注重它们之间的统一，不注重它们之间的斗争，这就是说，他认为，它们之间的统一是绝对的，斗争是相对的。

孔丘的时代是一个动荡的时代，一个变革的时代。在这样的时代中，孔丘的这样的思想，只能是对于被变革的阶级有利的，对于有既得利益的阶级有利的。

但是，历史是变化的，腐朽可以化为神奇，神奇可以变为腐朽。到了战国的末期，地主阶级和奴隶主阶级的地位互相转化了。地主阶级从被统治的地位转化到统治的地位。奴隶主阶级从统治的地位转化到被统治的地位。奴隶主阶级本来是有既得利益的阶级，但已经丧失了它的既得利益。地主阶级本来没有既得利益，但在转化后有了既得利益了。既然有了既得利益，它就要有一个维护既得利益的哲学，有利于维持现状的哲学。因为维持现状就是维持既得利益。它需要有一个调和矛盾，强调统一，反对斗争的哲学。汉朝的地主阶级鉴于秦朝的灭亡，努力寻找这种哲学，经过了曲折的道路。实践证实了孔丘的儒家思想就是这种哲学，于是就用儒家的思想作为巩固封建社会的理论工具。

孔丘对于当时的旧东西，是同情的。他对于旧的东西是"因"多而"革"少。但他对于旧的东西的理解、体会、引申、发挥，这就是他对于旧的东西的"损、益"。经过他的"批判"工作，人们的认识就深刻了一层，人们的自觉就提高了一步。这是孔丘的主要的贡献。

经过上面各节的讲述，在本章开始对于孔丘所预作的结论可以得到证实。孔丘基本上是奴隶主阶级改革家。他的思想在当时所起的作用是保守的。但他是中国的第一个（从时间上说）哲学家。作为第一个哲学家，他的思想的影响，对于中华民族的形成以及中国文化的发展，无论积极或消极，都是深远的。

第五章 邓析与子产的斗争，名家的起源

第一节 子产在郑国推行的改良路线

作为当时大转变的历史潮流的反应，郑国的子产也施行了一系列的改良措施，推行改良的路线。

子产，公孙氏，名侨（卒于公元前522年），郑国的奴隶主贵族。在一次贵族争权的斗争中，子产取得了执政的地位。《左传》记载说："子产使都鄙有章（划清城市和乡村的界限）。上下有服（明确在上者和在下者的服装的差别）。田有封洫（把贵族各'家'的田地都用沟圈起来，使之边界分明）。庐井有伍（把房舍和井，加以编制）。大人之忠俭者，从而与之，泰侈者因而毙之。"（襄公三十年，又见《吕氏春秋·乐成》）照这个记载看起来，子产的措施，基本是修整旧秩序。

《左传》继续说："（子产）从政一年，舆人诵之曰：'取我衣冠而褚之，取我田畴而伍之，孰杀子产，吾其与之。'及三年，又诵之曰：'我有子弟，子产诲之，我有田畴，子产殖之；子产而死；谁其嗣之'。"（襄公三十年）从这些记载，可以看出来，子产的措施，究竟与什么人有利，是为哪个阶级服务的。

"舆人"传统的解释，说是众人。其实很可能就是有车或坐车的人。就算是众人吧，对于这些众人也要分析。这种人有"衣冠"，有"田畴"，其子弟可以受教育，可见他们不是奴隶和劳动人民。如果是新兴地主，他们对于子产的改良措施不会先反对而后拥护，倒是可以先拥护而后反对。先反对而后拥护的人只能是奴隶主贵族。他们先反对改良的措施，因为这些措施确实损害了他们的一些目前利益。可是后来认识到，这是维护他们的长远利益的，于是就由反对转而为拥护。

照晋国的叔向给子产的信中说，子产的措施有四项："作封洫"，"立谤政"，"制参辟"，"铸刑书"。"作封洫"就是上面所说的"使田有封洫"。"立谤政"就是允许"庶人"议政。孔丘说："天下有道，则庶人不议。"（《论语·季氏》）

"庶人"议政，是违反奴隶社会的礼的。当时有人反对，子产解释说："犹防川。大决所犯，伤人必多，吾不克救也。不如小决使道，不如吾闻而药之也。"(《左传》襄公三十一年）就是说，防民同防河一样。如果出了大决口，问题就大了，不如让河有些小决口，让水流出一点，一则可减少水对于堤的压力，二则可以随时设法对付。这一段话，说明当时奴隶、劳动人民和新兴地主阶级反抗的强烈。也说出了子产当时迫不得已的情况以及他的根本思想，即改良哲学。

孔丘听说子产的这段话，很称赞，说："以是观之，人谓子产不仁，吾不信也。"（同上）

在子产的改良措施中，在当时最引起奴隶主贵族震惊的是"制参辟"，"铸刑书"。这其实是一件事，"参辟"是"刑书"的内容。

由于新兴地主阶级力量的增长和奴隶们反抗的加剧，奴隶主的统治原则和社会制度，即所谓"礼治"遭到了越来越大的破坏。在这种情况下，新兴地主阶级明确地提出了要以法治代替礼治，主张政治上一切按照公布出来的法律条文办事，借以限制奴隶主贵族的特权。

西方的历史提供一个明显的类似的例子。在罗马的奴隶社会中，原来有习惯法，没有成文法。奴隶主对奴隶和劳动人民可以随意判罪。平民要求成文法典。贵族长期抵抗无效，不得已制订成文法，于公元前451年把成文法典刻于十二个铜牌之上，树立在城市中的主要广场。

这些都是划时代的大事，是当时社会、经济的变革在法权方面的反映。原先的奴隶主贵族统治奴隶和劳动人民，本来是用刑的。他们有各种各样的残酷的刑，可是他们没有公布的成文法。《书经》中的《吕刑》说，"五刑之属三千"。照一般的解释，这就是说，刑法的条款有三千之多。但《吕刑》没有说这些条款是公布的。对于奴隶，在什么情况下用什么刑，完全由奴隶主贵族自己临时决定。"刑不可知，则威不可测。"（《左传》昭公六年孔颖达疏语）这样，他们就可以任意屠杀奴隶和劳动人民，使奴隶和劳动人民经常处于极端的恐怖之中，以维持他们的统治。

奴隶主贵族已经不能继续用旧办法进行统治了。在这种情况下，子产就在郑国"铸刑书"，邓析"作竹刑"，晋国也"铸刑鼎"。这些都是当时的历史潮流的反映。虽然都是反映，但情况和性质也有不同，这要具体分析。

子产在郑国"铸刑书"。刑书就是刑法。他用铁把刑法铸在上面，公布出来。他所铸的刑书上所公布的其实就是奴隶主阶级传统使用的刑法。叔向信中说："夏有乱政而作禹刑。商有乱政而作汤刑。周有乱政而作九刑。三辟之兴，皆叔世也。今吾子相郑国而作封洫，立谤政，制参（三）辟，铸刑书，将以靖民，不亦难乎？"（《左传》襄公三十年）可见"三辟"就是奴隶主传统的三种刑法。子产把它们综合起来，加以编排，这就叫"制参辟"。这就是子产所铸的刑书的内容。内容没有什么新的东西，只是把本来不公布的刑法条文公布出来。

如果这件事办得比较早，仅只公布成文法这件事就是一件大事。这是对于奴隶主贵族威权的一种限制，是对于传统制度（"礼"）的一种破坏。但是当时的历史潮流已经超过了仅只公布成文法这一点。历史潮流所要求的，已经不是公布原有的刑法，而是制订一种新的刑法。子产"铸刑书"，并不足以适应当时历史的需要和先进人物的要求。在子产"铸刑书"以后，邓析就作"竹刑"，子产的继承人也用"竹刑"。这些事实都可以说明这一点。所以子产"铸刑书"是一种"马后炮"，没有革新的意义，只有改良的意义。

但是，即使这种改良的措施，也遭到当时极端反动的人物的反对。上节提到，晋国的叔向（羊舌肸）对于当时的奴隶主贵族的没落，很有敏感。对于这种情况，他曾经和晏婴互相感叹（见上章）。子产铸刑书，使他大为震惊。他给子产一封信，指出奴隶主贵族统治劳动人民的传统办法的目的，在于使"民于是乎可任使也而不生祸乱"。他说：现在有了公布的成文法，事情就糟了。"民知有辟，则不忌于上。并有争心，以征于书，而徼幸以成之，弗可为矣。""民知争端矣，将弃礼而征于书，锥刀之末，将尽争之。"这就是说，有了公布的成文法，劳动人民就可以有所根据进行合法斗争；这样就大大削减了奴隶主贵族的特权，也减轻了劳动人民对于奴隶主贵族的恐惧，动摇了贵贱的等级秩序。他说，这就没有办法了。他站在奴隶主贵族的立场，预言说："终子之世，郑其败乎！"他所谓"败"，当然是指郑国奴隶主贵族的败；就这个意义说，他的预言倒是应验了。

叔向的这封信，是顽固地站在奴隶主贵族的立场，保卫当时日益没落的奴隶制，企图从本阶级的利害关系上说服子产，让他不要做即使是改良的措施。他给子产的信，开头就说："始吾有虞于子，今则已矣。"子产是当时奴隶主贵族中间的一个有"国际"名望的人。各国的奴隶主贵族们都希望他能有办法挽回奴隶制没落的命运。他们认为，子产没有按照那些极端顽固派的要求去做。所以叔向说："我本来对于你有很大的期望，可是，现在完了。"这是当时奴隶主贵族的一种悲鸣。历史的发展是无情的。二十年以后，晋国自己也"铸刑鼎"了。而且这个刑鼎比子产的刑书又有不同，因为其上所铸的是"范宣子所为刑书"（《左传》昭公二十九年），是新作的刑法。这是叔向所不及料的。

当时的没落奴隶主贵族们对于郑国的"铸刑书"，造了许多谣言。有个士文伯就说：郑国必定将有大火灾，因为在火星还没出现的季节，就用火铸鼎，"不火何为？"（《左传》昭公六年）子产不在乎这些谣言。但是在他回叔向的信中，表明了他的真实立场。

子产在回信中说："若吾子之言。侨不才，不能及子孙。吾以救世也。既不承命，敢忘大惠？"（《左传》昭公六年）从这封信看起来，子产是站在奴隶主贵族的立场。他不过是为了企图延长奴隶制的寿命，缓和一下当时的阶级斗争，而被迫采取了应付的措施。所以他跟叔向说："事情确是像你所说的样子。我的能力很小，顾不到子孙了。我只是想要对付现在存在的问题。"就是说，他这样办是不得不如此。

这并不是专从动机上评论子产。事实是子产虽然在政治上采取了跟"礼"不相合的措施，可是他并没有抛弃"礼"，还是企图对于"礼"作辩护，并给它以一种新的理论根据。他仍然是个主张礼治的人，他的政治的继承人子太叔引子产的话说："夫礼，天之经也，地之义也，民之行也。天地之经而民实则之。"（《左传》昭公二十五年）这是企图从自然界为"礼"找一个根源。"天之经""地之义"就是自然界的秩序和规律。据他说，人以自然界的秩序和规律为法，制定出社会的秩序和规范，这就是"礼"。照这个说法，"礼"不是上帝和神灵安排的，也不是什么人任意规定的，而是以自然界中的秩序和规律为依据的。子产企图从自然界中寻找"礼"的根源。他排除了"天秩有礼"的宗教神秘主义的传统说法，可是他混淆自然界的秩序和社会秩序的区别。照他的说法，似乎自然界规律本身也就有"礼"的意义。"礼"的本身，固然是"民之行"，同时也就是"天之经""地之义"。这样，自然界本身也就有了社会属性。这又是一种唯心主义的观点。

照子太叔所引子产的这段话，"礼"的范围极其广泛。"礼"包括饮食的种类、音乐的规律、政治制度、社会制度、刑罚、道德。"礼"最后的目的是防止"民失其性"，使人"哀乐不失，乃能协于天地之性"。他所谓"性"当然是奴隶主阶级所需要的人性，而这种人性，照他说，也就是"天地之性"。这也是唯心主义的观点。

子产、叔向和晏婴的思想是一类的，都是从没落奴隶主贵族的立场出发的。上节已讲到孔丘对于晏婴的称赞。在子产死的时候，孔丘为他落泪，说他是"古之遗爱也"（《左传》昭公二十年）。对于叔向所做的某一种事情，孔丘也赞扬说他是"古之遗直也"（《左传》昭公十四年）。对于这三个人，孔丘是寄以深厚的同情的。

第二节　邓析反对子产的改良路线的斗争

子产的改良措施，当然是不能满足新兴地主阶级的要求的。由于他的阶级立场所决定，他的刑书肯定仍然是维护奴隶制的，所以同样遭到了新兴地主阶级的代表邓析的反对。邓析作"竹刑"以为对抗。"竹刑"是邓析拟定的合乎新兴地主阶级需要的刑法。子产公布的刑书是铸在铁上的。邓析的新刑法是写在竹板上的，所以称为"竹刑"。

唐朝的孔颖达说：昭公六年子产铸"刑书"于鼎，今邓析别造"竹刑"，明是改郑所铸旧制（见《左传》定公九年孔颖达疏）。子产所铸的刑书，仍然是奴隶主的旧制。邓析的"竹刑"则是改革旧制的一种新刑法。

邓析不仅作竹刑，提出代表新兴地主阶级利益的刑法草案，而且利用子产所公布的刑法，与子产作针锋相对的斗争，在斗争中发展了一种同没落奴隶主贵族作合法斗争的方法。关于这一方面，《吕氏春秋·离谓》篇保留了相当丰富的材料。

《吕氏春秋·离谓》篇说："言者，以谕意也。言意相离，凶也。"又说："夫辞者，意之表也。鉴其表而弃其意，悖。"就是说：一句话（"言"，"辞"）表示一个意思。言是表，意是里。把言和意分离，这就叫"离谓"。把言意分离之后，又只取其言而背其意，《吕氏春秋·离谓》认为，这是大错，但邓析正是用这个办法同子产的法令作合法的斗争的。

《吕氏春秋·离谓》篇说："郑国多相县（悬）以书者，子产令无县书，邓析致之。子产令无致书，邓析倚之。令无穷，则邓析应之亦无穷矣。"这里所谓"书"，可能是如后世所有的政治揭帖之类。但"悬""致""倚"的确切意义，不甚清楚。此段大意是说，邓析对于子产的法令，常予以形式的解释，于是只在形式字句上遵守法令，而作与法令原意实际违反的事。这就是所谓"言意相离"。《吕氏春秋·离谓》篇对邓析的这种做法表示反对，因为据说这样："是可、不可无辨也。可、不可无辨，而以赏罚，其罚愈疾，其乱愈疾。此为国之禁也。故辨而不当理则伪，知而不当理则诈。诈伪之民，先王之所诛也。理也者，是非之宗也。"这里所谓"是非"是奴隶主的"是非"，所谓"理"是奴隶主的理。邓析的斗争，就是要打乱这些"是非"，打倒这些"理"。他是新兴地主阶级的代表，不是"诈伪之民"。

《吕氏春秋·离谓》篇又说："子产治郑，邓析务难之。与民之有狱者约：大狱一衣，小狱襦裤。民之献衣襦裤而学讼者，不可胜数。以非为是，以是为非，是非无度，而可与不可日变。所欲胜因胜，所欲罪因罪。郑国大乱，民口讙哗。子产患之，于是杀邓析而戮之。民心乃服，是非乃定，法律乃行。"这是说：邓析不仅自己用这种办法同子产的法令作斗争，而且还帮着民间都作这种斗争，闹得子产没有办法，只好把邓析杀死，他的"法律"才能得到暂时稳定。

《左传》说："郑驷歂杀邓析而用其竹刑。"（定公九年）照这条记载，杀邓析是子产的继承人。《左传》还引"君子"（指孔丘）的话，说驷歂不应该"用其道"而"不恤其人"，好像孔丘很同情邓析。照孔丘的阶级立场看，他不可能同情邓析。孔丘可能是指出用其道而杀其人的矛盾。含蓄的意思可能是，既然杀其人，就不该用其道。其实这事也没有什么矛盾，杀邓析是因为他敢于斗争。用其竹刑是大势所迫。

邓析亦被称为名家。荀况说："不法先王，不是礼义，而好治怪说，玩琦辞，甚察而不惠，辩而无用，多事而寡功，不可以为治纲纪；然而其持之有故，其言之成理，足以欺惑愚众。是惠施、邓析也。"（《荀子·非十二子》篇）又说："山渊平，天地比，齐秦袭，入乎耳，出乎口，钩有须，卵有毛，是说之难持者也，而惠施、邓析能之。"（《荀子·不苟》）《吕氏春秋》的《离谓》《淫辞》二篇中，叙述当时的"诡辩"，举邓析并及公孙龙。《庄子·天下》篇述"辩者"之说，举惠施及公孙龙。可见在战国末年人的心目中，此三人是名家的中心人物。

《战国策》引苏秦的话说："夫刑名之家，皆曰白马非马也已。"（《赵策》）照这个解释，刑即形字，刑名即形名。但亦或因持白马非马一类的辩者，本来是讲刑法的，故有刑名之家之称。此所谓"刑名"，正如后世所谓"刑名"之义。"白马非马"是公孙龙的有名的辩论。据苏秦的话，公孙龙也是"刑名之家"。

韩非说："坚白无厚之词章，而宪令之法息。"（《韩非子·问辩》）可见坚白无厚之辩，其原来实际的用处，是对于法律条文"咬文嚼字"，作出种种解释，取其言而背其意。这是法家先驱人物对于奴隶主贵族的一种斗争方法。但新兴地主阶级的代表荀况和韩非为什么也对于惠施、邓析提出批判呢？

"刑名之家"就是名家。所谓名家，就其社会根源说，是春秋、战国时期各国公布法令所引起的一个后果。当时公布法令是新兴地主阶级对于奴隶主的要求，也是新兴地主阶级自己在政治上的一种重要措施。邓析等当时对于奴隶主阶级所公布的法令作"咬文嚼字"的解释，以求对于他们自己有利。这是他们对于奴隶主作合法的斗争，这是有进步意义的。但是在地主阶级夺权后，还有人对于地主阶级的法令作"咬文嚼字"的解释，以求对于他们自己有利，这就是对于地主阶级的法令的一种扰乱，是对于他们的统治的一种破坏。所以不能不遭到地主阶级思想家荀况和韩非的攻击。

第三节 关于伪《邓析子》

《汉书·艺文志》名家著录《邓析子》二篇，其中必有一些如荀况所说的"怪说琦辞"。可惜这部书失传了。现在我们所看见的《邓析子》是后人伪造的，其伪造之迹是很显然的。伪造的人收集了一些战国时期名家的一些词汇，塞到他所伪造的书中，企图以此证明其不伪。可是他们对于这些词汇完全不了解，对于这些词汇的解释，完全不是名家的意思。他们本来企图用以掩盖他们的伪造之迹者，反而暴露了他们的伪造之迹。可谓弄巧成拙。

例如"无厚"这个词汇，是战国时期道家和名家都用的。《庄子》说："以无厚入有间。"（《庄子·养生主》）又引"辩者"的话说："无厚不可积也，其大千里。"（《天下》篇）"无厚"就是没有厚；薄之至。这是一个概念。实际上没有"无厚"的东西。薄的东西，无论怎样薄，总要有一点厚。如果一点厚都没有，那就连薄也没有了。几何学中所说的面积，就是"无厚"。那也只是一个概念。实际上没有仅有面积的东西；不过几何学可以不管它的别的方面而只算它的面积。"无厚不可积也，其大千里"，说的就是这个道理。

伪《邓析子》的第一篇，就题为《无厚》篇。伪造书的人，大概想以此表明他们对于无厚的重视，以表明他们的这部伪书所讲的是如韩非说的"无厚之词"。可是他所了解的无厚是什么呢？他说："天于人无厚也，君于民无厚也，父于子无厚也，兄于弟无厚也。"他把"厚"了解为"特别照顾"，照他们说，天对于人没有什么特别照顾，君对于民没有什么特别照顾，父对于子没有什么特别照顾，兄对于弟也没有什么特别照顾。也可能没有什么特别照顾，但这对于名家的思想，完全没有什么关系。

伪《邓析子》说："异同之不可别，是非之不可定，白黑之不可分，清浊之不可理，久矣。"制这伪书的人，大概是企图讲名家所讲的"同异"的道理。"合同异"是名家的一个重要辩论。惠施说："大同而与小同异，此之谓小同异。万物毕同毕异，此之谓大同异。"（《庄子·天下》篇）惠施的目的是要"合同异"；而伪《邓析子》的作者，是要别同异。照他们在下边讲的："不以心计则达于无兆矣，不以知虑则合于天然矣"。这完全不是名家的道理；完全与惠施不合。

伪《邓析子》还有"圣人不死，大盗不止"一大段话（《转辞》篇）。这一大段话，完全是从《庄子·胠箧》篇抄来的。可见这部伪书是在《庄子》这一篇以后才出现的。

在中国哲学史中，名家最懂得理论思维，最善于作理论思维。照荀况所说的，邓析应该算是早期名家的一个代表人物，可惜他的书失传了，他的"怪说琦辞"，所说的是些什么，我们也无从得知了。照上边所引《荀子·不苟》篇所说的"山渊平，天地比"那几条辩论之中，有些也许就是邓析的辩论。如果这个推测不错，邓析这个名家是属于"合同异"一派的，惠施是继承邓析的。荀况在《不苟》篇和《非十二子》篇中都把邓析、惠施联在一起，这是有根据的。

照现在所有的材料说，邓析还不能说是早期名家；但照他的言论行动，可以帮助说明名家的起源。

第六章　春秋末期军事思想和经济思想中的唯物主义和辩证法

上文第三章讲到，管仲相桓公，训练了一支不同于奴隶兵的新型军队。他告诉桓公说："君有此教士三万人，以横行于天下，诛无道以定周室。天下大国之君莫之能圉也。"（《管子·小匡》）这一段话说出了新兴地主阶级的主观方面的雄心壮志，也说出了这个阶级在客观方面的历史使命。

新兴地主阶级要提高生产力，巩固封建制的生产关系。但是当时诸侯割据的局面，阻碍生产力的发展。历史的趋势要求打破这种奴隶社会遗留下来的局面，用武力统一中国。当时战争频繁，其历史的任务就在于此。当时因推行新制度而强大的国家，都出些大军事家，为当时的地主阶级政权服务，为当时的历史任务服务。这些军事家在训练、组织军队的方法上，在战略和战术的理论上，都贯穿有素朴的唯物主义和自发的辩证法思想。

第一节　春秋时期军事上的"礼"与"非礼"

在春秋时期，诸侯国之间的战争，特别是各霸主之间争霸的战争，越来越多，规模也越来越大。仗是怎样打的，参加战争的军队是怎样组织、训练的，在这些问题上也有两种思想的斗争。

在齐桓公以后，宋国和楚国争霸。宋国的国君襄公亲自率兵和楚国的兵战于泓水之上。在开战的时候，宋襄公按"礼"而行，失了一些战机。因此宋军大败，襄公也身受伤。宋国的人都责备他。他辩解说："君子不重伤，不禽二毛。古之为军也，不以阻隘也。寡人虽亡国之余，不鼓不成列。"（《左传》僖公二十二年）就是说，照古来的"礼"，在战争中间，已经受了伤的敌人，就不能再伤他。敌人中头发斑白的人，不能俘虏。敌人处在不利的地形之下，不能攻他。敌人阵势还没有摆好的时候，也不能攻他。当时宋国一个大臣批评襄公说：我们的君简直不知道战争是什么东西。凡是对方军队中的人，都是我们的敌人。打仗就是要杀敌人。如果说，已经受伤的敌人就不能再伤他，那还不如当初就不伤他。如果说，头发斑白的敌人就不能俘虏，那还不如投降算了。

宋襄公的这样地打仗，说起来好像是笑话。但是照《公羊传》所讲的，孔丘的《春秋》是赞扬宋襄公的这种打法的。它解释《春秋》的意思说："故君子大其不鼓不成列，临大事而不忘大礼，有君而无臣，以为虽文王之战，亦不过此也。"（《公羊传》僖公二十二年）它所说的"君子"，指的就是孔丘。它认为宋襄公之所以受到《春秋》的赞扬，因为他打仗是照着"礼"的原则打的。他的失败是因为他的臣不能执行他的路线。

鲁国的叔孙得臣，用弓箭射中了一个敌人的眼睛，就把那个人拿着杀了。《穀梁传》说："何为不言其获？古者不重伤，不禽二毛，故不言获，为内讳也。"（《穀梁传》文公十一年）就是说，《春秋》认为，叔孙得臣的这个行动不合乎礼，这是一个错误。《春秋》隐讳自己国内的不合礼的事情，所以在书法上就没有用"获"字。

从这些记载看起来，当时的旧的军事思想，也是以"礼"为基础的。其哲学基础是唯心主义的，形而上学的。新的军事思想的基础，是从战争的经验中，在战争的本身寻找战争的规律。依照这些规律指导战争，走向胜利，达到消灭敌人保存自己的目的。其哲学的根据是唯物主义的，是辩证法的。春秋末期的孙武等人就是具有新的军事思想的军事家。

《史记》的孙武传和司马穰苴传，都突出地记载了他们练兵的故事。在这些故事中可以看出来，他们的建军思想的要点，是纪律严明，信赏必罚。在执行赏罚的时候，虽国君也不能干预，虽国君的命令也不接受。他们的信条是"将在军，君命有所不受"。这是以前所没有的，所以关于他们这样建军的故事，当时都认为是新鲜事物，以致成为故事，广泛流传。当时的大军事家都用这种思想，为当时的新兴地主阶级提出了比较正确的建军路线和军事路线。这在当时是很有进步意义的。

第二节　孙武和《吴孙子》

《汉书·艺文志》把先秦的军事著作分为四种。第一种"兵权谋"，这是有关战略的；第二种"兵形势"，这是有关战术的；第三种"阴阳"，这是有关古代军事中的迷信禁忌的；第四种"兵技巧"，这是有关兵器制造和使用的。在这四种中，"兵权谋"讲到战争的规律，其中反映出先秦军事家对于辩证法的认识。

《汉书·艺文志》"兵权谋"首列《吴孙子兵法》八十二篇，《齐孙子》八十九篇。吴孙子是春秋时代的孙武；齐孙子是战国时代的孙膑。他们都是古代著名的大军事家。现在的《孙子》十三篇是孙武的著作，即《汉书·艺文志》所说的《吴孙子》。《齐孙子》久已失传，现在又在山东为考古学家所发现。

孙武是春秋末期的大军事家，是中国军事理论的奠基人，生于春秋末期，原是齐国的人。后入吴，以兵法见于吴王阖闾，遂仕于吴，为吴将。当时吴王阖闾，所以能"西破强楚"，"北威齐晋"，称雄于诸侯，这是跟孙武能够正确用兵，有一套先进的军事思想作指导分不开的（《史记·孙子、吴起列传》）。

春秋是兼并战争十分激烈的时期。孙武总结了这个时期丰富的战争经验，探讨了如何在战争中战胜敌人的各种战略、战术以及战争的规律。当时许多国家都讲富国强兵的政策，以实现中国的统一。孙武一派的兵家正是这一政策的拥护者和执行者。他们主张兼并战争。兼并战争在当时说，是合乎社会发展规律的现象。孙武一派的兵家学说是适应新兴地主阶级的利益和要求的，在当时具有进步的意义。

第三节　朴素唯物主义思想在孙武军事思想中的表现

首先，《吴孙子》认为战争的规律是可以认识的，战争的胜负是可以预知的。战争的规律是客观的事物。战争的胜负可以预知。这是朴素的唯物论思想。

孙武认识到战争不是孤立的事物，而是跟社会中其他事物有密切的联系的。他指出，战争取得胜利需要五个先决的条件（"五事"），通过对这五事的比较、考察，就能预知敌我双方的胜负。在五个条件中，首先是统治者必须使老百姓与他的意志一致，"令民与上同意"（"道"）。其次是有利的天时（"天"）。其次是有利的地理（"地"）。其次是有好的指挥官（"将"）。其次是有好的组织纪律（"法"）（《孙子兵法·计篇》）。这五个条件包括很广，涉及到许多自然现象和许多社会现象，这些都是与战争的胜利有关系的，其中政治条件、人心的向背占首要地位。

因此，孙武在考察战争时，没有陷入单纯军事观点。他初步地认识到，军事决不能脱离政治，军事是政治的延长，用兵是为了解决政治问题，不是为战争而战争。因此最好的办法是先从政治上解决问题。他说："凡用兵之法，全国为上，破国次之；全军为上，破军次之。……故百战百胜，非善之善者也；不战而屈人之兵，善之善者也。"（《谋攻》篇）"战胜而天下曰善，非善之善者也。"（《形》

篇）因此，他说，最好的战略，是粉碎敌人向我发动战争的意图（"上兵伐谋"）。其次的战略是利用国际矛盾，孤立敌人，使敌人不敢发动战争（"其次伐交"）。再次的战略，才是用兵作战（"其次伐兵"）。最下是攻城（"其下攻城"）（见《谋攻》篇）。

孙武指出，要取得战争的胜利，在战争中首先需要对于矛盾的双方，即对于敌我两方，都要有比较全面的认识。因此他说："知彼知己，百战不殆。不知彼而知己，一胜一负。不知彼，不知己，每战必殆。"（《谋攻》篇）"知吾卒之可以击，而不知敌之不可击，胜之半也。知敌之可击，而不知吾卒之不可以击，胜之半也。知敌之可击，知吾卒之可以击，而不知地形之不可以战，胜之半也。故知兵者动而不迷，举而不穷。故曰：知彼知己，胜乃不殆，知地知天，胜乃不穷。"（《地形》篇）

孙武的"知彼知己"的原则，直至今天仍然是一个科学的真理。它是完全建立在朴素唯物论的基础上的。

《孙子》说："以故明君贤将所以动而胜人，成功出于众者，先知也。先知者，不可取于鬼神，不可象于事，不可验于度，必取于人，知敌之情者也。"（《用间》篇）就是说，既不可靠鬼神，也不可靠事物的表面现象，也不可靠主观的臆测。在这里，孙武既不相信天命，又不相信鬼神。在他看来，天不过是"阴阳、寒暑、时制"（《计》篇）。与地一样，都是物质性的自然物。它只是决定胜负的客观条件之一。这一唯物主义的真理在两千多年前，就能明确的提出来，确是难能可贵的。

第四节 辩证法思想在孙武军事思想中的表现

孙武说："昔之善战者，先为不可胜，以待敌之可胜。不可胜在己，可胜在敌。故善战者能为不可胜，不能使敌之可胜。故曰：胜可知而不可为。"（《形》篇）就是说，自己可以使自己具有不可被战胜（"不可胜"）的条件，还不能使敌人有可以被战胜（"可胜"）的条件。从这一方面看，"胜可知而不可为"。就是说胜利可以预先知道，但还不可必定得到。需要等待时机，才可以使可能变为现实。

善用兵的人，不能停止于此。他要的是胜的现实。孙武注重考察、研究战争胜负的客观条件，同时又强调人的主观能动性的作用。他一面说"胜不可为"，一方面又说"胜可为也"（《虚实》篇）。这不是他自我矛盾。这是他的辩证法思想。孙武的军事思想的可贵，在于他的素朴的唯物主义思想并不是同机械的、形而上学的观点联系起来，而是同生动的辩证法观点联系在一起。

孙武初步认识到，自然现象和社会现象不是静止不动的，而是在不断变化中，矛盾着的双方不是凝固不变的，而是可以变动的。战争也是如此，而且其变化比其他现象更为迅速剧烈。他指出：在自然界，"五行无常胜，四时无常位，日有短长，月有死生。"（《虚实》篇）作为社会现象之一，战争也不能例外。"乱生于治，怯生于勇，弱生于强。"（《势》篇）对立面是可以互相转化的，一切转化都是在一定的条件之下进行的。孙武注重主动地创造条件，使战争中的变化向与自己有利的方向进行。

为了创造条件赢得战争的胜利，孙武着重研究了集中与分散，实与虚的辩证关系。他提出如何利用双方兵力数量对比的关系，以控制战争发展的方向，创造对于自己有利的条件。善用兵的人总是设法使自己的军队在数量上占优势，争取主动，以众击寡，取得胜利。他说："吾所与战之地不可知，不可知则敌所备者多。敌所备者多，则吾所与战者寡矣。"（《虚实》篇）"形人而我无形，则我专而敌分。我专为一，敌分为十，是以十攻其一也，则我众而敌寡。能以众而击寡者，则吾之所战者约矣。"（《虚实》篇）又说："用兵之法，十则围之，五则攻之，倍则分之（引诱敌人，使之分兵）。敌则能战之，少则能逃之，不若则能避之。"（《谋攻》篇）意思就是说，要尽量地集中自己的优势兵力，使自己化虚为实。同时要调动敌人，分散敌人，使敌人化实为虚，然后以我之实，击敌之虚，以自己的优势兵力打击分散薄弱的敌人。如果自己的兵力不能取得优势，那就宁可逃避也不可决战。孙武认为自己在数量上占优势的兵力，是取得胜利的重要条件。要创造这个条件，就要以种种方法分散敌人的兵力。这就常能保持"以众击寡"，使量变成为质变，"每战必胜"。

孙武认为，在一定的客观条件的基础上，还要发挥人的主观能动作用，以争取胜利。这就叫"胜可为"。其办法是用各种办法调动敌人。他说："微乎！微乎！至于无形。神乎！神乎！至于无声。故能为敌之司命。"（《虚实》篇）就是说，使自己成为敌人的司令官、参谋长。

这样，就克服了战争问题上的机械论和消极等待、无所作为的思想，把客观条件和主观能动性结合起来。这充分表现了孙武兵法中的辩证法思想。

在战争中只有消灭敌人，才能保全自己。所以进攻是第一位的，防御是第二位的。进攻可以保持主动，即军队行动的自由权，这是军队的命脉。孙武也接触到这个原则。他说："故善战者致人而不致于人。"（《虚实》篇）就是说，要争取主动，避免被动，战争要以进攻为主。孙武说："不可胜者，守也。可胜者，攻也。守则不足，攻则有余。善守者藏于九地之下，善攻者动于九天之上，故能自保而全胜也。"（《形》篇）就是说，防御只能使自己不可被战胜，战胜则需要进攻。防御不足以达到胜利的目的；进攻则可以取得胜利而有余。进攻、防御，都能保持主动，那就可以达到"自保而全胜"的目的，即保存自己、消灭敌人的目的。

孙武提出了这些在战争中取得胜利的原则，但原则并不是死的公式。他强调，原则必须依据具体情况，灵活运用。他又研究了用兵正、奇两个方面的互相转化问题。他说："凡战者以正合，以奇胜"，"声不过五，五声之变，不可胜听也。色不过五，五色之变，不可胜观也。味不过五，五味之变，不可胜尝也。战势不过奇正，奇正之变，不可胜穷也。奇、正相生，如循环之无端，孰能穷之？"（《势》篇）正兵是从正面打击敌人的，奇兵是从侧面打击敌人的。可是，随着敌形变化，正兵也可以成为奇，奇兵也可以成为正。孙武指出，"兵形象水"。"兵无常势，水无常形。能因敌变化而取胜者谓之神。"（《虚实》篇）一方面要认识原则，一方面又要灵活运用原则，这是原则性与灵活性的辩证关系。

孙武明确地说："兵者，诡道也。故能而示之不能，用而示之不用。近而示之远，远而示之近。利而诱之，乱而取之，……攻其无备，出其不意。"（《计》篇）这里所说的"之"、"其"都是指敌人而言。这是因为"兵者，国之大事，死生之地，存亡之道。"（《计》篇）对于敌人的仁慈，就是对于自己的残忍。宋襄公的"仁义"，就是以自己国家的存亡为儿戏。孙武的军事思想和路线，同宋襄公的军事思想和路线是直接对立的。

孙武的《吴孙子》比较科学地从春秋时期的战争中总结出战争的一般规律，富有丰富的唯物主义和生动的辩证法思想。它是古代一部优秀的兵书，也是一部出色的哲学著作。它是春秋时期两种军事思想、两条军事路线斗争的产物。它在当时起了很进步的作用。孙武兵法是我国古代留下来的一份珍贵的文化遗产。

第五节　辩证法思想和唯物主义思想在范蠡的政治策略中的表现

在春秋末期，越国也是当时的一霸。在与吴国争霸的过程中，越国先打败了吴国。吴国又打败了越国。越王勾践被俘，后来返国，"十年生聚，十年教训"，终于灭了吴国。

在二十年中，越国对吴国的外交策略，体现了朴素辩证法和自发唯物主义的思想。这种策略，是由范蠡主持的。

　　当勾践被释放回国的时候，他问范蠡，应该怎么办。范蠡告诉他，应该忍耐以待时机。范蠡说："时不至，不可强生；事不究，不可强成。……时将有反，事将有间；必有以知天地之恒制，乃可以有天下之成利，事无间，时无反，则抚民保教以须之。"（《国语·越语下》）这里提出了人和客观世界斗争的一条规律。就是说，在人和客观世界的斗争中，无论完成一件什么事情，都要尊重时机和条件，按照客观条件办事。如果时机和条件不成熟，就不可勉强去做。因此，范蠡认为，为了达到预期的目的，必须掌握这些条件。他认为只有掌握客观世界（"天地"）经常不变的法则（"恒制"），才可有世界（"天下"）上人所造成的利益（"成利"）。这是一个具有唯物主义因素的思想。

　　自然界的主要规律是什么呢？范蠡认为，就是"时将有反，事将有间"。所谓"时"，就是指某一个时候的客观条件，主要的指"天时"，即自然界所给予的各种条件，如年成的好坏，有无自然灾害等。范蠡认为，这对于人的行动有非常重要的关系。他说："圣人随时以行，是为守时。"就是说，聪明的人应该随着当时的客观条件，决定自己的行动，这叫做"守时"。他又说："天时不作，弗为人客。人事不起，弗为之始。"古代用兵，攻者称为客，守者称为主。"天时不作，弗为人客"，就是说，在客观形势不利于我的时候，应该只取守势，不要进攻。在客观形势于我有利的情况下，就要利用这种情况，抓紧时机，立即行动。范蠡说："得时无怠，时不再来。天予不取，反为之灾。赢缩转化，后将悔之。"得到了时机就应该及时利用而不懈怠，时机一旦失掉了，就不会再来。如果客观的形势已经具备，而由于主观上的错误，没有及时地去夺取成熟的果实，就会反而遭受损害。他认为形势是会转化的，原来是多的（"赢"）可以变为少（"缩"），原来是少的也可以变为多。所以要乘有利于我的情况和机会，立即行动，不要等它变得不利于我。范蠡说："从时者犹救火，追亡人也，蹶而趋之，唯恐弗及。"

　　范蠡认为上帝是靠不住的，唯一可靠的是当时的客观形势。他说："上帝不考，时反是守。强索者不祥。得时不成，反受其殃。"这就是说，如果违背了客观形势，无论怎样信上帝也没有用处。违背客观形势的人，必然要倒霉。反过来说，只要得到了有利的客观条件，就应该当机立断，夺取胜利，否则就会遭殃。

　　所谓"事将有间"，"间"就是一定的空隙和路数。从前人说："读书得间"，就是说能看出书中思想的空隙，发现其中的问题。意思是说，顺着这些路数，乘着这些空隙去办事，就可以事半功倍。这就是说，在范蠡看来，不仅要抓住时机，而且要详细分析客观形势所提供的"间"，这样就能够更好地发挥主观的作用（以上引文，均见《国语·越语下》）。

《越绝书》说："昔者范蠡，其始居楚曰范伯。自谓衰贱，未尝世禄。故自菲薄，饮食则甘天下之无味，居则安天下之贱位。后被发佯狂，不与于世。"（卷七，又见卷十五）可见范蠡原来的出身是微贱的。后来他帮助越王勾践，发愤图强，终于战胜了吴国。成功之后，弃官不作，从越"浮海出齐"，"耕于海畔"，又经营商业，成为当时有名的大商人（《史记·越勾践世家》）。这是他利用他所有的对于客观世界的规律的认识，经营商业取得的成果。

第六节　辩证法思想和唯物主义思想在计然的经济政策中的表现

《史记·货殖列传》说："昔者越王勾践困于会稽之上，乃用范蠡、计然。"计然《越绝书》作计倪，《吴越春秋》作计砚，裴骃《史记集解》引徐广曰："计然名研"。然、砚、倪、研，并是一音之转。裴骃又引《范子》说，计然的先人是"晋国亡公子"。据此，计然出身于没落贵族家庭。照《越绝书》和《吴越春秋》所说的，计然也是越王勾践争霸的一个大功臣，是一个有名的人物，可是战国以前的书都没有提到这个人。因此有人认为《史记》所说的范蠡、计然，并不是两个人名，计然是范蠡所作的书名。

《越绝书》中的《计倪内经》记载计然与越王勾践的对话。（《越绝书》的资料不一定可靠，不过《史记·货殖列传》引计然的话，与《计倪内经》大致相同。）越王勾践准备伐吴争霸，计然告诉他，要想强国必先富国。他跟勾践所讲的就是富国的方法。这个方法主要的是由国家经营商业，从中取利，同时也给农民方便。他跟勾践说："臣闻君自耕，夫人自织，此竭于庸力，而不断时与智也。时断则循，知断则备；知此二者，形于体万物之情，短长顺逆，可观而已。"意思就是说：作为一个统治者，不需要自己耕田，夫人自己织布，那不过是增加两个劳动力而已。在这段话里，主要的两句话就是"时断则循，知断则备。"（《史记·货殖列传》引计然作："知斗则修备；时用则知物。""斗"字疑系"断"字之误）这里所谓时，是指天时。计然认为农业的生产是受天时支配的。天时的变化有一种规律。照他看起来，农业收成的好坏，跟岁星（木星）的运行有关系。平均计算起来，有六年是好年成，有六年是坏年成，每十二年要有一个大荒年。这种循环，计然叫做"天地之反"。他说："故圣人早知天地之反，为之预备。"怎么样预备呢？计然说："籴石二十则伤农，九十则病末，农伤则草木不辟；末病则货不出。故籴高不过八十，下不过三十，农末俱利矣。故古之治邦者，本之货物，官市开而至。"这就是说：一石谷值二十个钱的时候，农民就要吃亏，值九十个钱的时候，商人就要吃亏。必须把粮价保持每石八十到三十个钱之间，这样农民和商人都能得到利益。怎样维持这样的价格呢？就是由国家掌握一定的货物，设官市。在粮贱的时候，官市就收买粮食、卖牲畜及其他货物；粮价贵的时候，官市就卖粮食，收买田宅牛马，积敛货物。这样就可以保持粮价的稳定，国家也可以得到五倍到十倍的利息。

《史记·货殖列传》记载计然的话说："积著之理，务完物，无息币。以物相贸。易腐败而食之货勿留，无敢居贵。论其有余不足，则知贵贱。贵上极则反贱，贱下极则反贵。贵出如粪土，贱取如珠玉。财币欲其行如流水。"据说勾践用了计然的计策，行了十年，越国国富兵强，战胜了吴国，成为春秋五霸之一。

计然的这种经济思想，包含有唯物主义的因素。他不讲"有意志的天"，只讲"天时"。他所注意的是天时变化的规律，不是什么上帝的喜怒。他所说的"天时"，虽然其中有占星术的成分，但是，他是企图用自然现象解释自然现象。他认为自然界的事物虽然时常变动，但有一定的规律；人们必须遵循这些规律做事，才可以成功。他说："时断则循"，就是说，对于天时变动的规律能有所判断，就可以遵循这些规律。计然认为，"阴阳万物，各有纪纲"。"顺之有德，逆之有殃"。因此，"圣人"应该顺从"阴阳万物"的"纪纲"，而避免做违背它的事情。"凡举百事，必顺天地四时，参以阴阳，用之不审，举事有殃。人生不如卧之顷也，欲变天地之常，数发无道，故贫而命不长。"（以上所引都见《越绝书》卷四，《计倪内经》）这里，计然不说"天"而说"天地"，这是很可注意的。"天"可能有许多意义，"天地"则一定是指自然界。"天地之常"就是自然界的规律。"阴阳万物"、"日月星辰"、"五行"都有规律。人能遵循这些规律，做事就可成功；反背这些规律，就必定要失败。遵循规律叫做"有道"；违反规律叫做"无道"。他说，有些人违背自然界的规律，做事"无道"，所以"贫而命不长"。计然的这种思想，一方面是强调自然界的客观规律，不谈有意志的"天"，这是他的唯物主义思想的表现。但是，运用到社会上来，他又把人们的"贫"和"命不长"的原因归结为他们违背自然规律的结果，这就是唯心主义的了。在旧社会，真正"贫而命不长"的，是广大劳动人民，他们的"贫"和"命不长"是由于剥削阶级剥削、压迫的结果。计然的这种讲法是对历史的颠倒，这正是他的思想的阶级局限性。

计然对于辩证法也有所认识。他说"天地之反"，就是"物极必反"的道理。他认为，货物的贵贱是由于有余和不足。某一种货如果不足，就会供不应求。买的人多，而商品却很少，这样它的价格就要上涨。上涨的物价刺激生产，生产多了，原来不足的货物就变成有余的了，原来是贵的物价，就变成贱的了。货物有余，就是供过于求。供过于求，物价就下低了，生产受其影响，原来有余的货物就变成不足的了，原来是贱的物价就变成贵的了。计然意识到价格的规律，所以他得出结论说，"贵上极则反贱，贱下极则反贵"，贵贱是互相转化的。

根据贵贱互相转化的规律，他规定出他经营商业的方法。在某一种物价贵的时候，他却是看它如粪土，赶紧把它抛出去。在某种物价贱的时候，他偏偏看它如珠玉，赶紧把它收进来。他主张"旱则资舟，水则资车"。在天旱的时候，他就知道旱就要转化为涝，所以他赶紧预备船。在天涝的时候，他就知道涝要转化为旱，所以他就赶紧预备车。这就是他所说的"知断则备"，就是说，知道遵循这些规律而对事情有所判断，就可以预先作准备。他对于事物发展的一些辩证规律有所认识，所以他做事都是争取主动，迎头赶上。

计然对自然现象的规律和事物在发展过程中向对立面转化的法则的了解，多半出于猜测，还缺乏科学的基础。有些说法，如星辰的运行与年成好坏有关，显然是错误的。但他通过对社会经济现象的观察，看到事物变化的一些辩证的因素，这也是十分可贵的。

《越绝书》说，计然也是经营商业，"处于吴楚越之间，以渔三邦之利"（《越绝书·计倪内经》）。他可能也同范蠡一样，先为越国富国的谋臣，后来又利用他对于经济规律的认识，自己经营商业，发家致富。

因为他们有后一段的历史，《史记》把他们列入《货殖列传》，这是有理由的。但他们的思想基本上是在越国争霸的斗争中得来的，是为新兴地主阶级服务的。

第七节 辩证法思想和唯物主义思想在商人思想中的表现

范蠡和计然是在晚年利用其对于客观世界的认识，经营商业，发家致富的。当时的商人也有利用对于客观世界的认识，成为大富豪。白圭就是一个例证。

当时商人的思想有唯物主义和辩证法的因素。《史记·货殖列传》记载白圭的思想，说："白圭，周人也。当魏文侯时，李克（李悝）务尽地力，而白圭乐观时变。故人弃我取，人取我与。……能薄饮食，忍嗜欲，节衣服，与用事僮仆同苦乐。趋时，若猛兽鸷鸟之发。故曰：'吾治生产，犹伊尹、吕尚之谋，孙、吴用兵，商鞅行法是也。是故其智不足与权变，勇不足以决断，仁不能以取予，强不能有所守，虽欲学吾术，终不告之矣。'盖天下言治生祖白圭。"从司马迁的这段话看起来，在当时商人白圭和李悝是齐名的。白圭经营商业所用的方法，同当时进步的政治家、军事家所用的方法是有很多相同之处的。

在大转变时期，地主阶级中有些人也是商人转化过来的。商人是一部分地主阶级的前身。但在社会生产的过程中，商人阶级是没有地位的。它不体现当时新的生产关系，所以也不能成为创造新制度的代表。这个任务历史地落在新兴地主阶级的肩上。

但在大转变的初期，地主阶级推行富国强兵的政策，提倡商业也是富国政策的一部分。司马迁说："管仲既任政相齐，以区区之齐，在海滨，通货积财，富国强兵。"（《史记·管晏列传》）管仲以士、农、工、商同为"国之石民"。但在大转变的后期，商业的兴盛，成为农业发展的阻碍。商人的强大，成为地主阶级专政的威胁。于是地主阶级采取了"崇本抑末"，打击商人的政策。商业从为新兴地主阶级服务的工具转化为被打击的对象。这也是历史演进的辩证法。

第七章 墨翟和前期墨家的哲学思想

第一节 大转变时期独立手工业的兴起

上面已经讲过,在春秋时代,随着生产工具与生产技术的进步和商品经营的发展,人们对于手工业产品的需要逐渐增长。手工业产品种类加多,质量提高。手工业的分工也加细,独立的手工业者也逐渐加多。在奴隶制度下,"工商食官"。那就是说,工商业大部分是控制在奴隶主贵族的手里。奴隶主贵族占有专为他们服务的工奴,又有管理工奴的工官。在奴隶制崩坏的时候,工官逐渐失去原有的职位,工奴也逐渐得到解放,一部分变成了独立的手工业者。尤其是进入战国以后,生产关系的激剧变革,使生产力得到了进一步的发展。其重要标志是铁器工具的普遍推广,从而使手工业得到了更大的发展。跟着民间手工业的兴起,形成了一个独立的手工业者的队伍。这就是墨翟所说的"凡天下群百工"(《墨子·节用中》),"工肆之人"(《尚贤中》)。孔丘也说:"百工居肆,以成其事。"(《论语·子张》)"肆"就是铺子。他们自己开铺子,制造自己的产品,出卖自己的产品。

这个"群百工"中,还存在着这样两种人:一种人是铺子的主人,也就是手工业主。他们自己有的参加劳动,有的不参加劳动,往往有一套手工业生产的技术知识,同时也是铺子中的老师傅。另一种人是铺子中的其他成员。名义上可能是老师傅的徒弟,实际上也许是他们的奴隶,铺主或老师傅对于徒弟还有剥削。而徒弟是不剥削别人,或者受别人剥削的手工业劳动者。这两种人的经济地位有所不同,前者经济比较富裕,并且存在着对别人的剥削,后者是贫苦的劳动者。在当时的条件下,他们之间的矛盾还没有上升为主要矛盾。他们都有反对奴隶制的一面,但由于他们的经济地位不同,他们的政治态度也是不同的。手工业主虽然对奴隶社会的旧制度有所不满,但他们并没有力量以推翻奴隶制度,只想通过改良的方式以达到自己的目的。在思想上他们仍然拥护宗教，宣扬天命论，主张阶级调和。他们的思想上的代表即前期墨家。作为徒弟的手工业者的思想上的代表，即后期墨家，则宣扬唯物主义的自然观，经验主义的认识论和科学知识。这是前期墨家和后期墨家不同的阶级根源。

第二节　《墨子》其书和墨翟其人

《墨子》这部书的内容，证实了上述的这种情况。这是一部墨家思想的丛著。它也是像其他大多数的"子"一样，不是一个人所写，也不是一个时候的人所写。大致说，这部书可以分为四部分。一部分是记载墨翟本人的活动的。《耕柱》、《贵义》、《公孟》、《鲁问》、《公输》等五篇属于这一部分。《墨子》的另一部分记载墨家所研究的防御战术及守城的兵器与工具，有《备城门》等十一篇。另一部分是墨翟所创始及宣传的思想的记录，有《天志》、《明鬼》等三十一篇。这一部分所记载的思想，本书称为前期墨家的思想。本章就是以这一部分资料为根据。其余一部分主要是关于认识论、逻辑学和自然科学的思想。《经上》《经下》《经说上》《经说下》《大取》《小取》等六篇属于这一部分。这一部分所记载的思想，本书认为是后期墨家的思想，因为其中所讨论的问题都是春秋末、战国初所没有的。其哲学思想也是与前期不同的。

墨翟（前475？—前396？）鲁国人。一说是宋国人。据史书记载，墨翟有一套手工业生产技术，自己能制造器具，有时被称为"贱人"（《贵义》）。据传说：他的技术跟当时的著名工匠公输般（鲁班）齐名。他与公输般都曾用木料制成一种器械，能飞三天不落下来（见《淮南子·齐俗训》）。公输般善于制造攻城的器械，墨翟善于制造守城的器械。他二人进行比试，公输般拿出九种攻城器械，墨翟也拿出九种守城器械相对抗。结果公输般输了（见《墨子·公输》）。

墨翟的学生和信徒称为"墨者"。墨翟把他们组织起来成为一个团体。其成员的行动，都须遵从墨翟的指挥。墨翟的学生在政治上有了位置，如果不能推行墨家的主张，就须要自行辞职（如高石子之例，见《墨子·耕柱》）。如果违背了墨家的主张，墨翟就要采取措施，使他被斥退（如胜绰之例，见《墨子·鲁问》）。学生有了俸禄，须将收入另一部分供墨者团体使用（如耕柱子之例，见《墨子·耕柱》）。《淮南子》说："墨子服役者百八十人，皆可使赴火蹈刃，死不旋踵。"（《泰族训》）"墨者"团体的领导者，称为"巨子"（《庄子·天下》）。墨翟是第一个"巨子"。

墨翟又是一个博通古书的人，在《墨子》中，引《诗经》《书经》的地方不少。他到各地方去"游说"，车里常带很多的书。他说：他"上无君上之事，下无耕农之难"，有时间要多看书（见《墨子·贵义》）。在这一点上，法家的韩非认为儒、墨是一致的。他认为儒、墨都是"明据先王，必定尧舜者，非愚则诬也"（《韩非子·显学》）。

照这些材料看起来，墨翟原是一个木工手工业主，不直接参加生产劳动。后来成为游士，到处发表主张，要求参加政治。他的"墨者"团体，可能是照着当时手工业行会的习惯组织成的。他的学生相当于手工业行会中的徒弟，"巨子"相当于老师傅或手工业主。

第三节　墨翟对于劳动和劳动成果的重视

但墨翟所代表的阶级，究竟与儒家不同。所以他的思想与儒家也有着重要不同之处。这个不同，首先表现在对于劳动和劳动成果的态度上。

照《论语》所记载的，孔丘有一个学生樊迟向孔丘说，他打算学种庄稼，或种菜园，孔丘说他是"小人"，认为他没有出息。墨翟对于劳动的态度与孔丘完全相反。

墨翟说："今人固与禽兽、麋鹿、蜚（飞）鸟、贞虫异者也。今之禽兽、麋鹿、蜚鸟、贞虫，因其羽毛以为衣裘，因其蹄蚤（爪）以为绔屦，因其水草以为饮食。故唯（虽）使雄不耕稼树艺，雌亦不纺绩织纴，衣食之财固已具矣。今人与此异者也，赖其力者生，不赖其力者不生。"（《非乐上》，两"生"字旧作"主"，依毕沅校改。）就是说：人与其他的动物不同。其他动物用它身上的羽毛为衣服，用它脚上的蹄爪为鞋靴，用自然的水草为饮料食料，所以它们中间的雄的也不必耕种，雌的也不必纺织，而衣食都不成问题。人是不同的，出力劳动生产才能生存，不出力劳动生产就不能生存（"赖其力者生，不赖其力者不生"）。

照这一段话下文所说的，墨子在这里所谓的"力"，包括"农夫"的"耕稼树艺"，"妇人"的"纺绩织纴"，也包括"王公大人"的"听狱治事"，以及"士君子"的"治官府"等。

墨翟认为，人类因为没有羽毛、蹄爪等天然的自卫工具，不能以水、草等为天然食物，所以才被迫从事生产劳动，以维持生活。其实是，人类因为能生产劳动，所以才逐渐脱离了其他动物完全倚靠自然的状态，才把自己从其他动物中分别出来。这是墨翟当时的知识所不能知道的。

恩格斯说："动物仅仅利用外部自然界，单纯地以自己的存在来使自然界改变；而人则通过他所作出的改变来使自然界为自己的目的服务，来支配自然界。这便是人同其他动物的最后的本质的区别，而造成这一区别的还是劳动。"（《自然辩证法》，《马克思恩格斯选集》第3卷，第517页）墨翟只看到生产劳动在维持人的生活中的重要性，没有看到生产劳动改变和支配自然界的重要意义。这样的意义只有工人阶级才有可能充分地认识。但是墨翟在一定程度上认识到，人支配自然而其他动物只是利用自然，并由此看出人与其他动物的区别。他窥测到恩格斯所说的真理的一些因素。这虽只是窥测，但在当时说是一个伟大的发现。

墨翟又说，如果一人到别人园子里偷了桃李，这种"亏人自利"的行为，就是不仁不义。如果抢夺别人的牛马，那就亏人愈多，更是不仁不义了。为什么到别人园子里偷了桃李就是不仁不义呢？墨翟在另一个地方说："不与其劳，获其实，以非其所有取之故。"（原作"己非其有所取之故"，依孙诒让校改。）（《天志下》）

墨翟的这两段话的直接的意义是反映了像手工业主这样的小私有者保护他自己的劳动成果的要求。还有一个深远的意义，就是把道德和劳动联系起来，把劳动也看成是评价人的道德行为的一个尺度。"与其劳"才应该"获其实"，才可以使劳动成果为"其所有"。只有这样的"所有"才是"义"。不然就是"亏人自利"，就是"不义"，就是盗窃、抢夺。"不与其劳获其实，""亏人自利"，这两句话所说的，其实就是剥削的本质，也说明了剥削所以为"不义"的理由。但这样的深刻的意义是墨翟所没有意识到的。不过他的这两句话确包含这样的意义。

第四节　墨翟对于奴隶主贵族的生活方式的批判

墨翟所创始和宣传的思想，有十大项目："尚贤""尚同""节用""节葬""非乐""非命""天志""明鬼""非攻""兼爱"。墨翟说：他到一个国家中，先了解其情况，然后针对这些情况，从十大项目中选出几项作为宣传的重点。这就叫"当务而从事"（《鲁问》）。在《墨子》里，每个项目，都有墨翟讲话的记录，每个讲话的记录，一般都有三篇，内容大致相同。在这十个项目背后，贯穿于十个项目之中，还有一个中心思想，就是"利"的观念。

墨翟把"利"作为衡量一切事物的价值的标准，这是和他重视发展物质生产分不开的。把"兴天下之利，除天下之害"，作为"仁人"奋斗争取的目标（《兼爱下》、《非乐上》）。他所谓"天下之利"的具体内容是"富"与"庶"；

前者是物质财富的生产，后者是劳动力的生产。墨翟说："圣人为政一国，一国可倍也。大之为政天下，天下可倍也。其倍之，非外取地也。因其国家，去其无用之费，足以倍之。"（《节用上》）"食不可不务也，地不可不力也，用不可不节也。"（《七患》）这里所说的"倍"就是能使物质财富的生产增加一倍。其方法就是开发本有的资源（"因其国家"）以增产，再加上节约。这里所说"务食"就是要发展农业生产。"地不可不力"，就是要力作，发挥土地的潜力。墨翟认为，如果能这样做，使物质财富增加一倍至数倍并不是难事。他接着说："故孰为难倍？唯人为难倍。"这就是人的生产，"庶"的问题。墨翟接着说："然人可倍也。"就是说，也有办法。其办法是"使民早处家"，就是早结婚。

墨翟要求增加物质财富和劳动力，集中地反映了当时壮大起来的手工业主阶层迫切地要求发展生产的愿望。他认为，政治的首要的任务就是使物质财富增加，使劳动力增加。这一点成了墨翟思想的出发点。这个出发点正与孔丘的轻视劳动生产、鄙视"利"的思想直接相对立。

本着这个思想，墨翟反对当时奴隶主贵族一系列的行动和生活方式。他反对贵族的铺张浪费，主张"节用"。节用的主要原则是："凡足以奉给民用则止；诸加费不加于民利者，圣王弗为。"（《节用中》）"民利"是用财的标准；加费而有加于民利的事是可以做的；加费而不加于民利的事是不可以做的。他痛切地指责"当今之主""暴夺民衣食之财"，来盖极端奢侈的房子，做极端奢侈的衣服，吃饭"前列方丈，目不能遍视，手不能遍操，口不能遍味"；"单（殚）财劳力，毕归之于无用"。结果是"富贵者奢侈，孤寡者冻馁"（《辞过》）。墨翟指出，贵族们的铺张浪费，不仅消耗财富，同时也是"寡人（使人口减少）之道"。因为"其使民劳，其籍敛厚，民财不足，冻饿死者，不可胜数也"（《节用上》）。

从反对奴隶主贵族们的奢侈享乐出发，墨翟还提出了反对音乐（"非乐"）的主张。他认为音乐只是贵族们少数人享受的奢侈品。他指出，当时"民有三患：饥者不得食，寒者不得衣，劳者不得息"（《非乐上》），贵族们鸣钟伐鼓，并不能解决这些问题，只能加重这些灾难。

墨翟更从"富"和"庶"的观点反对儒家所鼓吹的"厚葬""久丧"的制度。他指出"厚葬"的结果是"多埋赋财"；"久丧"的结果是"久禁从事"。"财已成者，挟而埋之，后得生者，而久禁之。以此求富，此譬犹禁耕而求获也。"他又指出，"久丧"限制人的起居饮食，使人身体衰弱，又限制"男女之交"，"以此求众，譬犹使人负剑而求其寿也"（《节葬下》）。

墨翟对于奴隶主阶级的这些批判，都是从物质财富的生产和劳动力的生产出发。他认为能使这两种生产增加的事就是"利"，妨碍这两种生产的事就是

"害"。

墨翟对于奴隶主阶级的批判，实际上就是对于"周礼"的批判。墨翟虽然没有明确地从根本上批判"周礼"，但上面所说的墨子的这些主张的实际意义，就是反对和批判"周礼"。当时奴隶主贵族的各色各样的铺张浪费，例如讲究衣服的文采，丧葬的仪式，还不仅是为了享受，而且还是为了表示他们的"高贵"，以吓唬老百姓。春秋时的一个贵族随武子说："君子小人，物有服章，贵有常尊，贱有等威。"（《左传》宣公十二年）"服章"是用来表示贵贱等级的。墨翟指出，衣服应该只是用以"适身体，和肌肤"，"非荣耳目而观愚民也"。又说："俯仰周旋威仪之礼……诸加费不加民利者，圣王弗为。"（《节用中》）他尖锐地批评儒家是"盛为声乐以愚民"（《非儒下》）。这在实际上就是要在这些方面，缩小旧贵族和平民之间的等级差别，减少奴隶主贵族的威风排场。

"古之丧礼，贵贱有仪，上下有等。天子棺椁七重，诸侯五重，大夫三重，士再重。"（《庄子·天下》）贵族的"厚葬"，也是表示贵贱上下的等级。照他们的丧服制度，父母死，服丧三年；伯叔父、兄弟死，一年；族人死，五月、三月不等。这是表示以血缘为基础的宗法的亲疏。墨翟主张废去这些分别，不分贵贱，一律"桐棺三寸"；不分亲疏，一律于葬后即照常生产，"反（返）从事乎衣食之财"（《节葬下》）。这是对于奴隶主贵族的等级制度及宗法制度的一个严重的攻击。他的这些主张，都是对于儒家思想的有力批判。

但是墨翟的这些主张如果真的实行起来，不仅破坏了奴隶主阶级的等级制，而且也会破坏封建地主阶级的等级制。这一点，荀况是认识清楚的。所以他说：墨翟"上功用，大俭约，而僈差等，曾不足以容辨异，县君臣"（《荀子·非十二子》篇）。这就是说：若果照墨翟的"俭约"的主张实行起来，那么差等就没有了，君臣上下的等级分别也没有了。在新兴地主阶级看起来，那就是"大乱"。所以墨翟的这一"僈差等"的主张，就是当时的新兴地主阶级也是不能接受的。荀况的这个批评，正好说明了他是代表地主阶级说话的。同时也说明了墨翟的反对奴隶主，也并不是从地主的阶级立场出发的。他是手工业主的代表。

但这些实际的意义是墨翟所没有意识到的。作为手工业主，他也需要维持上、下之分。他还需要维持当时的"王公大人"的地位。这一点将在下文讨论。

第五节　墨翟关于"尚贤""尚同"的思想

在政治问题上墨翟提出"尚贤"的主张。他认为："尚贤者政之本也。"

(《尚贤上》)治国的根本措施就在于"尚贤事(使)能"。他说:"是故国有贤良之士众,则国家之治厚。贤良之士寡,则国家之治薄。故大人之务将在于众贤而已。"如何能够"众贤"呢?办法就是把国家中的贤能之士都挑选出来,"高予之爵,重予之禄,任之以事,断予之令"。要做到这样,就必须坚持"以德就列,以官服事,以劳殿赏,量功而分禄"。为此,他主张"上举义不辟(避)贫贱""上举义不辟(避)亲疏""上举义不辟远近","虽在农与工肆之人,有能则举之","无能则下之","故官无常贵,民无终贱"。"虽天亦不辩贫富、贵贱、远近、亲疏,贤者奉而尚之,不肖者抑而废之。"(《尚贤中》)原来贫贱的人,只要是贤能就应该上升为富贵的人,而原来富贵的人,假如不贤无能,也应该降为贫贱。"不义不富,不义不贵,不义不亲,不义不近"(均见《尚贤上》)。这是要打破奴隶主贵族的等级制度,也打破宗法的亲亲制度("不义不亲")。与儒家的"贵贵亲亲"的思想直接对立。墨翟特别提出"农与工肆之人"。这是当时的手工业主这一阶层要求参加政权的反映。

"尚贤"的主张发展为"尚同"的主张。"尚贤"的主张仅只要求当时的国君不分等级,举用贤才。"尚同"的主张认为最高的统治者的职位,也应该由"贤者"担任。

这里牵涉到国家起源的问题。墨翟认为国家起源于统一思想的必要。他说:在古代还没有政治组织("刑政")的时候,每个人都有他自己的"是非"的标准。人人意见不一致,互相争夺,互相损害。"天下之乱,若禽兽然。"后来的人"明乎天下之所以乱者,生于无正长,是故选择天下之贤可者,立以为天子"(《尚同上》)。他认为这就是国家的起源。这是一种唯心主义的说法。他不知道,也不可能知道,国家起源于社会分裂为敌对的阶级,国家是阶级统治的工具。但是,他认识到国家是历史的产物,起源于社会的需要。这在当时说,是一种新的思想。

墨翟又说,"天子"建立之后,他又选择"天下赞阅贤良圣知辩慧之士"为"三公",帮助他把天下的"是非"标准统一起来,"同天下之义"。"天子"又认为天下太大,所以分万国,设国君。国君又选一国的"贤者"为将军、大夫、乡长等官,帮助他把一国的"是非"标准统一起来,"同一国之义"(《尚同中》)。

各级的"正长"既已建立之后,人民必须以正长的是非为是非,"上之所是,必皆是之;上之所非,必皆非之";"上同而不下比"(《尚同上》)。墨翟认为"正长"既是"贤者";"贤者"之所是的是兼爱;他之所非的是不兼爱。作为"正长"的贤者把人民思想统一于兼爱;人人都兼爱,天下就太平了。

墨翟的尚同的思想，是与他的兼爱（详下）、尚贤、天志（详下）的思想互相联系的。在他看起来，这是推行兼爱的政治上的保证。

墨翟所说的"尚同"，也是批判当时的"王公大人"的一个标准。他设为一个批评的人的话说：现在天下就有很多的"正长"，为什么还是乱呢？然后回答说：现在的"正长"，跟古来的不同，而且正是相反；现在的"王公大人"把自己所喜欢的人，以及父兄故旧，用为"正长"，老百姓知道这些"正长"的设置不是为的"治民"，所以也就不肯"尚同其上"；现在的情况跟古来没有"正长"的时候是相同的（《尚同中》）。因此，要使得大家都能"尚同其上"，上必须明于赏罚，做到赏善罚暴，"得善人而赏之，得暴人而罚之"（《尚同下》）。墨翟认为只要做到"赏当贤，罚当暴"，国家就能治理好。

墨翟所说的"尚同"是手工业主的一种幻想。他们是软弱无力的，自身没有力量以实现自己的愿望，满足自己的要求，只幻想有一个最大的"贤者"占了政治上最高的地位，以"兼爱"的理论为工具，达到生产者安心生产的目的。这是一种幻想，但也倾向于中央集权专制主义。中央集权是当时的历史进步趋势。墨翟的这种思想，也就是这种趋势在当时的思想战线上的反映。

第六节 功利主义的道德观和经验主义的真理论

墨翟认为"利"是衡量善恶的主要标准。这里牵涉到一个伦理学的根本问题，即动机论和效果论所争论的问题。

儒家认为"义"跟"利"是对立的。这个对立有两种意义。一种是物质利益和道德修养的对立，一种是行为的效果和动机的对立。奴隶主贵族不事生产，认为生产是"小人"的事。他们讲究：有车马的人，就不应该养鸡养猪；夏天有冰用的人，就不应该养牛羊（《大学》引孟献子语）。因此，他们认为：求"利"是"小人"的事。孔丘说："君子喻于义，小人喻于利。"（《论语·里仁》）由于"君子"剥削老百姓的劳动果实，过着寄生的生活，已经享够了物质上的利益，因此他们就装出对于物质利益满不在乎的神气，认为只有他们才能不计较物质利益，而只注意于道德的修养。其实他们的道德不过是剥削阶级的虚伪说教而已。按"义"、"利"的另一个对立说，问题是，判断一个行为的是非善恶，是以行为的效果为标准，还是以行为的动机为标准。认为以效果为标准的，是效果论即功利主义，认为以动机为标准的，是动机论。

儒家所说的"义"、"利"，包括这两个对立；墨家所说的"义""利"，也包括这两个对立。

照上面第三节所讲的，墨翟所说的"义"是和劳动果实联系起来的，是讲物质利益的。墨翟认为，各个人的劳动果实是各个人的财产所有权的根据。有财产的人固然应该"勉以分人"，但是别人也应该尊重他的劳动果实。尊重别人的劳动果实是"义"，不尊重别人的劳动果实就是"不义"。这里，"义"与"利"是分不开的。

照上面所说的看起来，墨翟对于行为的判断，是注重效果的。但也不是片面地注重效果。有这样的一段故事。鲁国的君问墨翟说：我有两个儿子，一个喜欢读书，一个喜欢把自己的财分给别人。你看哪一个可为太子？墨翟说：这也很难确定；他们也许是为了赏赐和名誉而这样做的。钓鱼的人，恭敬地站着，并不是为鱼的利益。用虫作饵引诱老鼠，并不是爱它。君主应该把"志、功"合起来看（《鲁问》）。"志"是行为的动机；"功"是行为的效果。墨翟注重效果，但有时也注重动机。"志""功"这两个伦理学的范畴，在中国哲学史中，是墨翟首先提出来的。

墨翟的伦理学思想还是效果论，说不上动机和效果的统一论，不过在这一方面也有所窥见。

墨翟能把"义"、"利"统一起来，又能初步地把"志"、"功"统一起来，这在中国哲学史上，是有所贡献的。

墨翟于道德观之外，又提出一个认识论的问题，就是，判断一个言论是否代表真理，究竟以什么为标准？他说："言必立仪。言而毋仪，譬犹运钧之上而立朝夕者也。是非利害之辩，不可得而明知也。"（《非命上》）"仪"是标准；"运钧"是一个旋转着的盘子，似乎是一日晷。但日晷是不动的，所以在上面可以定时刻（"立朝夕"），作为时刻的标准。运动着的盘子就不可能有这样的功用。"仪"，《非命中》作"义法"，并且说："立朝夕于员（运）钧之上，则有巧工必不能得正焉。""义法"把标准的意思更明确起来。

墨翟在这里所提出的，就是真理的标准的问题。在人类认识发展史上，这是一个很重要的问题，提出这个问题本身在人类认识发展史上，就是一个很大的进步。这是理论思维的反思。在中国哲学史中，墨翟首先提出了关于真理的问题，这说明他在理论思维方面达到了相当的高度。

墨翟认为判定真伪是非的标准有三个，即他所谓"三表"。《非命上》说："言必有三表。何谓三表？子墨子言曰：有本之者，有原之者，有用之者。于何本之？上本之于古者圣王之事。于何原之？下原察百姓耳目之实。于何用之？发以为刑政，观其中国家百姓人民之利。此所谓言有三表也。""言有三表"，《非命中》和《非命下》作"言有三法"。墨家所谓"法"也是标准的意思。后期墨家的著作《经上》说:"法,所若而然也。""所若而然"的东西,即是标准。

第一表"上本之于古者圣王之事",即根据过去经验的历史教训。第二表"原察百姓耳目之实",即考察现在群众的感官经验。第三表"发以为刑政,观其中国家百姓人民之利",即在实践上考察其效果,有试验的意义。墨翟的方法论是比较全面的。它注重经验,注重实践,最后归结于他的中心思想"利"。这样的方法论是朴素唯物主义的,但这种朴素唯物主义是经验主义的,它为走向唯心主义留下了方便之门。《非命中》于第一表中加上"考之天鬼之志"。这就大开方便之门了。

在《墨子》中,"三表"是时常应用的。例如在《兼爱》、《非攻》等篇中,常常引证禹、汤、文、武的事迹;这是第一表的应用。各篇都是从"国家之富,人民之众,刑政之治"立论,从"兴天下之利,除天下之害"立论,这是第三表的应用。《非命》篇以没有人见过命这个事实证明命的无有;《明鬼》篇以有人见过鬼的传说,证明鬼的存在;这是第二表的应用。当然鬼是不存在的,见鬼的传说是不可信的。即令有人自以为见鬼,也不过是一种幻觉。墨翟不知区别幻觉与真正感觉,这是经验主义的局限性。但他承认感官经验的重要,在这一点上是正确的。他说:"是以天下之所以察知有与无之道者,必以众人耳目之实,知有与无为仪者也。请(诚)或闻之见之,则必以为有;莫闻莫见,则必以为无。"(《明鬼下》)"一目之视也,不若二目之视也;一耳之听也,不若二耳之听也;一手之操也,不若二手之强也。"(《尚同下》)他肯定外界的存在,并且肯定耳目的闻见是认识的来源。这样的认识论基本上是唯物主义的。他的方法论基本上是经验主义的;这一方面和他的唯物主义的认识论虽然也有联系,但同时正是因为它是经验主义的,所以又是他的方法论的错误的根源。

关于实际效果,墨翟又说:"言足以复行者常之,不足以举行者勿常,不足以举行而常之,是荡口也。"(《耕柱》)这就是说,能见之于"行"的"言"才有价值。他又说:"用而不可,虽我亦将非之。且焉有善而不可用者?"(《兼爱下》)这是说,一个学说必须能行,才有价值。一个好的学说,必然是能行的。墨子所谓行,主要是指政治上的实践和生活中的实践,虽然不等于我们现在所说的社会实践,但他反对空谈理论,注重一种学说的实际效果。

墨翟注重行,于是提出"名"与"取"的区别的问题。他说:"今瞽曰:'巨者白也,黔者黑也'。虽明目者无以易之。兼白黑使瞽取焉,不能知也。故我曰:'瞽不知白黑者,非以其名也,以其取也。'"(《贵义》)从"名"得来的知识是概念的知识;从"取"得来的知识是具体的知识。仅仅有一些抽象的概念，算不得有真正知识；必须有具体的感性认识才可以应用。这同样是一种唯物主义的观点，是墨翟认识论中的光辉的一方面。从这一点上也可以看出来，关于名实的问题，墨翟认为"实"是第一性的，"名"是第二性的。这是与他的手工业主重视生产实践有关的。这个问题，后期墨家有进一步的讨论。

墨翟的"三表"的缺点，在《明鬼》篇中最突出地表现出来。这还不在于他不能分别幻觉与真正的感觉。更基本的是，他的方法论是以经验主义为基础的。在恩格斯的时期，有些著名的自然科学家同时也是有鬼论的宣传者。恩格斯分析了他们所以如此的原因。他指出，从科学到神秘主义的最确实的道路是经验主义，它蔑视一切理论，不相信一切思维，而只相信最简单的经验。他说："没有理论思维，就会连两件自然的事实也联系不起来，或者连二者之间所存在的联系都无法了解。在这里，唯一的问题是思维得正确或不正确，而轻视理论显然是自然主义地、因而是不正确地思维的最确实的道路。但是，根据一个老早就为大家所熟知的辩证法规律，错误的思维一旦贯彻到底，就必然要走到和它的出发点恰恰相反的地方去。"（《自然辩证法》，《马克思恩格斯选集》第3卷，第482页）墨翟的方法论正是犯了这个基本上的错误，因此使他不但陷入有鬼论而且还使他保存了宗教世界观的形式。没有一个比较正确的自然观作为理论基础，他的思维便不可避免地是自然主义的。这样的思维是不正确的，因此就把他引到跟他的出发点恰恰相反的地方去。他注重经验，注重实践，本来是唯物主义的方法论，可是由于他的狭隘的经验主义的片面性，在关于鬼神的问题上，他就倒向宗教唯心主义了。经验主义是它的有鬼论的认识论的根源。

墨翟对于中国逻辑学的发展是有贡献的。他提出了"类"与"故"这两个逻辑概念。墨翟告诉公输般说："义不杀少而杀众，不可谓知类。"（《公输》）《非儒》篇说："仁人以其取舍是非之理相告，无故从有故也。弗知从有知也。""故"就是理由或原因。墨翟首先提出这两个逻辑概念，到了后期墨家，对于"类"、"故"有详细的理论。这是墨家逻辑学说的进一步的发展。

墨翟很注重类推。《鲁问》篇记载："彭轻生子曰：'往者可知，来者不可知'，子墨子曰：'籍设而亲在百里之外，则遇难焉。期以一日也，及之则生，不及则死。今有固车良马于此，又有奴马四隅之轮于此，使子择焉，子将何乘？'对曰：'乘良马固车，可以速至'。子墨子曰：'焉在不知来？'"墨翟认为正确的预见是可能的，而预见的根据在于类推。《非攻中》说："谋而不得，则以往知来，以见知隐。"这是"类"的逻辑概念的功用。

孔丘自称"述而不作"，墨翟主张述而且作。他说："吾以为古之善者则述之，今之善者则作之，欲善之益多也。"（《耕柱》）这也是科学的精神。

墨翟的认识论和方法论，有唯物主义的和科学的精神，在中国哲学史中，是光辉的一页。墨翟的唯物主义倾向及对实践的重视，是与他所代表的当时手工业主这一阶层重视发展生产分不开的。

第七节 "兼爱""非攻"的阶级调和论

墨翟认为当时的"大害"是国与国之间的战争，人与人之间的争夺。其所以如此，他认为是由于人之不相爱。他主张国与国之间，人与人之间，都应该"兼相爱，交相利"。这就是所谓"兼爱"，这是墨家的一个中心的理论。

墨翟所说的"兼爱"也称为"仁"；孔丘也说："仁者爱人。"在表面上看，儒、墨都注重"仁"，但在具体内容上，他们所说的"仁"有相当大的差异。

上文第四章讲到，孔丘注重"仁"。他所讲的仁是和"亲亲"分不开的，讲的是以血缘关系为基础的宗法等级之间的关系，也就是所谓"爱有差等"。这就是说，"仁者"爱他的父母应该比爱他的同族的别的人多，爱他的同族应该比爱同族以外的别的人多。这就是儒家所谓"轻重厚薄"。这是用以维护宗法等级制度的。

墨家所主张的兼爱是"爱无差等"（墨者夷之对孟轲语），不分轻重厚薄。"视人之国若视其国，视人之家若视其家，视人之身若视其身。"（《兼爱中》）除了轻重厚薄，还有一个先后问题。儒家主张先爱自己的"亲"，然后推及别人的"亲"。墨翟主张"必吾先从事于爱利人之亲，然后人报我以爱利吾亲也"（《兼爱下》）。这也是"爱有差等"和"爱无差等"的区别的一种表现。

这是儒家和墨家之间的斗争的一个主要问题。《墨子》里边记载了关于这个问题的一个辩论。儒家的一个人巫马子同墨翟说：我跟你不同，我不能兼爱。我爱邹国的人，要比爱越国的人多一些。我爱鲁国的人要比我爱邹国的人多一些。我爱我本乡的人要比爱鲁国的人多一些。我爱我家里人要比爱本乡人多一些。我爱我的父母要比爱我家里人多一些。我爱我自己要比爱我父母多一些。跟我越近的，我越爱得多。我要是挨打，我就感觉痛苦；别的人要是挨打，我不感觉痛苦。我为什么不去掉我所感觉到的痛苦，而去掉我所感觉不到的痛苦？所以只可以为我的利益而杀别人，不可以为别人的利益而杀我。墨翟说：你是要把这个原则藏在你心里呀，还是要告诉别人？巫马子说：我为什么把我的原则藏在我的心里？我还要告诉别人。墨翟说：这样，如果一个人喜欢你这个原则，照着你的原则去行，这一个人就要为他自己的利益而把你杀了。如果有十个人喜欢你的原则而照着去行，这十个人就要为着他们自己的利益而把你杀了。如果天下的人都喜欢你的原则而照着去行，天下的人都要为着他们自己的利益而把你杀了。如果一个人不喜欢你这个原则，这个人就认为你宣传不好的话，而打算把你杀了。如果有十个人不喜欢你的原则，这十个人就认为你宣传不好的话，而打算把你杀了。如果天下的人都不喜欢你的原则，他们都认为你宣传不好的话，而打算把你杀了。这样，喜欢你的原则的人打算杀你，不喜欢你的原则的人也要杀你。你随便说了一句话，这句话就使你经常有杀身之祸（见《耕柱》）。

这里所辩论的问题，就是"爱有差等"和"爱无差等"的问题。墨翟的辩论指出"爱有差等"的理论的内在矛盾。指出照儒家的逻辑，正好是从"爱我"出发，结果恰恰是害了自己。这种论证，当然不可能揭露儒家"爱有差等"的内在矛盾。实质上，墨翟的这个论证方法，正好暴露了他也是以"爱我"为出发点的。他没有也不可能超越这个界限。

墨翟认为"兼相爱"必须表现为"交相利"。他号召人具体地实行互相帮助，"有力者疾以助人，有财者勉以分人，有道者劝以教人。"（《尚贤下》）在互相帮助之下，"老而无妻子者，有所侍养，以终其寿；幼弱孤童之无父母者，有所放依，以长其身"（《兼爱下》）。

墨翟从现象中见到，当时的"大害"，在于"君臣不惠忠，父子不慈孝"，"强必执弱，众必劫寡，富必侮贫，贵必傲贱，诈必欺愚"。他希望在现存的阶级关系下，以"兼爱"的学说，使"君臣惠忠"，"父子慈孝"，"强不执弱，众不劫寡，富不侮贫，贵不傲贱，诈不欺愚"（《兼爱中》）。这是替"弱者""贫者""贱者""愚者"提出要求。从这一点看，墨翟所讲的兼爱含有反抗压迫和等级歧视的意义。

由于墨翟所代表的手工业主这样一个阶层的力量是软弱的，不能成为一个独立的社会力量，更由于手工业主也有剥削压迫别人的一面，这种情况使墨翟虽然反对压迫，提出"兼爱"思想，但并不主张废除阶级，也不主张废除等级制度。上面第二节讲到墨翟认为"王公大人"和"士君子"等统治阶级都有其职分以内应该做的事（"分事"）；这就是在理论上承认阶级、等级的存在。不过，这种理论在当时也有一定的积极意义。因为它肯定"王公大人""士君子"并不是天生与众不同；只是由于社会分工，才有不同的"分事"，由于不同的"分事"，而有不同的地位。作为出"力"者看，他们都是平等的。在由奴隶制向封建制过渡的时期中，奴隶主贵族还说，他们是上帝派来统治和剥削劳动人民的。墨翟的这种理论，在一定程度上打击了奴隶主贵族自己加于自己的神秘性。但是，墨翟的"兼爱"是所谓各阶级与阶层之间的"兼相爱，交相利"，宣扬的是阶级调和论。正当奴隶社会趋于瓦解的时候，这样的理论在客观上会有稳定当时社会现状的后果。这样，墨翟的兼爱客观上又具有维护奴隶制社会的作用。在当时激烈的阶级斗争中，起着消极的作用。这种阶级调和的理论还往往容易为反动阶级所利用，起到瓦解斗志的作用。这正是当时手工业主这一阶层软弱无力的反映，也是其反对暴力革命、主张改良主义的理论上的保守性的反映。在春秋战国大转变的时期中，他们虽有提出他们的要求的机会，但没有改革现状的力量。他们只幻想当时各种政治势力和社会势力相安无事，不妨碍物质财富的生产和劳动力的生产。这是墨翟"兼爱"理论的阶级根源。

墨翟从"兼相爱，交相利"的原则出发，主张"非攻"。他认为当时的兼并战争，"贼虐万民"，"竭天下百姓之财用"，"而王公大人乐而行之，则此乐贼灭天下之万民也，岂不悖哉！"（《非攻下》）因此，他反对兼并战争，主张通过"兼相爱，交相利"的说教来解决国与国之间的问题。在这里，他只片面地看到兼并战争破坏性的一面，而没有看到当时的战争对促进全国统一、摧毁旧制度，建立新制度的进步意义。

墨翟反对兼并战争，但他不是简单的和平主义者；他只主张非攻，而不主张非战。他反对攻，却讲究守。他不主张"去兵"，而主张备兵，主张备兵自守。他善于作守城的器械，并且使他的弟子用他的器械为将要被攻的宋国守城（《公输》）。在这里墨翟一般地反对进攻，主张自卫。但以攻守为标准仍然不能区分战争的正义性与非正义性，在某种程度上反而阻碍了当时新兴地主阶级所进行的统一战争。墨翟也分别"攻"与"诛"的不同。伐"无罪之国"是"攻"，伐有罪之君是"诛"。暴虐的君是应该被讨伐的。他说：这不是攻，而是诛（《非攻下》）。"攻"是不能允许的；"诛"不但是可允许而且在适当的情况下也是必要的。但是所谓有罪或无罪，是以什么为标准呢？由谁来判断呢？墨翟实际上还是只主张"非攻"。

当时新兴地主阶级用攻战进行兼并。秦国就是用这个方法达到中国的统一。照《尚同》篇所说的，墨翟也是主张统一的。但是反对以攻战的方法进行统一，主张以和平的方法进行统一。这在当时说来也是一种幻想。墨翟的这种主张，不赞成暴力的变革，同样表现了改良的观点，在当时起着调和矛盾的消极作用。

"兼爱"和"非攻"，是一种思想的两面。这种思想是非暴力论。"兼爱"是非暴力论在内政方面的表现。"非攻"是非暴力论在外交方面的表现。在社会大转变时期，革命的暴力是推动变革的主要力量。在这种时期，主张非暴力论客观上又是起着阻碍社会前进的作用。

第八节 主张"天志""明鬼"的宗教思想

墨翟思想的消极一面，在他的"天志"、"明鬼"的主张中，更突出地表现出来了。

墨翟在《尚同上》里，只说到"选择天下之贤可者，立以为天子"，没有说"天子"是由谁来"选择"的。《尚同中》说："古者上帝鬼神之建设国都立正长也，非高其爵、厚其禄、富贵游佚而错（措）之也，将以为万民兴利、除害、富贫、众寡、安危、治乱也。"照这样说，"天子"还是"天"（上帝）所立的。他指出，"上帝"所以立"天子"，并不是要他享受，而是要他为老百姓办事。这是墨翟向当时的统治者提出的要求，其具体的内容是兴利、除害，使贫者成为富，寡者成为众，使危转为安，乱转为治。墨翟也肯定了君权出于神授，也提出"天"对于统治者的要求。

墨翟认为有"上帝"存在；"上帝"有明确的意志，即所谓"天志"。"天志"的内容就是"兼爱"，"欲义而恶不义"（《天志上》）。他说：天是爱人的，所以为人创造万物。天创造日月星辰，为的是叫人得到光明。天降雪霜雨露，使五谷麻丝能得生长，叫人能够有吃有穿。天又立了"王公侯伯"，叫他们"赏善罚暴"（《天志中》）。"王公侯伯"就是所谓"正长"。照墨翟的"尚同"的理论，老百姓必须"上同"于天子，天子必须"上同"于天。"天志"喜欢兼爱，所以天子也必须赏"兼相爱"的人，而罚"别相恶"的人。"兼相爱"的人也直接受到"上帝"的赏；"别相恶"的人也直接受到"上帝"的罚。

墨翟又更具体地说明他所谓"天志"的内容，他说："天之意不欲大国之攻小国也，大家之乱小家也。强之暴寡，诈之谋愚，贵之傲贱，此天之所不欲也。不止此而已，欲人之有力相营，有道相教，有财相分也，又欲上之强听治也，下之强从事也。"（《天志中》）墨翟又认为除上帝之外，还有鬼神。鬼神也是以上帝的意志为意志。他们帮助上帝赏"兼相爱"的人，罚"别相恶"的人。墨翟的《明鬼》篇引了许多古代见神见鬼的传说，以证明鬼神的存在。

墨翟把传统宗教中的上帝鬼神都搬出来，作为他的"兼爱"学说的实行的保证。照他的说法，天上的与地上的，宗教的与世俗的威权，都赏"兼相爱"的人，而罚"别相恶"的人；如果人都相信这一点，自然都要"兼爱"了。他抬出了传统宗教中的上帝与鬼神，但是给他们以新的内容，新的意义。

《天志中》说：墨翟讲天志，就像"轮人之有规，匠人之有矩"。他把"天志"作成一个规矩,"上将以度天下之王公大人为刑政也,下将以量天下之万民为文学、出言谈也"。就是说,他拿"天志"作为一个标准,以批判当时统治者的政治上的措施,并批判别家的学说。这个"天志"的内容,正是他自己所反映的手工业主的要求。

传统宗教中的"天",是奴隶主意志的表现;它是奴隶主剥削与压迫奴隶们的精神武器。奴隶主在"天"的名义下,宣称奴隶社会的一切制度都是永恒的,不可侵犯的,奴隶的命运是"天"注定的。

墨翟所说的"天",虽然和西周以来传统宗教中的"天"同是"主宰之天",但照墨翟所说的,主宰的目的是不相同的。墨翟的"天"的主宰的目的,在于兼爱天下。他说:"天下无大国小国,皆天之邑也;人无幼长贵贱,皆天之臣也。"(《法仪》)在墨翟看来,国与国,人与人,在"天"的面前都是平等的,谁也不应该压迫谁。这也是当时手工业主的要求,墨翟的思想正是这种要求的反映。

墨家与儒家之间的另一个斗争的问题是关于"命"的问题。墨翟说:主张有命的人认为,"寿夭、贫富、安危、治乱,固有天命,不可损益"。他又认为"儒家"就是主张有命的人(《非儒下》)。与"命"相对的是"力"。墨翟认为个人的富贵,以及国家的治安,都是由于人的努力("力"),而不是由于什么预先决定的命运("命")。

墨翟列举了古代一些成功的人,他们为什么能够成功呢?墨翟说:"至今而天下皆曰其力也,必不能曰我见命焉。"墨翟认为"王公大人"之所以努力处理政务,因为他们知道"强必治,不强必乱,强必宁,不强必危"。卿大夫之所以努力办事,因为他们知道"强必贵,不强必贱,强必荣,不强必辱"。农民之所以努力耕种,因为他们知道"强必富,不强必贫。强必饱,不强必饥"。妇女之所以努力纺织,因为她们知道"强必富,不强必贫,强必暖,不强必寒"(《非命下》)。如果他们相信一切有命定,命好的不必努力而自会成功,命坏的虽努力而还是必然失败,这就没有人努力工作了。这样,"天下必乱","天下衣食之财,将必不足"(《非命下》)。所以墨翟说:儒家的"有命"的主张,是"贼天下之人"(《非儒下》)。

墨翟认识到劳动和生产的关系。劳动越多越强,生产就越多。事实上并不那么简单,这只是事实的一个方面。在剥削阶级统治的社会中,农民努力耕种,但吃不饱;妇女努力纺织,但穿不暖。在社会关系上,墨翟没有认识到阶级压迫的这一方面。但在人与"天"的关系上,他认识到人的重要,重视人的作用,主张非命,自以为与孔丘所宣扬的"死生有命,富贵在天"的说法直接对立起来。

但照墨翟的"天志"的理论，人努力的成功，也是由于"天"的赏赐。"天"喜欢努力的人，所以使他们必然成功。照这样说，最后决定人们的祸福、生死的权力，还是在"天"。他的"非命"论实质上也是一种天命论。不过墨翟不认为，上帝是预先决定人们的祸福、生死，而认为，上帝是事后依照人们的努力的程度而赏赐或责罚他们。墨翟虽说强调了人的作用，但最后，他的非命论还是导致了天命论。

墨翟以"有意志之天"作为自己的阶级的工具，这一点墨翟并不隐讳。他说："我有天志，譬如轮人之有规，匠人之有矩。执其规矩以度天下之方圆，曰：中者是也，不中者非也。"（《天志上》）又说：如果国君能"顺天之意，奉而光施之天下，则刑政治，万民和，国家富，财用足，百姓皆得暖衣饱食，便宁无忧"。（《天志中》）墨翟又指出当时社会混乱的情况说："此其故何以然也？则皆以疑惑鬼神之有与无之别，不明乎鬼神之能赏贤而罚暴也。"（《明鬼下》）墨翟认为，对于"天志"和鬼神的信仰于人有利，所以宣传这种信仰。照他的逻辑，人必须信仰上帝和鬼神，并不仅是因为他们存在，而且是因为这样的信仰于人有利。照这样讲起来，他的关于"天"和鬼神的学说就不只是一种宗教思想，而且是一种宗教观。

墨翟是以自己的思想为内容，改造传统的宗教，作为阶级斗争的工具。但是宗教总是宗教，无论怎样改造，它总是以上帝存在为其根本教义。墨翟主观上是要以自己的思想为内容，改造宗教，实际上他是以自己的思想为根据，为上帝存在作新的论证。这就表明，作为手工业主阶层的代表，墨翟本来就需要上帝。就墨翟的"天志"和"明鬼"的思想说，在当时革命力量反对奴隶主贵族的反动势力的斗争中，在科学与宗教的斗争中，在唯物主义与唯心主义的斗争中，他的这些思想，无论他怎样说，在客观上使他成了一个有神论的宣传者。

第九节　前期墨家向后期墨家的转化

手工业主是小私有生产者的上层阶层。从其当时的政治地位、经济地位和阶级利益出发，在当时的社会大转变中，他们要乘机表示他们对于当时社会的态度，提出他们的政治的和经济的要求。墨翟执行了这个任务。但是，手工业主这个阶层也是一个对于别人有少量剥削的阶层，同时也是软弱的，不稳定的。他们很想自己发财，爬上去，挤进上层社会，参加到地主阶级行列之中。他们经常处在分化之中，其中有的破产流亡，有的升为商人和地主。他们在这个转变中，并不是新的生产关系的体现者，不能成为一个独立的政治力量。因此，墨翟的思想，一方面有对于当时奴隶主贵族的社会的批判和抗议，具有一定的进步意义，这是墨翟思想的主流。另一方面又不能提出对于奴隶社会作根本改革的建议，反而反对改革社会的暴力，主张阶级调和。他把希望寄托于用"兼爱"改善当时社会上的情况，"除天下之害，兴天下之利"，但是怎么样实行"兼爱"呢？他又把这种希望寄托于最高统治者，希望依靠统治上的当权派以实现他们的愿望。他也知道这些依靠是不够的，因此，他又把这些希望最后寄托于传统宗教中的有意志的"天"上。所有这些都是墨翟的空想，是不可能实现的。这就充分反映了这一阶层的保守的一面、落后的一面，是他所代表的阶级的局限性的表现。墨家思想的这种两重性必然要发生分化。

到了战国中期以后，由于手工业的更进一步的发展和新兴工商业势力进一步的壮大，有一部分手工业主转变成为新兴地主阶级。在受别人剥削而不剥削别人的手工业者阶层，也有一部分人涌现出来，发表自己的思想。墨家起了分化，在墨家后期的作品《经》和《经说》等六篇中，就没有关于"天志""明鬼"的问题了。后期墨家思想是向唯物主义的方向发展的。他们是手工业者的代表。后期墨家坚持前期墨家的进步方向，抛弃了墨翟思想中的唯心主义成分，而将其中的唯物主义的、科学的成分，大加发挥，以成为比较完全的唯物主义体系。

第八章　晋法家思想的发展

第一节　晋法家和齐法家

在春秋、战国这个大转变时期，向着封建制的进展，在各诸侯国是不平衡的。首先出现封建制生产关系的是齐国，其次是晋国。孟轲说："五霸桓公为盛。"（《孟子·告子下》）他又把齐桓同晋文并称（《孟子·梁惠王上》）。就是说，在春秋时期，齐桓公和晋文公是两个最大的霸主。齐桓公在前，晋文公继之。齐、晋两国的强大，并不是偶然的。它们都在本国作了不同程度的经济上和政治上的改革，提高了生产力，初步地改变了生产关系，加强了本国的中央集权。在这两个国家中首先出现了封建生产关系。齐、晋两国的强大，是它们封建化的结果。齐桓、晋文成为霸主的先后，就是它们封建化的先后。

因此，代表新兴地主阶级利益的法家思想在齐国和晋国特别发展。战国中、晚期的几个法家的大人物中，申不害是郑人。郑为韩所灭，所以申不害也是韩人，又是韩国的宰相。他和韩非是韩人，商鞅是魏人。韩、魏和赵当时称为三晋。这些人都是晋法家。

齐国的封建改革，在管仲死后，有了停滞。但是齐国的法家思想一直在发展。《管子》书中的法家思想，是在管仲的旗帜下发展起来的，也就是从管仲在政治上和经济上一些改革的措施推演出来的，是这些措施的理论上的发挥。由这方面看，齐国的法家思想，不能说就是管仲的思想，但可以说是管仲的思想的发展。

这些思想，本书称为齐法家，将于下册述之。

第二节 魏国进一步的改革——李悝"尽地力之教"和《法经》

在三家分晋前后，韩、赵、魏三家又各自作了进一步的改革。魏文侯（前446—前396）是一个进步的君主。在他执政期间，他任用李悝为相，进一步推进封建化。李悝在魏国推行的方针政策之中，最有名的是"尽地力之教"。

李悝亦称李克，班固说："李悝为魏文侯作尽地力之教。"（《汉书·食货志》）司马迁说："当魏文侯时，李克务尽地力之教。"（《史记·货殖列传》）"魏用李克，尽地力，为强军。"（《史记·平准书》）又说："魏有李悝，尽地力之教。"（《史记·孟子荀卿列传》）《汉书·艺文志》著录《李克》七篇，并注："子夏弟子，为魏文侯相。"又著录《李子》三十二篇，并注："名悝，相魏文侯，富国强兵。"不可能在魏文侯的时候，有两个姓李的人同为魏文侯的相，同作"尽地力之教"。显而易见，李悝和李克是一个人，他的名字有的时候写作李悝，有的时候写作李克，悝和克是一音之转。荀况的名字，有的时候写作荀卿，有的时候写作孙卿，荀、孙是一音之转。这种情况古代是常有的。司马迁和刘歆有的时候写作李悝，有的时候写作李克，并不证明他们认为李悝和李克是两个人。班固不了解这种情况，就在《汉书》人物表上把李悝和李克列为两个人，这是班固的错误。

李悝或李克这个人大概是从儒家分裂出来而成为法家的人。他的著作有一部分讲儒家的道理，这就是《艺文志》所著录的列为儒家的《李克》七篇。可是他的著作大部分讲的是法家思想，这就是《艺文志》所著录的，列入法家的《李子》三十二篇。他的情况大概像荀况。

马克思在《共产党宣言》中指出："在阶级斗争将近决战的时期，统治阶级内部的、整个旧社会内部的瓦解过程，就达到非常强烈，非常尖锐的程度，甚至使得统治阶级中的一小部分人脱离统治阶级而归附于革命的阶级，即掌握着未来的阶级。"（《马克思恩格斯选集》第1卷，人民出版社1972年版，第261页）。李悝、荀况就是这样。

李悝的"尽地力之教"，《汉书·食货志》有比较详细的记载。他所讲的"尽地力"，着重的并不是农业技术，而是推行封建制的生产关系，以提高农民的积极性，并采取一种措施保证粮价稳定，以保障农民的生活。

李悝说：一个地方百里的国家，大约有田地九万顷。山川城市所占的地方约三分之一，剩下三分之二的可耕地，大约有六万顷，即六百万亩。如果种地的人的积极性能够发动起来，种得很好，每亩耕地可增产三斗。（原文作"治田勤谨"，王先谦说勤字唐写本作劝，今从之。劝即鼓励以提高积极性的意思。"斗"原文作"升"，今依臣瓒及颜师古说改为斗。）如其不然，就要减产三斗。一增一减之间，六百万亩的生产的差别，就是一百八十万石。

《食货志》又引李悝说：如果粮价太高，靠买粮吃饭的人就吃亏（"伤民"）。如果粮价太低，生产粮食的人就吃亏（"伤农"）。"民伤则离散，农伤则国贫。故甚贵与甚贱，其伤一也"，怎么办呢？李悝说："善为国者，使民毋伤而农益劝。"这一句话的意思就是说，善于治国的人，要使粮食的生产者和消费者都不吃亏。

这是李悝"尽地力之教"的目标，也是他的政治纲领。

"使农益劝"的办法是计口授田，对每个"农夫"授田一百亩，收入归耕者所有，国家抽十分之一的税。照李悝的计算，当时粮价是每石三十个钱。这十一之税收的是粮食或是钱，材料没有说明，如果是前者，那就是实物地租；如果是后者，那就是货币地租。无论如何李悝的"尽地力之教"，都是推行封建制。

对农民计口授田，按亩征税。这在晋国并不始于李悝。新出土的《孙武兵法》记载孙武答吴王问时说：晋国的六将军在他们自己的"家"的范围内，都实行这种办法。（详见本书第一册《绪论》）照周制，天子设六军，诸侯设三军。晋文公于三军之外，又设"三行"（《左传》僖公二八年）。实际上就是设六军，所说的"六将军"即六军的统帅，也就是六卿。他们都已实行对农民计口授田，按亩征税，这种封建制的办法，可能在文公时就已实行。李悝可能把这种封建制的办法更系统地、更彻底地推行。

稳定粮价的办法是"平籴"。照李悝所说的，每家农民收入的粮食，除交十分之一的税及自己食用、消费外，多余的粮食由国家收购。国家按年成的好坏收买一定的数目。遇到荒年，国家把丰年收购的粮食拿出来发卖。李悝说：这样"故虽遇饥、馑、水、旱，籴不贵而民不散，取有余以补不足也"。

《食货志》说："行之魏国，国以富强。"这个论断可以证明李悝的"尽地力之教"在魏国得到实施并且取得了很大的效果，并不仅只是李悝的理想。《吕氏春秋》引史起的话说："魏氏之行田也以百亩，邺独二百亩，是用恶也。"这句话也可以证明魏国是实行了一夫百亩的授田制度的，在耕地不好的地方，则一夫二百亩。

刘向记载说，魏文侯问李克怎样"为国"，李克说："为国之道，食有劳而禄有功，使有能而赏必行，罚必当。"文侯说："吾赏罚皆当而民不与，何也？"李克说："国其有淫民乎？"所谓"淫民"，就是依靠其父之功，自己无功而食的人。李克说："如此者，夺其禄以来四方之士，此之谓夺淫民也。"(《说苑·政理》) 刘向的《说苑》大都是从当时的古书中抄来的。这段话的意思就是说，不但在政权机构中不应当有无功而食的人，就是在社会中也不应当有无功而食的人。魏文侯仅只做到前一点，还没有做到后一点。这都是法家的思想。

李悝还做了一件大事，就是著《法经》。《法经》的内容大略见于《晋书·刑法志》。《刑法志》说："是时（指三国魏明帝时）承用秦汉旧律，其文起自魏文侯师李悝。悝撰次诸国法，著《法经》。以为王者之政莫急于盗贼，故其律始于《盗》、《贼》。盗贼须劾捕，故著《网》、《捕》二篇。其轻狡，越城，博戏，借假不廉、淫侈逾制，以为《杂律》一篇。又以《具律》具其加减。是故所著六篇而已，然皆罪名之制也。商君受之以相秦，汉承秦制。"

本书第五章说到，子产铸刑书，其内容是对奴隶社会中奴隶主的刑法加以整理、编辑。这就是叔向所说的"制参辟"。第八章又说，晋国铸刑鼎，其内容是范宣子所作的新刑书。在春秋战国大转变时期中，适应地主阶级的需要，许多国家都作了新的刑书。李悝"撰次诸国法，著《法经》"，就是说，他把当时各国的新刑书加以整理、编辑，成为《法经》。可以说，子产的刑书是夏、商、周奴隶社会中奴隶主阶级刑法的汇编；而李悝所著的《法经》，则是春秋战国大转变时期地主阶级刑法的汇编。子产所铸的刑书是为奴隶主阶级专政服务的，是奴隶主的刑法；李悝的《法经》则是为地主阶级专政服务的，是封建制的刑法。子产的"铸刑书"，是奴隶主阶级政权的"回光返照"；李悝的"著法经"，是地主阶级政权日益巩固的象征。

"法经"共有六篇。第一是《盗法》，第二是《贼法》。照李悝的意思，盗贼是法的主要对象，这两篇规定关于惩罚盗贼的条文。第三是《网法》，第四是《捕法》，这两篇规定关于逮捕盗贼的条文。第五《杂律》，规定关于一般违禁行为的条文。第六《具律》，规定关于施行法的时候可以酌量加减的条文。

商鞅在魏国学习了这部《法经》，把它带到秦国，在秦国推广施行。秦统一中国以后，还是施行这部《法经》（"承秦制"）。萧何又加了三篇，共为九篇，其基础还是这部《法经》。

这部《法经》是为地主阶级服务的。它着重保护的是私有权。在中国的奴隶社会中，在奴隶主贵族的统治下，富、贵是不分的，有土地、奴隶的人，同时也就是政权机构中的人。在春秋战国大转变时期中，富、贵逐渐分开了，地主阶级得了政权，但地主阶级中的人不一定同时都是政权机构中的人。在富、贵不分的时候，贵族的所有，同时也就是国家所有，无所谓私有权。在封建制建立以后，富人的所有不一定就是国家所有，这就有了封建私有权。地主阶级专政就要制定法律以保护封建私有权。李悝的《法经》适应了这种需要，体现了这种精神，所以在后来的封建社会中，一直是历朝法律的基础。可以说，在春秋战国大转变时期，李悝的《法经》具有承前启后的划时代的意义。

第三节　韩国进一步的改革——申不害的"术"

在三晋中，韩国也进行了进一步的改革，其主持和推动者是法家的一个大人物申不害。他于公元前351年为相。司马迁说："申不害者，京人也。故郑之贱臣。学术以干韩昭侯，昭侯用为相，内修政教，外应诸侯。十五年，终申子之身，国治兵强，无侵韩者。申子之学，本于黄老而主刑名，著书二篇，号曰《申子》。"（《史记·老子韩非列传》）京是郑国的一个地方。郑为韩所灭，所以申不害也就成为韩人。他原来是个贱臣，大概是奴隶之类。后"学术以干韩昭侯"，"学"在这里是个动词，"术"是法家所讲的在地主阶级政治下，统治者统治臣下和老百姓的方法。战国时期，各国的地主阶级政权，都企图以自己的国为主，统一中国，互相兼并。战国时期的国比春秋时期的诸侯国大得多，老百姓也多得多，事情也复杂得多。所以当时的统治者需要一种新的统治方法，以应付新的形势。这种新的方法，法家称为"术"。申不害用他所学的"术"，游说韩昭侯。昭侯用他为相。司马迁说，申不害的思想"本于黄老而主刑名"。"黄老"是汉朝人所用的名词，司马迁用汉朝人的名词追述战国人的思想，就是说，申不害的思想是与早期道家有关的，但主要是"刑名"。"刑名"即"形名"。申不害著书二篇，可是现已遗失了，仅存辑本。我们下面用的是严可均的辑本（见《全三代文》卷四）。

申不害的"术"，主要讲"为主之道"。他说："故善为主者，倚于愚，立于不盈，设于不敢，藏于无事，窜端匿疏，示天下无为，是以近者亲之，远者怀之。示人有余者人夺之，示人不足者人与之，刚者折，危者覆，动者摇，静者安。"（《群书治要》引《申子·大体》篇）这一段话的主要之点，就是"无为"。为主的要无为，为臣的要有为。主之所以能无为，就是因为臣下有为。申不害说："明君如身，臣为手；君若号，臣如响；君设其本，臣操其末；君治其要，臣行其详；君操其柄，臣事其常。"（同上）照法家的意思，君主好像一个赶马车的，他不必也不可替他的马拉车，只要坐在车上发号施令。照申不害所说的，善于为君的人什么事情都叫臣下办了，他同臣下比较起来，好像是"愚"，没有什么能力，好像是"不足"；其实他的"愚"正是他的智，他的"不足"正是他的有余。"藏于无事,示天下无为。"就是说,他隐藏在"无事"的背后,叫人看起来,他是"无为"。其实臣下的有事,都是替他办事。臣下的有为,都是为他而为。所以他的"无事"正是他的"有事",他的"无为"正是他的有为。

但是,善于统治的统治者必须有个办法,以使用他的臣下,不然的话,他就真是愚,真是不足了。这个办法就是所谓"刑名",也就是所谓"名实"。司马迁说:"申子卑卑,施之于名实。"(《史记·老子韩非列传》)"施之于名实"就是"主刑名"的意思。申不害说:"为人臣者,操契以责其名。名者,天地之纲,圣人之符。张天地之纲,用圣人之符,则万物之情无所逃之矣。"(《群书治要》引《申子·大体》篇)("为人臣者",当作"为人君者")"契"就是一种契券。古代在买卖东西或借贷时作一契券,用刀子从中划开,双方各执一半,债权者拿着右边那一半,负债者拿着左边那一半。债权者可以拿着右边这一半向负债者算账。"操契以责其名",这句话可能字句有错误,大概的意思是说"名"就像一个契券,君主可以拿着它去要求臣下负责,向他算账。比如,君主任命一个臣作某官,这个某官就是个"名",这个臣就是个"形"或"实"。他既然作了这个官,君主就可以用这个某官之"名"向他算账,要他做某官所应做的事,要他负责。后来的法家,称这种方法为"循名责实",或"综核名实"。"名"是"天地之纲",就是说,天地间的事物有许多类,每一类都有一个"名",举这个"名"就可以包括这一类的"实"。例如牛、马之类,有牛、马之"名",举牛、马之"名"就可以包括牛、马之"实"。"圣人之符",意思就是如上面所说的,某官就是个符号,君主有了这个符号就可以责成做某官的人做这个符号所代表的事。照法家的说法,有了这些名,就等于有了这些纲,纲举则目张。就把天下的事都包括了。

要使这些符号有正确的意义,就必须对这些符号作一种明确的说明和规定。这种明确的规定和说明就叫"法"。申不害说:"君必有明法正义,若悬权衡以称轻重,所以一群臣也。"(《艺文类聚》引)又说:"尧之治也,盖明法审令而已。圣君任法而不任智,任数而不任说。"(同上)意思是说,善于统治的君主必定有一种明确的法律和命令,这种法律和命令就是"名"的正确的内容,也就是臣下所必须遵循的准则。有了这种准则,臣下和老百姓的意志和行动都可以统一起来,当君主的也就可以无为而治了。

申不害说:"昔七十九代之君,法制不一,号令不同,而俱王天下,何也?必当国富而粟多也。"(《艺文类聚》引)又说:"四海之内,六合之间,曰:奚贵?曰:贵土,土,食之本也。"(《太平御览》引)这两段话讲的是申不害的提高生产以富国的经济思想，这是法家共同的主张。在这一方面，原来《申子》书中必定有很多的言论，可惜都遗失了。

第四节　赵国进一步的改革——赵武灵王"易胡服"

在三晋中的赵国，也有一次进一步的改革，那就是赵武灵王"易胡服"。司马迁在《史记·六国年表》，于武灵王十九年（公元前307年）记载："初胡服。"这在当时也是一件大事，和鲁国的"初税亩"，秦国的"初税禾""初为赋"是一类的重大创新事件，所以历史家都用一个"初"字把它们记载下来。

汉族的人打仗，原来都是用车。将官们乘车，每辆车后跟几十名步兵。车是计算兵力和国力的单位，如所谓"千乘之国"，"万乘之国"，一乘就是一辆兵车。当时的胡人（匈奴）打仗是用骑兵。比较起来，胡人的骑兵比汉人的兵车机动、轻便得多。赵武灵王鉴于这种情况，在赵国也练骑兵，叫赵国人都学骑射，这在巩固国防上有重大的改革意义。可是要学胡人骑马，必须改穿胡人便于骑马的衣服。武灵王叫当时的贵族大臣都改穿胡人的衣服，这就叫"易胡服"。

在古代的人看起来，一个民族的服装是它的文化的象征。在顽固的人看起来改变民族服装就等于废弃民族文化。赵武灵王"易胡服"，在当时赵国引起了很大的斗争和辩论。

《战国策·赵策二》比较详细地记载了辩论双方的言论，其中《武灵王平昼章》在形式上与《商君书·更法》相同，在内容上也大致相同，主要词句则完全相同，只是人名不同。《战国策》与《商君书》究竟是谁抄谁呢？

《史记》的《赵世家》关于赵武灵王"易胡服"的记载，主要是摘抄《战国策》；《商君列传》关于商鞅变法的记载，主要是摘抄《商君书·更法》。司马迁没有觉察《战国策》与《商君书》是相同的，也没有解决两者谁抄谁这个问题。

从事情发生的先后次序看，商鞅的变法在前，赵武灵王的"易胡服"在后。商鞅在秦孝公初年到秦国，孝公于公元前361年即位，《商君书·更法》所记载的商鞅与甘龙、杜挚的辩论当是公元前359年左右的事，早于赵武灵王"易胡服"五十多年。在那时，商鞅与甘龙、杜挚的辩论必定流传很广，赵武灵王在下令"易胡服"时，为了反驳对方，可能引用了商鞅的言论，《战国策》所引的那条史料的记录者就直接套用《商君书》的话。历史上每次改革，主张改革者所用的言论往往是类似的；同样，反对的人所举的理由、所用的言论也往往是类似的。所以《战国策》和《商君书》的雷同是不足为奇的。

不过，在内容上说，商鞅与甘龙、杜挚辩论的主题是，是否应该以今变古。赵武灵王当时的辩论也涉及这个问题，但更直接辩论的则是，是否应该以夷变华（向其他民族学习）的问题。关于第一个问题的辩论，本书将在讲商鞅时再讲，本节只讲关于第二个问题的辩论。

关于这个问题，当时反对派的一个代表公子成对武灵王说："臣闻之，中国者，聪明睿智之所居也，万物财货之所聚也，圣贤之所教也，仁义之所施也，诗、书、礼、乐之所用也，异敏技艺之所试也，远方之所观赴也，蛮夷之所义（仪）行也。今王释此而袭远方之服，变古之教，易古之道，逆人之心，畔学者，离中国，臣愿大王图之。"（《战国策·赵策二》）这里所说的中国，意思是指汉族所居的中原。这段话的意思就是说，中原是经济的中心，也是文化的中心。四方的各民族都是向中原学习的。四方的人本来是以中原作为学习的目标。可是现在赵国反而要向四方学习，把自古以来的文化都改变了。这是违反人心的，是违反学者们的愿望的，是离开了"中国"而把自己变成了"蛮夷"。

赵武灵王反驳说："服者所以便用也，礼者所以便事也。是以圣人观其乡而顺宜，因其事而制礼，所以利其民而厚其国也。被发文身，错臂左衽，瓯越之民也。黑齿雕题，鳀冠秫缝，大吴之国也。礼、服不同，其便一也。是以乡异而用变，事异而礼易。是故圣人苟可以利其民，不一其用，果可以便其事，不同其礼。"意思是说，因为各地方的地理不同，所以服装就不同，风俗习惯就不同。如南方的吴、越，和北方的服装就不同，风俗也不同。只要与老百姓方便，能解决问题就可以。地理不同是原因，服装风俗不同是结果。武灵王接着说："今卿之所言者俗也，吾之所言者所以制俗也。"意思就是说，你所讲的是风俗习惯，我所讲的是决定风俗习惯的原则。这个原则就是，各地方应该因其不同的地理环境，而规定他们的服装式样和风俗习惯。

赵武灵王在下边继续讲，赵国的地理环境的特点是邻近骑射之民，既然有这种情况就应该有"骑射之备"。他指出赵国因没有"骑射之备"，而在军事上处于劣势，屡次受到侵略。他作结论说：他决定要变服骑射，而公子成"恶变服之名而忘国事之耻，非寡人所望于子"（以上均见《战国策·赵策二》）。

据《史记》记载，赵武灵王说服了公子成。公子成穿上了武灵王送给他的胡服上朝，于是"始出胡服令也"。

从奴隶社会以来，中国的文化一向是以中原文化为中心的。当时的汉民族自以为中原的文化就是世界上最高的文化。要说向四方少数民族学习，在许多人看起来，那就是对于中国文化的背叛，太反常了。孟轲在反对许行的时候说："吾闻用夏变夷者，未闻变于夷者也；吾闻出于幽谷迁于乔木者，未闻下乔木而入幽谷者。"（《孟子·滕文公上》）反对赵武灵王"易胡服"的人，大概都有孟轲这一类的思想。公子成的那段话，可以用孟轲的这几句话来概括。

赵武灵王敢于同这种思想作斗争，毅然下了"易胡服令"。这是赵国的一次大改革。

在战国时期，著名的法家人物，有商鞅和韩非。商鞅是魏国的公子；韩非是韩国的公子。他们都是在学成以后才到秦国去的。他们实际上也都是晋法家。但是他们的事业都是在秦国，所以在这里也就不讲他们了。

齐法家和晋法家的一个主要的不同，在于他们的经济政策上。法家都主张提高生产，以富国强兵，这是他们所同的。在提高生产方面他们都注重发展农业。这是因为在古代社会中，最重要的生产资料是土地，要发挥土地的潜力，就必须发展农业。在封建社会中，地主阶级都实行"重农抑商"的政策。不但法家如此，儒家也是如此。

但是齐法家于重农之外，也照顾工、商业的生产。晋法家对于农业以外的生产，则加以限制，甚至排斥。例如管仲及以后的齐法家，除重农之外，也照顾"渔盐之利"。《管仲》书中还讲一些经营商业的原则和方法，晋法家完全不讲这些。

表现在政治方面，管仲称士、农、工、商为"四民"，承认工商业者在社会中的重要地位。商鞅只重视耕、战。韩非以工商业者为社会中的蠹贼。

这当然有其地理的原因。齐国在东方靠海，有"渔盐之利"可图；晋国和秦国是西方内陆国家，除土地之外，在当时人的知识条件下，没有别的资源可以开发了。

后来，秦国统一了中国，把晋法家的那一套推行到全中国。这对于中国社会的发展，产生了严重的后果。商人在生产上被限制，在政治上被歧视。重重束缚，使商业资本不能转化为工业资本；商人不能转化为资本家。这是中国社会所以长期停滞在封建社会的一个重要原因。

第九章　道家的发生与发展和前期道家

第一节　所谓"逸民"

在大转变时期，奴隶主贵族被夺了权，失去了他们原有的经济上和政治上的特权地位，降为平民或奴隶。晋国的叔向说："栾、郤、胥、原、狐、续、庆、伯，降在皂隶。"（《左传》昭公三年）晋国的这八家大奴隶主贵族，都降为奴隶了。这些没落奴隶主，地位变了，可是思想没有变。他们实际上是失去奴隶主贵族地位的奴隶主，这种人就是孔丘所说的"逸民"。

《论语》记载说："逸民：伯夷、叔齐、虞仲、夷逸、朱张、柳下惠、少连。子曰：'不降其志，不辱其身，伯夷、叔齐欤？'谓：'柳下惠、少连，降志辱身矣，言中伦，行中虑，其斯而已矣'。谓：'虞仲、夷逸，隐居放言，身中清，废中权。我则异于是，无可无不可。'"（《论语·微子》）孔丘在这里举了七个"逸民"的名字。这七个人处"乱世"的态度各有所不同，孔丘分别加以评论。在这七个人中，伯夷、叔齐、柳下惠的身世，我们知道。其余的人，我们都不知道。所以孔丘评论的意义，我们也不很清楚。大致说，孔丘的意思是说，这些人的态度分为三类。伯夷、叔齐认为武王伐纣是"以暴易暴"。他们对于周朝的统治，在思想上不屈服，在政治上不合作，认为在周朝做官是一种侮辱，不吃周朝的俸禄，在首阳山上饥饿而死。这就叫"不降其志，不辱其身"。这是一类。柳下惠、少连，在他们所谓乱世之中，做些小官，混来混去。在他们认为不过是混混而已，其实已经是"降志辱身"了。这是又一类。第三类是，介乎前两者之间，辱身而不降志。

孔丘说他和这三类都不同，他没有一定的"可"也没有一定的"不可"，就是说，要看情况。话是这样说，其实他有一定的"可"，那就是要在东方实行他的"道"，使东方成为"东周"。为了达到这个目的，他不放弃任何机会。季氏叫他做鲁国的大司寇，他做了。公山弗扰、佛肸叛了季氏，找他，他也想去。卫灵公的夫人南子要见他，他也去见。他对于这些机会是尽量利用的，这就是他所说的"无可、无不可"。

《论语》记载，孔丘在周游列国的时候，碰见了一些人。这些人对于孔丘说了些似乎是讥讽的话。这些人都是"逸民"。他们对于孔丘所说的话似乎是讥讽，其实是同情的劝告。

这些人同孔丘一样，都认为当时是"乱世"，"天下无道"。从这一点上，就可以断定这些人是没落奴隶主贵族，或其知识分子，不是劳动人民。

孔丘对于"君子""小人"的分别是极严格的。如果这些人是劳动人民，他们所说的话，对于孔丘是讥讽，孔丘的学生也决不会把这些话记载入《论语》之中。

这些逸民和孔丘不同之处，是他们对于"乱世"的态度和对付的方法有所不同。孔丘主张实行他的"道"，不与新兴地主阶级合作。逸民则是以逃避的办法向新兴地主阶级的统治进行消极的抵抗。他们不从正面向新兴地主阶级进行斗争，但这并不是取消斗争，而是另一种斗争的方式。

《论语》记载说：楚国的一个狂人在孔丘面前唱一个歌说："凤兮凤兮，何德之衰？往者不可谏，来者犹可追，已而已而，今之从政者殆而。"（《论语·微子》）这个人是以装疯卖傻的办法抗拒新兴地主阶级的统治。他赞美孔丘，称他为"凤"，咒诅新兴的当权者，说他们地位不稳。

孔丘在卫国击磬，有一个背筐子的人听见孔丘所奏的音乐就知道孔丘的心事。当时就背了两句《诗经》说："深则厉，浅则揭。"（《论语·宪问》）意思就是说，比如过河，水深的地方就要脱衣服，水浅的地方就不必脱衣服。意思是说要孔丘随机应变，要灵活一点，随时改变斗争的方式。

还有长沮、桀溺，"耦而耕"，似乎是农民。其实他们自称为"避世之士"（《论语·微子》），他们是用逃避的办法抗拒新兴地主阶级的统治。孔丘说过："贤者避世。"（《论语·宪问》）对于"避世"的人，他是同情的。

还有一个"以杖荷蓧"的"丈人"骂子路"四体不勤，五谷不分"，似乎批评了孔丘。但这个"丈人"对子路还是非常客气，让子路到他家里住，杀鸡做饭，并且叫他的两个儿子出来相见。子路把这些经过报告孔丘，孔丘说这个"丈人"是"隐者"，叫子路回去找他，可是他已经躲开了。他竟然对孔丘也用"避"的办法，这就不仅是"避世"，而且是"避人"，算是"隐"到头了。

这些"逸民"大概都可以说是"不降其志，不辱其身"。对于新兴地主阶级的统治，在思想上不认输，在政治上不合作。

《论语》又记载：卫国一个"晨门"说孔丘是"知其不可而为之"。这句话对于孔丘的言论、行动作了一个同情的概括。"晨门"是看守城门的人，可能是一个小官。如果他是一个小官，他也可能就是柳下惠那一类的"逸民"。

这些"逸民"对孔丘的同情是很明显的。孔丘对于这些人所说的话也很有感触，对于他们也是表示同情。《论语》把这些事情记载下来。这说明儒家的人对于这种人是同情、赞赏的。

孔丘虽然一贯地为"行道"而四出奔走，"知其不可而为之"，但是有的时候，也暴露出来一些像隐者所有的那些悲观失望的思想。有的时候他说："道不行，乘桴浮于海。"（《论语·公冶长》）有的时候他想"居九夷"（《论语·子罕》）。这就是隐者们的"避世""避地"的思想。他对于这种行动也很赞赏。他说："贤者避世，其次避地，其次避色，其次避言。"（《论语·宪问》）"作者七人矣。"（同上）就是说，已经有七个人"避"去了。这七个人是谁？无可考证，总是他所佩服的人。他又说："天下有道则见，无道则隐。"（《论语·泰伯》）上边说的"避世""避地"，就是一种"隐"的办法。像楚狂那样装疯卖傻，也是一种"隐"的办法。孔丘说：宁武子"邦有道则智，邦无道则愚，其智可及也，其愚不可及也"（《论语·公冶长》）。愚就是假装糊涂，也是装疯卖傻之类。

《庄子》中也记载有楚狂遇见孔丘时所唱的那首歌，但比较长。这首歌说："凤兮！凤兮！何如德之衰也？来世不可待，往世不可追也。天下有道，圣人成焉。天下无道，圣人生焉。方今之时，仅免刑焉。福轻乎羽，莫之知载。祸重乎地，莫之知避。已乎！已乎！临人以德。殆乎！殆乎！画地而趋。迷阳！迷阳！无伤吾行。吾行郤曲，无伤吾足。"（《庄子·人间世》）

这首歌比较长，有些内容可能是后来追加进去的，但是它概括了没落奴隶主阶级及其知识分子的思想情况。在当时的情况下，他们也承认要恢复奴隶主的统治，恢复他们已失去的天堂，大概是不容易的。他们妄想将来可能恢复，但又不知道在什么时候。所以感慨地说："来世不可待，往世不可追。"他们想，如果在奴隶制社会的时候，"天下有道"，像他们这样的人是很能有所作为的。但是现在"天下无道"，像他们这样的人所希望的就是保存自己的生命。他们受新兴地主阶级的压迫，觉得刑之可畏，只要能够免刑就好。在他们所处的情况下能够免刑就是福，不能免刑就是祸。他们认为有一个免祸得福的办法，那就是下面所说的那几句：

算了吧！算了吧！
要待人和和气气。

> 危险哪！危险哪！
> 要照着地面上画的线走。
> 装糊涂呀！装糊涂呀！
> 免得妨害我走路。
> 走路要曲折，
> 免得伤了我的脚。

"迷阳"就是阳迷，司马彪注说是"佯狂"的意思（陆德明《经典释文》引）。这几句歌词很传神，写出了当时没落奴隶主阶级的精神面貌。

第二节 杨朱的"为我"思想

这些"逸民""隐者"之流，是道家的前驱。他们还只是各自随时地发泄一些牢骚，发表一些对新社会不满的言论。他们的思想还没形成为一贯的学说。他们的行动也基本上是个人的，还没有成为一个学派。

首先为他们创立一种学说、一个学派的人是杨朱。

杨朱本人的历史，我们知道很少。他的名字，见于先秦各书里，也有不同。《庄子》里所说的阳子居，《吕氏春秋》所说的阳生，都是他一人。照传统的说法，他是春秋末老聃的学生，也有说他是战国时人。

传统说法是靠不住的。从战国初期思想斗争的情况看，道家思想的出现总在墨翟以后。在《墨子》中看起来，墨翟所批判的仅只是儒家。可见当时还只有儒墨二家展开斗争。道家的出现，应在以后。

《淮南子》说："夫弦歌鼓舞以为乐，盘旋揖让以修礼，厚葬久丧以送死，孔子之所立也，而墨子非之。全生葆真，不以物累形，杨子之所立也，而孟子非之。"（《汜论训》）这里所说的次序，就是历史的次序。在孟轲的时候，杨朱已有很大的影响。孟轲说："天下之言，不归杨则归墨。"（《孟子·滕文公下》）他要"辟杨墨"。从当时阶级斗争的观点看，他辟墨是奴隶主阶级与小生产者阶级矛盾的表现，而"辟杨"则只是没落奴隶主阶级的内部矛盾。"辟杨"是因为孟轲看来，杨朱所代表那一派，同隐者、逸民一样，只注意对新兴地主阶级的消极反抗。

杨朱的中心思想，照孟轲所说的，是"为我"。他说："杨子取为我，拔一毛而利天下，不为也。"（《孟子·尽心上》）韩非也说："今有人于此，义不入危城，不处军旅，不以天下大利，易其胫之一毛。"（《韩非子·显学》）《吕氏春秋》说："阳生贵己。"（《不二》篇）阳生就是杨朱，贵己就是为我。

大概杨朱一派有"不拔一毛""不利天下"的口号。这个口号可能有两个解释。一个是，只要杨朱肯拔他身上一根毛，他就可以享受世界上最大的利益，这样，他还是不干。另一个是，只要杨朱肯拔他身上一根毛，全世界就可以都受到利益，这样，杨朱还是不干。前者是韩非所说的解释，是"轻物重生"的一个极端的例；后者是孟轲所说的解释，是"为我"的一个极端的例。两个解释可能都是正确的，各说明杨朱的思想的一个方面。

孟轲说："杨朱、墨翟之言盈天下。"（《孟子·滕文公下》）在《庄子》书中，也是杨、墨并称。《骈拇》篇说杨墨是"骈于辩者"。《胠箧》篇要"钳杨、墨之口"。可见杨朱和他这一派的人长于辩论，而且辩论的"言"是很多的。他们有很多的辩论，支持他们的"为我"的一贯的理论。

在《吕氏春秋》的《本生》《重己》《贵生》《情欲》《审为》这几篇中，保存有些辩论，其内容就是像这些题目所表示的。我们可以相信，这些辩论是杨朱一派的学说。因为韩非称"不以天下之大利，易其胫之一毛"的人为"轻物重生之士"。《淮南子》也说：杨朱"全生葆真"。《吕氏春秋》这几篇，正是讲这些道理。我们可以用这几篇作讲杨朱这一派学说的资料。当然其中有许多是后来的发展，不是杨朱本人的著作。至于《列子·杨朱》篇虽然标明是杨朱的学说，但是《列子》全书都晚出，不足为据。

照这几篇所说的看起来，杨朱派所重的"生"就是生命。"生"的根本就是"身"即身体。杨朱派认为一个人的生命是最重要的；生活中的一切都是为的养生，也就是养身。"物也者，所以养性（生）也，非以性（生）养也（非下原有所字，依俞樾校改）。"（《吕氏春秋·本生》）《吕氏春秋》说：要帽子是为的头，要衣服是为的身体。如果一个人砍头去换帽子，杀身去换衣服，任何人都知道是不应该的。因为头及身是"所为"，帽子及衣服是"所以为"。照这个例子推起来，"身者，所为也；天下者，所以为也"（《审为》）。身是主体，一切都是为的它。一个人的身，就为他的"我"。为身就是"为我"。从这个前提出发，可以得到如韩非所说的，"不以天下之大利，易其胫之一毛"的结论，也可以得到如孟轲所说的，"拔一毛而利天下，不为也"的结论。

杨朱派认为生命的内容是欲望，"天生人而使有贪有欲"（《吕氏春秋·情欲》）。人在生活中欲望得到适当的满足，这就是生命得到最好的发展。《吕氏春秋》引子华子说：有全生，有亏生，有迫生。"所谓全生者，六欲皆得其宜也，所谓亏生者，六欲分（高诱注：半也。）得其宜也。""所谓迫生者，六欲莫得其宜也，皆获其所甚恶者。"他说：屈服、羞辱都是人所甚恶者。"迫生不若死"。死是"无有所以知，复其未生也"。"全生为上，亏生次之，死次之，迫生为下。"（《贵生》）从阶级斗争的情况看，这也就是说，宁可死也不愿向新兴地主阶级屈服，不接受地主阶级给予他们的耻辱。这是没落奴隶主以死为反抗的思想。

但是，满足欲望也要有节制，不然的话，就要伤生命。《吕氏春秋》说："耳不乐声，目不乐色，口不甘味，与死无择。古人得道者生以寿长，声色滋味能久乐之。奚故？论早定也。论早定则知早啬，知早啬则精不竭。"（《情欲》）这是说，耳须能享受好的声音，眼须能享受好的颜色，口须能享受好的味道，这样生活才有意义；不然的话，就与死没有分别了。但是要想长久生活，长久享受这些享乐，必须保持着生命的存在，不要早死，所以要在很早的时候就爱惜自己的身体，不要使用太过。这就要及早懂得吝啬，这就是所谓"早啬"。同时为了保持生命，对于欲望要及早的克制。

《列子·杨朱》篇引杨朱的话说："人人不拔一毛，人人不利天下，天下治矣。"照孟轲、韩非关于杨朱的评论看起来，这一句话可能是杨朱的思想。这一句话说明，杨朱的"为我"的思想，是他的世界观，同时也是他的政治思想。

在社会的大转变时期，各个阶级都企图用它的世界观改造世界，使社会合乎它的阶级利益的要求。这就是"各以其道易天下"。"易天下"就是改造社会。

"人人不利天下"，可能解释为，每人都不做有利于社会的事情，也都不做有害于自己的事情。这个原则的前提是，认为每个人都是他自己的利益的最好判断者，最能知道他自己的利益是什么。谁也用不着管谁，谁也管不了谁。这种情况实际上是不可能有的，这只是道家的人所幻想的一种生活。他们都赞美这种生活，认为是"至治"。如果这就是"至治"，新兴地主阶级的政治便是"至乱"。

"人人不利天下"也可能解释为，每个人都不争权夺利。杨朱认为，当时"天下大乱"，主要的是因为人们争权夺利，如果谁都不争权夺利，天下就太平无事了。杨朱企图以这种思想反对奴隶和新兴地主阶级向奴隶主阶级进行的阶级斗争。

无论照哪一种解释，都可以说明杨朱是没落奴隶主阶级的思想上的代表。

专就全生保身，满足欲望这一点说，也是有困难的，困难在于人的欲望是多方面的，是互相矛盾的。究竟满足哪一种欲望好呢？杨朱一派认为要"早啬"，要克制，但也可能有另一种想法，认为人生的意义就在于眼前的欲望的最大的满足，不需有任何限制，从而倒向纵欲主义。

荀况说：有一派人，"纵情性，安恣睢，禽兽行……是它嚣、魏牟也"（《荀子·非十二子》篇)。魏牟就是《吕氏春秋》和《庄子·让王》篇所记载的中山公子牟。公子牟问詹子：明知道应该"重生轻利"，可是自己不能克制自己，怎么办？詹子说：不能克制就随便好了。既不能自制，又勉强不随便，那就是受了两层伤了(《吕氏春秋·审为》)。《庄子·盗跖》篇更进一步发挥了这样的思想。照这篇所说的，跖告诉孔丘说："今吾告子以人之情：目欲视色，耳欲听声，口欲察味，志气欲盈。""天与地无穷，人死者有时。操有时之具而托于无穷之间，忽然无异骐骥之驰过隙也。不能说其志意，养其寿命者，皆非通道者也。"这些话只是道家借跖的口说他们自己的话。无论如何，这可以说明，在春秋战国时期有这样一种纵欲主义的思想。《列子·杨朱》篇所讲的杨朱思想，正是这种思想。这并不是杨朱本身的思想，但也是从"为我"发展出来的。"为我"的思想，可以从"贵生"发展到它的反面，从"贵生"转化为找死。

第三节　《庄子·天下》篇论道家发展的阶段

　　《庄子·天下》篇是战国末年一个道家的人所写的先秦哲学发展史。他以道家为主，认为其发展有三个阶段。他没有讲杨朱，可能是认为杨朱的思想还不够一个体系。照他的看法，先秦道家发展的第一阶段的代表人物是彭蒙、田骈、慎到，第二阶段是老聃，第三阶段是庄周。

　　照《天下》篇所说的，彭蒙、田骈、慎到的中心思想，还是"为我"。他们所特别注重的是"我"的全生免祸的方法。如说："舍是与非，苟可以免"；"动静无过，未尝有罪"；"动静不离于理，是以终身无誉"(《天下》篇)。这正是没落奴隶主贵族在没落过程中怕被消灭的悲观情绪在思想战线上的反映。其情绪完全是《庄子》所记载楚狂接舆的那首歌词的情绪。没落贵族失去了原有的地位，遭到新兴地主阶级的打击，自己不能掌握自己的命运。这个阶级，在社会大转变的洪流中，真是"若飘风之还，若羽之旋，若磨石之隧"。它的思想上的代表宽慰他们自己说，这是本来应该如此的。由于他们在阶级斗争中失败了，所以宣称对于事物本来不应该有所选择，什么都好，怎样都好。自己本来不必，也不可有所主张，自己要完全处于被动的地位，被推着走；随波逐流，对一切都采取无所为的态度，这是本来就应该如此的。这种思想正是没落贵族的对现实社会无可奈何的没落意识的集中表现。

　　这种思想，讲起来确实有点寒伧，所以《天下》篇也批评说："慎到之道，非生人之行，而至死人之理"；"其所言之韪，不免于非"。但是，《天下》篇还是推许他们,说是"概乎皆尝有闻"。《天下》篇称许墨翟为"才士",宋钘、尹文为"救世之士",都不认为是"有闻"。可见它对彭蒙、田骈、慎到还是引为同调的。其实老、庄所讲的,也都是"死人之理",不过比较隐蔽,有更多的唯心主义的理论以为掩饰而已。

第四节 《老子》《庄子》中的全生保真的思想

在《老子》中,亦有许多处讲"贵生轻利"之说。《老子》说:"贵以身为天下,若可寄天下;爱以身为天下,若可托天下。"(第十三章)"名与身孰亲?身与货孰多?"(第四十四章)"贵以身为天下",即以身为贵于天下,即"不以天下大利,易其胫一毛","轻物重生"的意思。

《庄子》中亦有许多处讲"全形葆真,不以物累形"之说。《庄子》设为栎社树"不材之木"的话说,所有的有用之木,"以其能苦其生","故不终其天年而中道夭"。只有它自己"无所可用",所以才免于被伐。对于别人的无用,正是对于它的大用(《人间世》)。

《庄子》又说:有一个无用之人,生得奇形怪状。国家征兵,轮不到他,征工役也轮不到他。但是国家救济病人的时候,他就去领粮和柴。《庄子》得出结论说:"夫支离其形者,犹足以养其身,终其天年,又况支离其德者乎?"(《人间世》)"支离其德"就是不仅使其身体无用,还要使其精神也无用。《庄子》由此得出结论说:"山木自寇也,膏火自煎也。桂可食,故伐之;漆可用,故割之。人皆知有用之用,而莫知无用之用也。"(《人间世》)凡此皆"贵己""重生"之义,也就是"为我"的原则的应用。根据这个原则,一个人的首要的任务就是保护他自己。上两段所引的话,虽出现在《老子》和《庄子》中,但不是老聃和庄周的主要思想,而是杨朱的主要思想。但这些话也出现在《老子》和《庄子》中,可见"为我"是贯穿于各派的道家的一个重要思想。

在道家思想的发展中,保全自己的方法越来越精细。杨朱一派所说的是"我"不自伤其生的方法。然处此世界中,"我"即不自伤其生,而他人他物常有来伤"我"者。"我"固须不自伤,亦须应付他人他物之伤"我"。早期的"隐者"和杨朱在此方面所采取的办法是"避"的办法。隐者自称为"避世之士"(《论语·微子》)。杨朱一派的"不入危城,不处军旅",使"我"免遭伤害,也就是"避"的办法。彭蒙、田骈等和慎到提出一个"弃知去己"的"块不失道"的办法。这个办法是专从"我"的主观方面着想,企图使"我"顺应外物。

然而处在当时阶级斗争激化的时代，有的阶级衰败了，有的阶级胜利了，被打倒的阶级的遭遇是无法逃脱的。专从"避"和主观方面着想的办法并不能保证自己免于灭亡的命运。因此《老子》又认为，必须发现处世的一般原则，知之者能应用之，即可以"没身不殆"。《庄子》的《人间世》亦研究在社会中"我"如何可入其中而不受其害。《养生主》又把各种保全自己的方法，归纳为一个总的原则："为善无近名；为恶无近刑。缘督以为经，可以保身，可以全生，可以养亲，可以尽年。"就是说，人不可以太好，怕的是"树大招风"，也不可太坏，怕的是受责罚，只有不好不坏，才是保全自己的妙法。现在有些人不肯力争上游。说："上游有风险；下游有危险；中游最保险。"正是《庄子》中那三句话的意思。这样，道家所讲的保存自己的办法，从"避世"发展为"混世"。《老子》所说的"和光同尘"，就是"混世"的意思。

然此等方法，皆不能保万全。因为人事万变无穷，其中不可见之因素太多，《养生主》的原则很难实行。于是《老子》乃为"打穿后壁"的话说："吾所以有大患者，为吾有身。及吾无身，吾有何患？"（第十三章）这是为我论者的最后结论。《庄子》继此而讲"齐死生，同人我"，在主观上不以害为害，就认为害真不能伤了。因此，老、庄又都讲"无我"。其实他们所谓"无我"，正是"为我"之极致。"为我"之极，就向其对立面转化，以至于"无我"。

道家哲学是没落的奴隶主阶级意识的集中表现。"为我"的思想贯穿于道家各派之中，这不是偶然的。没落奴隶主阶级失掉了原来的"天堂"，所留下的只是自己的身体和生命，于是他们就认为自己的身体和生命是人生最重要的东西。他们说，富贵功名之类，本来都是身外之物，就是给我，我也是不要的。由于他们没落了，追求物质享乐的欲望得不到满足，因此又提倡"寡欲""节欲"。这正是像童话中所说的，吃不着葡萄的人说葡萄酸。他们觉得天下最要紧的是保护自己的生存。于是他们就说："不拔一毛，不利天下"。其实他们的一毛本来换不到天下之大利，更救不了他们失去的"天下"。到了庄周，他不仅认为天下（社会）是无足轻重的，就是天地（物质世界）也是无足轻重的了。这种极端消极的思想，是奴隶主阶级极端没落的反映。他们到了日暮途穷的地步，希望幻灭了，前途没有了。在这种情况下，所发出的最后的悲鸣，就是庄周的思想。

从阶级斗争的观点看，道家的这种态度，也是没落奴隶主阶级及其知识分子对于新兴地主阶级政权的消极反抗，这也是斗争的一种方式。这种方式的内容还很多。本书第二册还要讲到。